中国历年广告事件研究（2000-2013）

Case Study on The Controversial Advertisements in China
(2000-2013)

王晶 / 编著

厦门大学出版社　国家一级出版社
XIAMEN UNIVERSITY PRESS　全国百佳图书出版单位

目　录

绪　论 …………………………………………………………… 1

农夫山泉水仙花生命成长比较实验广告风波 …………… 8

盖中盖广告事件 …………………………………………… 36

清嘴含片广告风波 ………………………………………… 61

金龙鱼油广告风波 ………………………………………… 79

"耐克恐惧斗室"广告风波 ………………………………… 100

刘嘉玲 SK-II 广告事件 …………………………………… 120

麦当劳下跪广告事件 ……………………………………… 138

全国牙防组风波 …………………………………………… 155

娃哈哈爽歪歪广告语事件 ………………………………… 178

长沙半裸公益广告风波 …………………………………… 193

美加净"乱伦"广告事件 ………………………………… 210

"藏秘排油"广告风波始末及医药广告代言乱象 ……… 242

恒源祥十二生肖广告事件 ………………………………… 262

"丈母娘房产广告风波"与房地产争议广告 …………… 278

赶驴网广告风波 …………………………………………… 298

后记 ………………………………………………………… 315

绪 论

　　自 1978 年开始恢复起,中国广告就开始了它与社会意识形态、主流价值观及消费者接受心理之间的融合与张力。广告在潜移默化中影响着社会消费观、价值观,也因创意表现或不够真实等引发社会舆论的批评和质疑,严重者则发展成为广告事件或广告风波(以下统称广告事件),最终导致广告修改或停播。国内广告学界已有研究者对近年来有代表性的广告事件进行个案研究,讨论并分析导致冲突的原因。但迄今为止,尚未有研究者对 2000 年以来发生的广告事件进行系统梳理。本书以 2000—2013 年为时间段限,对进入我国新世纪以来发生的主要广告事件进行阶段性研究。研究将相对独立的广告事件还原到其所发生的社会政治和经济生活的大背景下,追溯事件原因并进行思考。

　　2000—2013 年是我国经济高速发展和综合国力继续提升的时期,这一期间的广告事件与此前最大的不同在于,传播渠道发生巨大变化。互联网的迅猛发展使网络舆论日益显现出强大的社会影响力。在此情况下,广告事件所处的媒介环境更加复杂,广告主更难以控制事态的发展进程。在某些领域和范畴内,所谓的弱网民也可以成为强媒体,星星之火可以燎原。互联网对社会舆论及媒体热点话题的影响不可避免地涉及广告创意产业,在网络媒体不发达时代,人们私下议论就过去的广告,在网络媒体时代就有发展成为广告事件的可能。可以说,互联网对广告事件的推波助澜是该阶段广告事件媒体传播的特点之一。

2000—2013 年的广告事件生成及传播路径主要有二，一是由网友先在网络论坛上引发讨论，进而带动传统媒体跟进，如美加净广告事件、娃哈哈爽歪歪广告事件、恒源祥十二生肖广告事件；二是由传统媒体发起，引发网络跟进，如刘嘉玲 SKII 广告事件，郭德纲代言藏秘排油广告事件、盖中盖广告事件、麦当劳广告下跪风波、半裸公益广告事件。进入新世纪后，广告事件的发生和扩散都与互联网有着密切的关系，传统媒体和网络媒体相互发力，互为参照，鼓动着社会关注广告事件，因此，不排除广告事件被人为扩大或被媒体话题化的可能。

在网络媒体时代所营造的现实压力下，卷入广告事件的广告主均会对引发争议的广告进行解释或表态，试图与消费者或者一般大众进行沟通，有时会出现沟通未果，甚至矛盾进一步激化的情况。一些广告主已认识到网络舆论的威力，处理广告事件的过程中会特别通过网络媒体与网友进行沟通，如宝洁公司会通过新浪财经发表致网友公开信、耐克则给网易新闻官方声明、上海家化会为"美加净修护系列产品广告争议"提供回复声明。

由本书讨论的这些案例可以看出，互联网上真正从社会关怀、尊重人的价值和尊严等视角予以客观和理性的分析和评论并不多见，很多是个人情绪化的发泄，鲜有建设性意见，但其影响力却不容小觑。广告主如不能给予及时、恰当的回应和处理，社会舆论很容易向负面倾斜，严重者会损害企业的品牌形象。

本书初步选题时，利用互联网络、中国期刊网，搜索关键词和相关文章，尽可能搜出这十年发生过的各类广告事件，在此基础上进行筛选，同时使用广告事件大事记方式，将影响力较大或某个时期具有典型代表性的广告事件按时间顺序排列，对广告事件同时期的行业竞争和现状等背景进行了简要梳理，以期对广告事件的发生提供整体的参考框架。

本书所选择的这些曾引发社会舆论关注和讨论的广告事件，分别来自电视媒体、平面媒体和户外媒体，但引发社会广泛关注的广告事件大部分来自省或中央一级的电视媒体。此外，个别广告事件，如半裸公益广告风波，其影响主要集中在广告所发布的城市，但也会通过互联网成为一时的热门话题。书中收录的这些广告风波通常因广告创意而起，虽然具体原因各不相同，但都因造成社会影响而形成广告事件，轻者不了了之，稍微严重的由广告主道歉或修改广告而平息，最重者也会遭致停播处罚而造成不可挽回的经济损失。

广告事件涉及的企业大部分为著名本土或外资企业，前者如恒源祥、金龙鱼、农夫山泉、哈药六厂、上海家化，后者则包括耐克、宝洁、麦当劳这类全球知名企业，只有赶驴网广告事件中涉及的企业属于新兴的互联网行业。广告事件中涉及的主要领域包括洋快餐、羊毛产品、化妆品、医药、牙膏、信息门户网站、补钙类产品、减肥类产品、瓶装饮用水、食用油、运动鞋等。

大部分广告事件因广告创意不当而引发争议，如恐惧斗室广告的创意被认为不尊重中国民族文化，美加净广告被质疑触犯社会伦理，清嘴含片广告被斥为打性诉求广告的擦边球、盖中盖广告被批假借公益广告之名等；除创意引发的争论外，还有虚假广告或夸大广告问题，如郭德纲的藏秘排油广告事件、刘嘉玲的 SK-II 广告事件；有的广告事件缘于广告诉求内容引发同业强烈不满，遂以不正当竞争或误导消费者之名进行讨伐，如农夫山泉的水仙花生命成长比较实验广告事件、金龙鱼 1∶1∶1 广告事件。当然有些广告事件并非由单一原因引发关注和争议，如半裸公益广告事件既涉及广告中的性诉求问题，也涉及是否假借公益广告之名的问题；刘嘉玲 SK-II 广告事件则既涉及广告宣传中夸大其词的问题，也涉及名人代言广告的真实性问题。

此外，几则引发争议的外国企业广告事件缘于广告内容被中国消费者负面解读。在我国具有代表性的、跨文化冲突的几个典型案,例如丰田霸道汽车广告、立邦漆盘龙柱广告以及耐克恐惧斗室,学界已有很多学者研究,本书只选取了耐克恐惧斗士广告作为代表,因为这则广告的传播媒介是电视,且在央视播出,最后由广电总局发文进行全国禁播,引发的社会关注度和影响力都较高,因此在2000-2004年发生的几则典型跨文化冲突案例中,本研究只选取恐惧斗室这个案例展开分析,其他的案例仅提及,不进行详细讨论。

本书的15例广告事件中,消费者质疑或予以关注的占多数,由竞争同业控诉不正当竞争或其他原因引发风波则只占少数。这15个案例中,较为特殊的是赶集网广告事件,赶集网与赶驴网这两大信息分类网站各自的运营商依托强大的公关营销团队而展开竞争。整个事件的发生和演进,基本都在互联网世界中,因此在这一方面较有代表性。

这些广告事件引发深度思考,本书分别从民族企业的品牌竞争问题、企业和企业家的社会责任问题、网络舆论平台中的网络暴力问题、国家行业标准制定问题、媒体霸权问题、公益广告的创意表现问题,中国式认证与政府机构公信力问题、消费者维权问题、明星代言问题等不同的方面进行深入探讨,这些问题至今大都仍然存在,并未见好转趋势。

第一,就我国大陆2000-2013年发生的广告事件可以看出,引发争议的广告的广告主来自各个领域,并未呈现特别集中于某个产品类别或服务领域的现象。

第二,我国广告事件中广告引发争议的原因主要涉及社会伦理、民族情感、性诉求、不尊重消费者、广告真实性、同业竞争等方面。此外,传统媒体上的性诉求广告仍然是比较引发争议的领域,特别是涉及儿童、青少年或者公益话题时,更容易引发争论。这些发现反映出,新世纪以来中国消费者最容易感受到被冒犯的广告诉求领域或广告表达方式,应引起广告创意人员的注意。

第三,网络舆论平台在我国2000年后的广告风波中扮演着重要的角色。互联网能够迅速聚集和吸引社会舆论,成为广告风波形成和传播的外部推手,甚至使风波被人为扩大化或话题化。网络与传统媒体互为补充,对社会热点话题的形成显示出强大的引导力。广告风波中,网络对话题本身的关注远超过对个人权益保障的关注,部分广告风波中受到侵害的消费者的权益并未得到持续关注。网络媒体,特别是网络论坛,有过分宣泄个人情绪、制造话题或夸大矛盾的倾向,随着近年来社交媒体的兴起,这种倾向有扩大趋势。随着互联网舆论导向作用的增强,不少广告主在处理广告风波的过程中日益重视通过网络媒体与网民进行沟通和对话,及时、恰当地回应和处理存在的问题。

第四,政府机构,特别是负责广告监管的工商部门,在广告事件中通常处于被动状态,基本职能在处罚,很少主动维护消费者权益,在利用互联网参与广告事件处理方面也相对滞后,在需要给出结论时不能及时表态或有效回应。

第五、我国缺乏相对独立、具有社会公信力、参与维护社会公共利益的专家。现有的部分专家们有些已成为企业的"雇佣专家",利用自己的专业地位或身份,站在企业立场,为广告主辩解,缺乏专业背景的消费者对很多话题的争议陷入"无解"状态,他们也常为此对专家失去信任。

第六,由明星代言的广告更容易发展成为广告风波,公益广告、化妆品广告、医疗广告、医药广告因大量使用明星代言,成为最容易引发争议的产品领域。明星本身就是非常好的网络传播话题,网络的关注点也很容易从广告本身转向对明星的质疑和讨伐。在我国,明星代言广告常因产品和广告的真实性问题受到社会舆论的批评,如巩俐与希望工程、蒋雯丽与美加净、刘嘉玲代言 SKII、郭德纲代言藏秘排油减肥茶。本书涉及的一系列的广告风波中,因真实性问题而被质疑的明星代言广告就有 5 例,占到所选取总案例的 29%。

第七、跨文化冲突广告集中出现是该阶段广告风波的特点之一。2000 年后，丰田霸道汽车风波、立邦盘龙漆事风波、耐克恐惧风波，无论是源于民族历史记忆中的伤痛抑或民族自尊心的敏感，都与社会大众共同的民族心理感受和认知直接相关。虽然人们的生活方式、消费观念、甚至伦理价值都在变化，但最难变化是民族心理和民族性格。跨国公司在进行广告传播时，应充分了解文化差异，尊重当地文化，否则类似的广告风波还会发生。

第八，2000－2013 年发生的这 15 例广告事件，除了个别由广告公司出面解释创意理由，或由广告主解释广告创意缘起时提到广告公司外，大部分广告事件并未特别提及该则争议广告来自哪家广告公司。但据现实情况推断，这些国内外著名企业所选择的广告公司即使不是 4A 广告公司也是国内某个领域较为专业的广告公司，也就是说，引发争议的这些创意作品并非出自不入流的小公司之手，大部分出自较有实力的广告公司，甚至出自全球有名的广告公司之手。

本研究的特色及贡献之处包括：

一，在纵向的历史发展脉络中，按照时间顺序，对 2000 年以来造成社会影响的广告事件进行了系统梳理，使过去零碎的个案被纳入到广告发展和变迁的进程中来考察；

二，深入探析广告事件发生的原因，特别对其发生的社会背景和所在行业的现状进行了必要的梳理和交代，这样避免只注重文本分析而忽略其所在的时空背景，有助从更为客观、全局的视角探析这些广告引发争议的原因；

三，对这些广告事件进行系统梳理和回顾，为当今广告主、广告创意人提供历史视野中的借鉴和反思。广告创意人如何尊重消费者、如何恰当使用本民族或异文化的民族文化要素、如何提出诚实而非误导消费者的广告创意，广告主如何处理因广告创意问题引发的争论，如何客观、有效地处理消费者对广告进行的非理性质疑等问题，本书均有所涉及，这是当今广告营销过程中仍会遇到的问题。

四,每个广告事件完成整体叙述和分析后,最后一部分内容则延伸到对当今状况的介绍并进行简要的前瞻,以提供相对完整的信息。

五,本书提供的这些案例可资广告公司从业人员、高校讲授广告创意或营销案例的老师、相关领域的研究者、各高校广告及管理学科的本科生、研究生提供个案研究和讨论之用。

本书的修订和成书过程中,得到厦门大学出版社的王鹭鹏编辑的鼓励和耐心帮助,他提出许多具体的修改建议,在此特别致谢。此外,还要感谢鼓励该书出版的厦门大学新闻传播学院广告系黄合水教授,黄老师的多次提醒和督促是本书得以出版的重要外部动因。

本书选取的案例为 2000 年以来国内主要广告事件,并未涵盖和穷尽所有广告事件,期待研究者继续就此研究话题予以补充和深化。如读者发现本书有任何问题或不足,欢迎联系我们。

本书由多人参与写作,主编本人负责撰写"农夫山泉水仙花生命成长比较实验广告风波"及"金龙鱼广告风波",厦门大学 2011 级广告史课程班的硕士同学分专题负责其他部分,盖中盖广告事件(王昀)、清嘴含片广告风波(宋玉蓉)、"耐克恐惧斗室"风波广告(李晓玲)、刘嘉玲 SKII 广告事件(刘乐格)、麦当劳下跪广告事件(赵成栋)、全国牙防组广告风波(曹雪静)、娃哈哈爽歪歪广告语事件(于倩倩)、长沙半裸公益广告风波(刘伟)、美加净"乱伦"广告事件(张菁风)、"藏秘排油"广告风波始末及医药广告代言乱象(熊瑾瑜)、恒源祥十二生肖广告事件(李韵琴)、"丈母娘房地产广告风波与房地产争议广告"(张弥弥)、赶驴网广告风波(孙琳琳)。

农夫山泉水仙花生命成长
比较实验广告风波

2000 年上半年，一则水仙花生命成长实验比较广告在中央电视台和各地方电台播出，即刻在国内饮用水企业中投下一枚重型炸弹，迅速引发社会舆论的广泛关注，震动了刚刚进入新世纪的中国消费者和国内纯净水生产企业，引发这次争议的主角是养生堂公司①及旗下的著名产品农夫山泉瓶装饮用水。

一、水仙花生命成长比较实验引风波

电视广告播出前，养生堂已于 2000 年 4 月 24 日以新闻发布会形式向媒体宣称，根据浙江大学的"水与生命"的科学实验证明，纯净水对人的健康无益，为对消费者健康负责，养生堂决定不再生产纯净水，转而全力投向天然水的生产销售。② 此消息一出，立刻引发

---

① 养生堂有限公司成立于 1993 年，截至 2000 年 6 月，其拥有海南养生堂药业有限公司、浙江千岛湖养生堂饮用水有限公司、杭州千岛湖养生堂饮用水有限公司、养生堂天然药物研究所有限公司，还下设食品、物资供应、广告和化妆品（筹）等子公司，在美国设有分公司。

② 相晓冬:《农夫山泉计中设计》,《中国经营报》2000 年 6 月 13 日,人民网, http://www. people. com. cn/GB/channel3/23/20000613/100620. html, 2012 年 11 月 1 日。

同业和舆论关注。养生堂在中央电视台播放水仙花生命成长比较实验广告就是发生在这个时期。

(一)"农夫"搅起千重浪

养生堂公司在央视和地方媒体投放的水仙花生命成长比较实验广告,其主要内容如下:

画面中教室讲台上摆着两个盛水的量杯,

(话外音)这两杯水有什么差别?

小学生们异口同声回答:"没差别!"

穿实验室白色制服的男老师形象出现,邀请大家来做一个生长比较实验。

小学生们好奇地张望,画面转向两个量杯,每个量杯里装着两个水仙花根茎,左边量杯标明"天然水组"(农夫山泉),右面量杯标明"纯净水组"(农夫山泉)。快进镜头演示两个水仙花根茎一周的生长过程。

最后定格画面显示:农夫山泉"天然水组"量杯中的水仙花根茎长度几乎是农夫山泉"纯净水组"量杯中的一倍还多。

男老师又问:"现在有没有差别?"

小学生们大声回答:"有差别!"

男老师随即就造成这两颗水仙花根茎成长的差异进行解释:"因为这杯水是来自千岛湖水下 70 米的农夫山泉天然水!它的矿物元素能促进生命的生长!"

画面呈现显微镜下含有钾、钙、镁的农夫山泉天然水横切面和无任何有机成分的农夫山纯净水横切面,同时打出字幕:"养生堂宣布:停止生产纯净水!全部生产天然水!"

广告最后,男老师问:"现在知道应该喝什么水了吧?"

小学生们同声喊出"农夫山泉有点甜",然后再次在屏幕中间打出字幕——"养生堂宣布:停止生产纯净水!全部生产天然水!"

这个水仙花生命成长比较实验的广告诉求非常清晰,对比水仙花根茎在纯净水和天然水环境下的成长结果,展现天然水才真正有利于生命健康!最具震撼力的还是那句口号:"养生堂宣布:停止生产纯净水!全部生产天然水!"这已不仅是一句广告口号那么简单,也是养生堂与整个纯水世界决绝的宣言!广告一出,很快遭到国内纯水企业的口诛笔伐。

养生堂宣布停止生产纯净水,全部生产天然水的举动,对全国纯水企业界而言,来得非常突然,措手不及,反应最快的当属四川的纯净水生产厂家。4月26日,四川纯净水生产商"蓝光"发表严正声明:"农夫"的说法只代表公司看法,并非国家权威机构认证,是极不负责任的,违反了《反不正当竞争法》,由此打响"纯水派"反击"农夫"的第一枪。①

次日,第一个"反农同盟"首先在四川成都发起成立。"蓝光"牵头与"天河"、"雪源"等10余家成都纯净水企业结成第一个地方性的"反农同盟",签署了一份措辞强硬的"联合声明",一方面严厉斥责农夫山泉,一方面强调"纯净水是有益人体健康的高品质饮用水"。同日,"蓝光"向国家工商局公平交易司举报"农夫",称其进行不正当竞争。

5月,广西、广东两省纯水企业加入声讨农夫山泉的行列。19日,广西"凉元帅"、"侨信"、"正天元"、"天添"等53家纯净水生产厂家代表汇聚北海,声讨农夫山泉。与会企业一致认为,农夫山泉的做法是"诋毁纯净水"的"不正当竞争行为",拟在适当的时候起诉农夫山泉,提出索赔要求。同月20日,广东16家瓶装水生产企业、有

---

① 刘伟洲:《"农夫纯净水事件"正反双方对抗全面升级》,http://news.sina.com.cn/china/2000-06-05/95019.html,2012年12月1日。

关专家、行业协会负责人在广州宏城广场集体声讨"农夫山泉"。

5月30日，由广东省瓶装饮用水专业协会出面，邀请"全国食品工业标准化技术委员会"①和广东"乐百氏"、"怡宝"、"景田"等近20家饮用水生产厂家，在广州举行"安全卫生饮用水保健康"专题座谈会。全国食品工业标准化技术委员会秘书长郝煜称，目前国际、国内尚未对"天然水"给出定义。就字义讲，"天然水"应包括两部分：雨水和地下水，地下水又包括矿泉水、泉水和井水……目前，泉水无标准的定义，因此很难判断市场上销售的矿泉水、山泉水是真是假……总之宣称自己是"天然泉水、天然山泉水"是企业自发行为，无法规和标准依据。② 全国食品工业标准化委员会所谓"很难判断市场上销售的矿泉水、山泉水是真是假"的说法显然是针对挑起这场水战的农夫山泉而言的。

6月4日，四川成都"反农同盟"再度聚首，以农夫山泉在中央电视台及各地方台连续播放"带有贬低纯净水、误导消费者的违法广告"为由，联名签署了一份措词激烈的举报书，强烈要求停播"农夫"广告，该举报书当日被紧急送至四川省工商局和国家工商局。

自养生堂宣布"纯净水对健康无益"、"不再生产纯净水而只生产天然水"开始，媒体对各地纯净水厂家的"反农行动"进行了大量报道，纯净水到底对人体健康有无影响成为媒体关注焦点。一场"水战"已经展开。

---

① 全国食品工业标准化技术委员会是在国家质量技术监督局领导下从事食品工业全行业标准化工作的技术工作机构，于1985年11月15日经原国家国标发[1985]655号文批准成立的国家质量技术监督局。该组织主要负责制定食品工业标准体系表，制定食品工业的重要基础标准和方法标准，协助食品工业主管部门制定、修订食品国家标准和行业标准，定期复审已颁发的国家标准和行业标准，提出修订、补充、废止或继续执行的建议。2000年有委员62人，包括部门委员和单位委员。技术委员会秘书处设在中国食品工业协会。
② 刘力影：《纯净水之争幕后新闻》，《商务早报》2000年6月12日，http://news.sina.com.cn/china/2000-06-12/96784.html，2012年11月1日。

(二)水战持续升级

如果说农夫山泉在央视投放水仙花生命成长比较实验广告是水战开始的直接动因,那么农夫山泉在其后开展的名为"争当小小科学家"的活动无异于火上浇油,使已点燃的天然水与纯净水之争进一步升温。

5月25日,农夫山泉宣布将与"中国青少年科技辅导员协会"联合举办"争当小小科学家"活动,展开水与植物、水与动物、水的物理化状态等实验,通过这些实验,让孩子认识到水对生物的成长的影响,认识到到底喝什么水更有益于人体健康。① 6月,"争当小小科学家"活动在北京、上海、天津、广州、杭州、南京、重庆、成都等21个城市的2700多所学校展开,各地媒体纷纷报道了这一公益性的"科普活动"。

此前,纯净水界的龙头老大"娃哈哈"并未对各地纯水企业联合反对农夫山泉的行动表态。但自农夫山泉5月宣布发起"争当小小科学家"的活动后,娃哈哈也坐不住了。6月4日,娃哈哈向全国各地纯净水协会及生产厂家发出了100多封《关于共商反击农夫山泉恶意攻击纯净水、危害纯净水行业健康发展研讨会的邀请函》,组织全国纯水企业展开联合反击。邀请函中称:"农夫山泉最近在各地报纸上整版刊登的所谓争当'小小科学家'活动,将其不正当竞争行为推向登峰造极的地步,给纯净水行业带来了极大损害,同时也在误导愚弄下一代。我们呼吁所有纯净水行业的同仁团结起来,用法律手段捍卫自己的利益,让农夫山泉的不法行为得到应有惩罚。"会议邀请包括中央级在内的全国各地新闻单位参加,主要内容包括:起草与审定关于要求有关部门制止"农夫山泉"不正当竞争、危害纯净水行业健康发展的声明;协商组织专门班子落实反击方案,联合

---

① 《水战大事记》,《瞭望新闻周刊》2000年第31期。

组织主要生产厂家起诉农夫山泉,要求赔偿损失等。①

娃哈哈振臂一呼,立刻得到国内纯净水企业的迅速响应。来自全国 18 个省市的 69 家纯净水生产企业代表迅速云集娃哈哈总部所在地杭州。与此同时,全国上百家媒体的数百名记者也赶赴西子湖畔。杭州也是"农夫山泉"的总部,因此一时间成为全国舆论聚焦之地。某些媒体引用武侠小说的叫法,把娃哈哈称为"纯水联盟"的"盟主",把娃哈哈的邀请称为"遍撒英雄帖",把全国纯净水联盟的这次行动则称为"屠农大会"②。

面对节节升级的外部压力,养生堂坦然面对,见招拆招,充分利用全国媒体云集杭州的机会,再次宣传天然水的健康概念。6 月 8日,"屠农大会"开幕当天,养生堂在杭州《都市快报》刊登题为"有朋自远方来,不亦乐乎"的文章,邀请来杭记者参加他们的新闻恳谈会,会址即在离"屠农大会"浙江宾馆不远处的西子国宾馆。③

6 月 8 日,以娃哈哈为首的"纯水联盟"发布声讨养生堂的"联合声明"。"声明"指出,关于纯净水的生产,国家已有国家质量技术监督局制定的 GB17323—1998《瓶装饮用纯净水》和国家卫生部制定GB17324—1998 的标准来规范,因此纯净水是安全、卫生的健康饮用水;养生堂所谓"天然水"使用的是自己制定的标准,其水源为水库,而水库水的水源来自多方面,容易受到各种污染。"声明"还指出,养生堂公司水仙花实验广告把人与植物相类比,但人与植物根本不具可比性,这是对消费者的愚弄和误导,"声明"郑重要求,"养生堂公司必须立即停止诋毁纯净水的广告宣传,并向全国消费者、

---

① 林一、韩命军:《"娃哈哈"怒剑指"农夫"广邀纯净水厂会聚杭州》,http://news. sina. com. cn/china/2000-06-07/95514. html,2011 年 10 月 24 日。

② 中国公关网:《营销策略之"无间道"式公关》,http://www. chinapr. com. cn/templates/T_Second/index. aspx? nodeid=19&page=ContentPage&contentid=2315,2011 年 10 月 24 日。

③ 刘浏:《纯净水之争幕后新闻》,《商务早报》2000 年 6 月 12 日。

广大少年儿童以及全国生产、销售纯净水的企业公开赔礼道歉,消除不良影响",保留依照法律途径进一步追究养生堂公司法律责任的权利。①

这次会议还通过了递交给国家工商行政管理局、国家技术监督局、国家卫生部、国家科技部、国家教育部等部门的报告,请求有关部门检测农夫山泉的水源水质,要求相关部门停止举办"争当小小科学家"活动,请求严惩农夫山泉的不正当竞争行为,制止农夫山泉违法生产瓶装水。另外,会议还推举出代表到各地状告农夫山泉不正当竞争。

针对娃哈哈等纯水企业发表的联合声明,养生堂回应称,反对用"声讨"或者"共商反击"这种词语,希望通过正当的法律途径,把这次关于纯净水的争论转化为普及饮用水知识的活动和普及法律知识的活动;养生堂愿意在任何一个公开的场合,与持不同意见的纯净水企业的代表公开讨论饮用水的发展方向,欢迎并希望用电视现场直播这种形式以及媒体的大讨论,给消费者完整的概念,而不是断章取义。②

(三)社会舆论关注

"纯水大战"愈演愈烈,社会舆论对饮水健康也处于高度关注中。业界专家、普通消费者、媒体从各自角度表达了对这次水战及其争论焦点的看法。

业界专家们主要关注饮用纯净水对人体健康的影响。北京医科大学劳动卫生与环境卫生学系主任郭新彪教授认为,在水污染特别严重的地区,喝纯净水应该没什么问题,毕竟国家也颁布了饮用

---

① 刘怡:《纯净水、天然水掌门人争斗嘴对嘴——2000年中国水战大扫描》,《中国食品工业》2000年第7期。

② 新浪网:《农夫山泉坦然应对69家水企业声讨》,http://news.sina. com.cn/china/2000-06-08/96003.html,2012年11月1日。

纯净水强制性国家标准和卫生标准,但他同时指出,在自来水合乎标准的情况下,不宜常喝纯净水。

北京市食品研究所学术委员会主任王熊教授指出,喝纯净水是无害的,但运动量大、出汗多的如运动员、炼钢工人等人群不宜大量补充纯净水,因为无法从中摄取钠等微量元素,如果水源好,还是应喝天然水。

中国矿业协会天然矿泉水专业委员会秘书长孙昌仁则公开宣称,纯净水不适于饮用,他鼓励人们在选择水时最好选择矿泉水,其次天然水也可,纯净水则不能喝。[①]

养生堂宣布停止生产纯净水,转而生产天然水的举措不仅在全国引发争议,也很快在消费者中掀起波澜。以声称占有成都市场25%份额的蓝光纯净水为例,蓝光纯净水不得不面对许多消费者的退货要求,营销中心的询问电话从早上到下午响个不停。一则新闻报道说,一名办公室的白领刘小姐原来都是喝办公室饮水机供应的纯净水,但"水仗"后,她已改喝白开水了,"宁信其有,勿信其无",与刘小姐抱有同样心态的消费者大有人在。可见,这场水之战无形间促使消费者思考什么是"真正健康的水"。北京一家纯水企业说,北京的纯净水销量比去年同期下降50%,消费者打电话来都要订天然水和矿泉水。[②] 当然也有的消费者不为所动,仍然过去买什么水,现在还是买什么水。"水仗"还使成都当地矿泉水销势大幅上升,市面上突然新增至少30个品牌的矿泉水,其生产商居然是一直与矿泉水"势不两立"的纯净水生产商,水源不变,只不过是在纯净水中加入一些矿物质。[③]

① 人民网:《调查背景:纯净水之争》,《人民日报》,http://www.people.com.cn/GB/channel3/25/20000613/100946.html,2012年11月7日。
② 韩自力、东悦杭:《农夫山泉搅起水市狂澜》,《新闻晚报》2000年6月9日。
③ 郭凯、马健:《两水相争农夫得利》,《投资导报》,http://finance.sina.com.cn/news/2000-06-22/37786.html,2012年10月31日。

媒体也各有视角,有的认为这次水战情况复杂,很难立刻判断和得出结论,应拭目以待;有的则在提供各方观点的同时,通过资料告诉消费者一些事实,让消费者自己去判断,如《人民日报》在名为"纯净水之争"的调查文章中提到:关于水的选择在发达国家已达成共识。以"达能"公司为例,在其国内生产的是天然水、矿泉水而不是纯净水,在欧美发达国家占据极大市场份额的产品均为天然水,美国瓶装饮用水75%以上是天然水源;① 有的媒体则似乎忽略了老百姓最关心的饮水健康问题,转而从现代企业的策划上分析农夫山泉的策略,② 更有媒体推测,不出意外,此事件应列为 2000 年十大营销案例;部分媒体则提前断言,农夫山泉绝不会通过此次水战获得好名声,而没有名声的品牌很难形成消费者的忠诚度,他们认定农夫山泉的行为是不顾一切搅乱水市的做法,使品牌和企业都将难以有长远的发展。③ 此外,部分关注社会公益的媒体则明确指出,这次水战最重要的问题是让老百姓喝干净、高质量的水,这才是关乎民生的大话题,如果有关部门能下决心、下力气解决这个问题,这场水战的最大赢家就是 3 亿多城市人口,甚至 12 亿多中国人。④

水的问题引发的争论,也使新华社、《人民日报》、《光明日报》、中央电视台、中央人民广播电台、《瞭望新闻周刊》等权威主流媒体陆续刊播有关世纪之交这场令人瞩目的"水战"的新闻报道及文章。对这次"水战"中各方引用证据的情况,《光明日报》曾刊文指出,"在这次'水战'中,论战的双方为了支持自己的观点,都在寻找有利的

---

① 人民网:《调查背景:纯净水之争》,《人民日报》,http://www.people.com.cn/GB/channel3/25/20000613/100946.html,2012 年 11 月 7 日。
② 月霞:《农夫山泉操作策略解析》,《市场报》2000 年 8 月 5 日。
③ 张忠、鲁娜:《农夫山泉有点烦》,《中国经营报》,http://www.people.com.cn/GB/channel3/23/20000627/119703.html,2012 年 10 月 31 日。
④ 《水战精彩谁是赢家——纯净水天然水之争引发的思考》,《经济日报》,http://www.envir.gov.cn/info/2000/7/726104.htm,2012 年 11 月 1 日。

证据和素材。与以往不同的是,证据的寻找不仅仅局限在国内,国外的研究材料也成为重点寻找目标。互联网在证据寻找中发挥了重要的作用,养生堂提供的大部分资料都是通过互联网找到的。其中,有国际著名的水专家对饮用纯净水和天然水的论述,也有国际饮用水市场的市场排名。通过这些资料,人们第一次知道,根据联合国卫生组织认定,人体必需的矿物质和微量元素有 5%～20% 是从水中获得的。食物中的微量元素不能代替一切。人们还了解到,以前有人说国外都喝纯净水是不正确的,著名的瓶装水网站 www.bottledwaterweb.com 说得明明白白,美国销售额排在前 10 位的瓶装水中,只有 Sparkletts 有纯净水产品,且要添加氟化物。①

(四)水战结束

在全国舆论对纯净水、天然水与人体健康关系的讨论中,农夫山泉也决心继续与纯水企业面对面,使这个话题得到更彻底的讨论。

6 月 14 日,农夫山泉经历了与“纯水联盟”在杭州的首次过招后,又南下广州,在当地媒体刊登名为“以水代酒,愿与农夫把樽乎”的邀约广告,邀请新闻媒体、纯净水生产商和代理商参加记者恳谈会,邀约参与制定“瓶装饮用水国家标准”的企业参与纯净水的生产标准制定。

农夫山泉此次南来,与纯水企业探讨纯净水的标准问题是重要目的,尽管包括乐百氏在内的多家纯水企业并未接受这个邀请,但农夫山泉继续通过媒体阐述观点,以让消费者了解争论的关键。养生堂负责人钟睒睒指出,随着时代的发展,旧有标准已不再适合,尽管国家对纯净水的标准早有规定,但由于国家标准往往是最低标准,只是最低的进入市场通行证,并不意味着达到这一标准的商品

---

① 杨谷:《评论:今年水战很精彩》,《光明日报》,http://news.sina.com.cn/china/2000-06-28/101843.html,2012 年 11 月 1 日。

便是完美和没有缺陷的。"该标准"只代表"制定当时的最高水平",随着日新月异的科技进步和人们对事物的认识程度加深,有必要与"标准"的制定者就现行"标准"的认识差异性进行交流切磋,这有利于进一步提高人们对"水"的认识,有利于进一步培育和发展全国饮用水市场。农夫山泉此次行动的依据是 1989 年 4 月 1 日国家颁布实施的《中华人民共和国标准化法》第 13 条:"标准实施后,制定标准的部门应当根据科学技术的发展和经济建设的需要适时进行复审,以确认现行标准继续有效或者予以修订、废止。"①

　　饮用水的生产标准问题是纯水企业一直用来反驳养生堂的有力盾牌,也是养生堂此前与代表饮用水制定标准的"全国食品工业标准化技术委员会"在观点上最大冲突之处。此前,在与纯水企业杭州鏖战最激烈的时候,养生堂曾连续发出 3 封同样内容的"致全国食品工业标准化技术委员会的函",指出该委员会 5 月 20 日答复娃哈哈集团有限公司中提到的"目前国际、国内尚未给'天然水'作出定义"、"总之号称天然泉水,天然山泉水的商品水是企业自发行为,无法规和标准依据"等说法与国家法律法规不符之处,且"不是一个科学、负责的态度";函中提到该委员会秘书长郝煜 5 月 30 日在广州召开的"饮水与健康"座谈会上的说法"天然水还未得到国家的承认"极为荒谬,强烈要求"全国食品工业标准化委员会"撤销有关文件中的"不实"说法,要求该委员会在"一周内作出明确答复","否则将用法律来维护自身利益"。②

　　6 月 16 日,全国食品标准化技术委员会给出答复称,在广州研讨

---

　　① 　郭凯、马健:《两水相争农夫得利》,《投资导报》,http://finance.sina. com. cn/news/2000-06-22/37786. html,2012 年 10 月 31 日。
　　② 　《农夫山泉"问罪"全国食品工业标准化委员会》,《南方都市报》,ht-tp://news. sina. com. cn/china/2000-06-21/99529. html,2012 年 11 月 7 日。

会上的发言将"一字不易，坚持到底"①，标准的探讨问题遂陷入僵局。

与此同时，养生堂还必须继续应对纯净水联盟进一步的行动。6月14日，纯净水老大娃哈哈集团有限公司以"不正当竞争"为由，将生产农夫山泉的浙江千岛湖养生堂饮用水有限公司告上杭州市上城区人民法院经济庭。19日，由浙江娃哈哈、广东乐百氏、上海正广和、四川蓝光、北京国信和鑫丽等六家公司组成的申诉代表团在京碰头，向国家工商局、国家质量技术监督局、教育部、卫生部和中国科协递交有关材料，要求从不同方面对农夫山泉进行制裁。② 面对娃哈哈启动法律程序进行的诉讼，养生堂负责人钟睒睒21日表示将立即向杭州上城区法院递交反诉状。

6月23日，"中国饮料行业瓶装饮用水发展研讨会"在北京举行。这次会议实质上是一场针对农夫山泉的舆论反击战。饮料协会理事长汤天曙在发言中强调符合国际生产的瓶装饮用水都是经过专家论证认可，受国家法律保护，消费者可放心饮用；会议上最具火药味的发言当属全国食品工业标准化技术委员会秘书长郝煜，正是该委员会在前不久给农夫山泉回复了一封措辞极为激烈的批驳信。郝煜不指名道姓，却全面批驳了农夫山泉提出的"纯水无益论"，指责在国家已有相关法规的情况下，说什么要"停止生产纯净水，全部生产天然水"的广告有损法律权威云云。

与全国食品工业标准化技术委员会鲜明的态度相比，其他部门参加会议的代表未有明确表态。卫生部一位处长和国家工商局公平贸易局的一位干部也仅表示："只是来听听，部（局）里没有授权发表任何意见。"理事单位农夫山泉此前曾强烈要求参加此会，但最终被"以不够资格为理由"拒之门外。娃哈哈则是唯一上台发言的企

① 《农夫山泉"问罪"全国食品工业标准化委员会》，《南方都市报》，http://news.sina.com.cn/china/2000-06-21/99529.html，2012年11月7日。
② 郭凯、马健：《两水相争农夫得利》，《投资导报》，http://finance.sina.com.cn/news/2000-06-22/37786.html，2012年10月31日。

业,其老总宗庆后再次强调纯净水是被全球消费者接受的安全、卫生的水,我国纯净水发展现状势头良好云云。但宗庆后在其后接受记者采访的时候透露,准备上马矿物质水,让消费者多一种选择。他在谈话中表示,受技术的限制,全世界生产的纯净水多是在除去对人体有害的矿物质的同时滤掉所有有益矿物质,这成为争论的焦点,矿物质水就是在纯净水中添加有益矿物质,口感比纯净水差些。①

在水战仍无分晓,纯水界对农夫山泉指责不断,消费者们面对各方观点仍有诸多困惑之时,国家权威通讯社新华社 7 月 9 日发布电讯稿,报道称专家提醒"纯净水"不宜大量长期饮用,最终在新闻舆论上为这场"纯净水之争"做了结论。不可否认,正是这个"不宜大量、长期饮用"的提醒意味着纯净水仍然有其继续生存的空间和可能,所以纯净水企业在此次水战中也不算是完败,而农夫山泉通过水战,充分宣传了其天然水的概念,整体而言,农夫山泉胜出一筹。

7 月 18 日,中国奥委会在人民大会堂举行大型新闻发布会,宣布特别授予养生堂"2001—2004 年中国奥委会合作伙伴、荣誉赞助商"、"第二十七届奥运会中国体育代表团唯一饮用水赞助商"等称号和中国体育代表团专用标志的特许使用权。此外,养生堂将为中国奥委会及其在 2001—2004 年派出的各次大型综合性国际比赛的代表团提供充足的饮用水和部分资金支持。中国奥委会新闻发言人同时宣布,就在 7 月 18 日当天,满载 3000 箱农夫山泉的集装箱将从上海港运往悉尼,为在赛场上奋力拼搏的中国健儿提供支持,这也是中国民族品牌饮用水首次随中国健儿出征奥运会。② 农夫山泉再次为舆论所关注,虽然农夫山泉被指定为奥委会合作伙伴一事在 6 月份就已确定,但经过此次水战,这个消息无益是对农夫山泉产品

---

① 闵捷:《饮协开会,纯水唱戏》,《中国青年报》2000 年 6 月 28 日。
② 新浪网:《中国奥委会授予农夫山泉"合作伙伴"称号》,http://news.sina.com.cn/china/2000-07-19/109363.html,2012 年 11 月 8 日。

质量最有力的背书,对农夫山泉继续推广天然水极为有利,在此背景下,农夫山泉饮用水的健康、安全更是不言自明。至此,农夫山泉可以说完全达到宣布停止生产纯净水、转而生产天然水的目的,天然水的概念也开始为国内消费者认知和接受。

二、养生堂放弃生产纯净水原因探究

什么原因使养生堂不惜得罪国内纯水界所有同行,放弃自身已有上千万利润的纯净水生产线和已取得的良好效益,毅然决定转型生产和销售天然水?在此之前,养生堂经过怎样的思考和定位,其中最重要的动力又是什么?

(一)前途选择说

有人指出,2000 年养生堂宣布停止生产纯净水、转而生产天然水是因为当时的现实处境使然。这主要基于两方面,一是缘于养生堂传统核心产品的发展前景遭遇挑战;二是缘于饮用水市场上激烈的同业竞争,特别是法国达能公司与娃哈哈、乐百氏联手造成的巨大压力。

分析者指出,养生堂的当家产品是龟鳖丸和以女性为销售对象的"朵而",两者均为健字号产品,国家药品监督管理局在 2000 年《关于开展中药保健品整顿工作的通知》中明确指出,至 2001 年 1 月 1 日,国家将公告被撤销批准文号的保健品名录,所有在名单上的品种从当日起将不得再生产,2002 年元旦起不得在市场上流通。2002 年 12 月 31 日前,各省"健"字号保健品全部撤销,2004 年元旦起不得在市场上流通。[①] 因此分析者认为,如果农夫山泉不能尽快立足,养生堂将前途难料。

---

① 郑锐辑:《四眼看农夫山泉》,《中国广告》2000 年第 5 期。

事实上，养生堂自 1997 年开发农夫山泉纯净水起，经过短短三年，到 2000 年，已取得全国纯净水企业排名第三的好成绩，正处于事业发展上升期，对养生堂而言，这时公然对抗整个纯水行业所带来的风险远大于持守现状。因此，前途选择说这种观点很难有说服力，事实上真正从这个原因进行分析的观点也占极少数。但对于农夫山泉是为了应对娃哈哈和乐百氏两大纯水企业的竞争，而破釜沉舟走出这招险棋，却基本是当时流行一时的对水战真正动因的诠释。

（二）同业竞争说

谈到农夫山泉与娃哈哈、乐百氏的竞争就必须了解一下农夫山泉的早期发展及当时国内纯水市场的主要竞争格局。2000 年水战发生时，娃哈哈、乐百氏和农夫山泉是国内纯水企业中最具实力的三大企业，其中又以娃哈哈的综合实力为最强，这三家企业生产的纯净水是国内最知名的品牌，均在央视投放过电视广告。有关资料显示，娃哈哈 1999 年销售额达 20 亿元，乐百氏 1999 年销售额达 10 亿元，二者稳坐中国水市的头两把交椅。① 国内其他纯水企业多为地方性企业，并未形成全国性品牌。农夫山泉与娃哈哈、乐百氏成为当时全国纯水市场的主要竞争者。

纯净水在我国的出现与我国水资源的污染直接相关。在上世纪 90 年代后，因工业废水、生活垃圾、农药杀虫剂对水源造成污染，有些地方的饮用水不尽如人意，各种纯水应运而生。② 面对日益变得严重的环境污染问题，人们对纯净水的接纳是自然而然的。即便

<hr>

① 王彬、黎志英:《综述:中国水市场格局大探秘》,《南方都市报》2000 年 7 月 1 日,http://news.sina.com.cn/china/2000-07-01/102988.html,2012 年 11 月 1 日。
② 蒲昭和:《从"农夫山泉风波"谈饮纯水是否有害健康》,《光明日报》2000 年 7 月 10 日。

纯净水,也要比自来水贵 500 倍左右,但为了健康着想,人们还是愿意在纯净水和自来水之间选择前者。

上世纪 90 年代中期是我国纯净水生产开始起步的时期。1995—1997 年,娃哈哈相继从国外进口纯净水生产流水线,使其生产纯净水的能力增加到每天 30 万箱。紧随娃哈哈之后,不仅乐百氏、康师傅等大型饮料、食品企业纷纷加入纯净水生产行列,中小纯净水生产企业也如雨后春笋般地冒了出来。众多品牌的纯净水大量涌入市场,不可避免地引发激烈的水市大战。

当时中国的水市场是娃哈哈和乐百氏的天下,这两家企业都以稳健著称。经过了 1996 年、1997 年的广告大战,娃哈哈、乐百氏纯净水已经在消费者心目中建立起比较稳固的地位,品牌认知度很高,销售渠道已经非常成熟,网络的广度和深度都非一般区域性品牌可比。1998 年,娃哈哈纯净水又推出由歌星毛宁和陈明演绎的广告片《心中只有你》,依然走明星和音乐路线;乐百氏纯净水继续强化 27 层过滤的独特销售主张,市场份额进一步巩固[1]。1999 年中国瓶装水总销售量已达到 29 亿公斤,跃居亚洲第二,比前年激增 21%,而过去 5 年中国市场瓶装水年均增长率超过 20%。[2] 当时的水种已是琳琅满目,纯净水、矿泉水、蒸馏水、天然水、太空水、活性水、富氧水、离子水等挤满超市货架。[3] 90 年代中期以后我国饮用水市场基本上由纯净水主打天下。以娃哈哈、乐百氏为首的纯净水生产商非常重视在央视投放广告,社会对纯净水的基本认知是健

---

[1] 赵正:《农夫山泉,四年三步棋(上)》,http://www.chinaadren.com/html/file/2005-3-4/2005342340232152.tml,2013 年 1 月 10 日。

[2] 《调查背景:纯净水之争》,《人民日报》网络版北京 6 月 13 日讯,http://www.people.com.cn/GB/channel3/25/20000613/100946.html,2012 年 11 月 7 日。

[3] 王彬、黎志英:《综述:中国水市场格局大探秘》,《南方都市报》2000 年 7 月 1 日。

康、卫生的水，这也从另外一个方面促进了国内纯净水的行业在该时期的发展。

纯净水是纯水中的一类，纯水包括纯净水、蒸馏水、太空水等。纯水有益健康一直有争论。实际上，自上世纪90年代中期开始，就有专家和媒体质疑纯净水对人体健康的危害，但并未引起消费者关注。肯定纯水者认为纯水除去了病原微生物和一切可致畸、致突变的有害物质，使人有了安全感，对健康有益。反对者认为纯水除去了水的全部无机盐，包括常量元素和钙、铁、镁等微量元素，这些元素是人体必需的，经常饮纯水不利于身体健康。① 在农夫山泉宣布停止生产纯净水，转向生产天然水前，国内消费者对"天然水"的概念非常陌生。

2000年，国内纯净水企业的竞争又因法国达能集团与乐百氏的合资而呈现新的态势。该年3月，法国达能集团与乐百氏合资组建"乐百氏食品饮料有限公司"，达能收购乐百氏92％的股权。外资高调进入纯净水市场，凭借其成熟的营销策略、雄厚的资本，为国内纯水企业的竞争格局带来新的变数。养生堂宣布放弃纯净水生产，改为生产天然水就发生在其后一个月，因此被外界借题发挥，认为农夫山泉是迫于竞争压力做此决定。

当时舆论对2000年农夫山泉高调宣布放弃生产纯净水，多从纯商业视角展开，侧重渲染农夫山泉如何在乐百氏和娃哈哈激烈竞争的局面下努力走出自己的道路，而不惜与整个纯水世界对抗。分析者认为，农夫山泉之所以挑起水市场的纷争，是因为它当时已是国内排名第三的纯净水企业，要面对娃哈哈和乐百氏强大的市场推广能力和雄厚的资金实力，与达能的合作几乎成为农夫山泉不能逾越的障碍，要想掀翻头上的两座大山，只能走另外的路线，形成引起

---

① 蒲昭和：《从"农夫山泉风波"谈饮纯水是否有害健康》，《光明日报》2000年7月10日。

市场震动的策划……业界也把农夫山泉这次引发水世界大战的经过作为营销成功的典型案例,侧重从策略方面进行分析①。

(三)社会责任说

要了解养生堂在 2000 年的这次石破天惊之举及其社会责任说,就必须先回顾农夫山泉纯净水品牌的简要历史。

浙江千岛湖养生堂有限公司成立于 1996 年(2001 年更名为农夫山泉股份有限公司),是养生堂旗下的控股公司,其主打产品为农夫山泉纯净水。当时全国已有上千家纯净水生产企业,在这样的市场状况下,农夫山泉开始探索独特的品牌定位。1997 年 6 月,农夫山泉以"有点甜"为卖点,在上海、浙江的重点城市上市,以差异化营销策略,通过差异化的包装及品牌运作,迅速奠定了高档、高质的形象。1998 年 4 月,农夫山泉开始在中央电视台上投放广告,继续使用广告语"农夫山泉有点甜",品牌形象继续改善。1999 年,农夫山泉将广告诉求从"有点甜"逐步转为"好水喝出健康来",突出水质对健康的影响,中心诉求为千岛湖的源头活水,通过各种创意表现形式,使消费者认识到农夫山泉使用的是千岛湖地下的源头活水,是真正的"健康水"。② 农夫山泉纯净水在大中城市的占有率更为突出。国家内贸局商业信息中心 2000 年 3 月份公布的《1999 年度全国食品日用品市场监测报告》显示,在全国大城市大商场中,农夫山泉品牌的市场占有率为 16.39%,高于娃哈哈的 14.42% 和乐百氏的 14.27%。可以说,养生堂是在农夫山泉纯净水发展形势一片大好时做出转型决定的。

在水战过程中,养生堂负责人钟睒睒曾具体谈到他们放弃生产

① 卢锋锋:《养生堂与事件广告》,《中国广告》2000 年第 5 期。
② 侯军伟:《搅局者的谋略——农夫山泉天然水市场突围始末》,博锐管理在线,http://www.boraid.com/article/html/73/73426.asp#,2011 年 12 月 1 日。

纯净水前的认知历程。农夫山泉1997年4月份正式投产,生产销售都很顺利,到1998年就已经占全国市场的第三位。但同年10月出现争论,《上海青年报》上刊登的文章《长期饮用纯净水危害一代人健康》引发专家、媒体间的争论。尽管这些专家一次次地提醒,养生堂还是不相信水里面有那么大差别,直到1999年10月,他们在千岛湖看到李复兴教授做的水实验,反思不应堵住眼睛和耳朵,有错误应该承认错误。钟睒睒谈到,他们开始认识到应该承认从前做纯水的时候并未真正重视科学的实证调查研究。其后农夫山泉痛下决心不生产纯净水,既然生产纯净水的事实已无法改变,也不可能赔偿消费者,他们只能用姿态来纠正错误。[①] 农夫山泉不给自己留下任何退路,通过公然宣布全部停止生产纯净水而表达其决绝之心。

由此可知,农夫山泉也经历了挣扎和思考,从最初的不信到大为震动,最后痛下决心的过程。在短期利益和长期利益,企业权益和社会良知面前,农夫山泉做出了良知的选择。其后,他们开始进行谨慎和整体的策略筹划,整个风波中,农夫山泉每一步都走得有条不紊。面对整个纯水企业的反击,农夫山泉做了充足的准备。

农夫山泉如果默默转型,即使它的天然水是健康水,在纯净水一统天下,广告当道的情况下,消费者很难知其益处,天然水对社会的贡献和意义根本无从谈起,即使是好产品也无法生存下去。因此,农夫山泉在转型之际进行高调宣传,一方面借此积极宣传天然水的健康概念,另一方采取激烈的方式冲击缺乏水健康常识的消费者,迫使消费者思考什么样的水才是对身体有益的好水。在纯净水独霸天下的情况下,农夫山泉走这一步显然要有极大的勇气和决心。钟睒睒坚持认为,企业对消费者负有责任,"经营者如果发现其提供的商品或服务存在严重的缺陷,应该给消费者警示。我们养生

---

① 新浪网:《"农夫"有话要说——养生堂总裁答记者问》,http://news.sina.com.cn/china/2000-06-14/97463.html,2011年12月1日。

堂不想拿消费者做实验,所以我们停止生产纯净水","我们养生堂所生产的产品,是我的父母、兄弟、妻儿先用,我的员工先用,我认为一个企业首先要对消费者有责任感……"

综上所述,养生堂在了解到纯净水对人体健康造成的危害后,下定决心进行产品转型,放弃纯净水而生产天然水。企业的社会责任之说很少被提及,缘于少有人相信中国会有企业出于社会责任而放弃既有利益。

三、水世界风波带来的思考

农夫山泉掀起的水世界风波已过去十余年,很多人已淡忘此事,新一代的消费者更是知者寥寥,但它仍然是业界津津乐道的典型商业案例。通过这场风波折射出来的企业效益与社会利益的张力、国家标准的制定与更新、独立专家与学者的缺位等问题,到今天依然存在。

(一)企业效益与社会利益问题

一般舆论将风波的起因归结于商业竞争,人们无法想象有企业愿意选择社会责任,也很难相信农夫山泉真正愿为消费者提供诚实的产品和服务,放弃上千万价值的生产线。正因如此,极少人认同或相信正是企业的社会责任促使农夫山泉进行转型而不惜与纯水世界决绝。事实上,养生堂也并没有动辄以社会良心说事。

钟睒睒曾对媒体坦承,他从来不否认企业行为的商业性,但他认为如果企业的努力和改变有益于社会,那就是好的,是进步的。他指出,虽然1998年时农夫山泉的确在排名上是第三,市场发展也很快,但他们也很敏感地关注到社会舆论开始有对纯水的质疑和批评,在这样的情况下,农夫山泉或许可以和其他纯水企业一样,继续圈地盘,继续投广告宣传纯水的好处,而不需立刻放下千万的生产线并冒着遭到整个纯水同业反对的危险，进行更有益于人体需要的天然水的生产。但他还是决心面对现实，进行转型，极其自信地表示："中国的纯净水厂家今天上诉也好，声明也好，讨伐也好，发英雄贴也好。没问题，再过一年，再过两年，你看看中央电视台，我现在预言，谁还会标榜自己我是纯净水，这就是两年以后、三年以后会得到的进步。为什么这样，因为普遍的认识水平提高了……一个诚实的企业不应该欺骗消费者，更不该蒙骗他们，消费者是弱者。"①

十三年后再来追溯这段风波，钟睒睒的预测已成为事实，目前央视上投放的水广告是农夫山泉的"大自然的搬运工篇"，康师傅的"矿物质水"，昆仑山"矿泉水"，少有企业标榜自己是纯净水。如果没有农夫山泉石破天惊的举动，消费者不可能认识到长期饮用纯水无益健康。即便当时有文章争论纯净水对人类健康的危害，但相对于纯水企业们数额巨大的广告投放而言，社会话题的影响力可谓微不足道。没有这次风波，少有人知道长期饮用纯净水对人体造成的影响，更少有人知道国外的饮用水市场大部分是天然水而非纯净水。

企业如果一边明知产品对社会健康无益，却故意隐藏其危害并通过广告等手段扩大销售，一边却又为了自身利益，攻击敢于暴露揭问题的同业，把自己打扮成受害者，并加以违反商业道德、搞不正当竞争的罪名，这样的企业自身就不知何谓真正的商业道德、何谓社会良心。不仅如此，当人们试图了解事实时，这些企业又以国家标准为盾牌，而对国家标准只是行业的最低准入门槛则闭口不谈。

整个过程中，纯水企业众口一词，把脏水都泼向农夫山泉，成立反农联盟，发表声明，诉至法庭，告遍中央各大相关机构、部委，表现出清白无辜、正义淋漓的模样，绝口不谈纯净水产品的不足。乐百氏老总何伯权甚至称这只是一个商业炒作，事件性质已经变了，没

---

① 刘怡：《纯净水、天然水掌门人争斗嘴对嘴——2000年中国水战大扫描》，《中国食品工业》2000年第7期。

有必要讨论哪一种水好,哪一种不好。但他的这种说法并不受欢迎,因为哪一种水好与不好恰恰是消费者最关心的。如果纯水企业说农夫山泉的行为是商业炒作,不是科学态度,是不道德和不负责任的,①那么纯水企业不仅自己不谈,而且禁止他人谈长期饮用纯净水对人体无益,这种行为是否就是道德,对消费者是负责的?何伯权甚至断言,这种现象已经严重破坏了正常的经济秩序、正常的商业道德、正常的商业竞争环境、商业竞争次序。这样上纲上线,把企业的商业策划和炒作抬到"破坏经济秩序"的高度,如果中国的经济秩序这么容易破坏,那么应该反思的可能就不只是农夫山泉了吧。

(二)国家标准与检验的权威问题

这次风波中,纯净水企业曾以国家已制定纯净水标准,意味着纯净水是健康、安全为由,指责农夫山泉公然宣称纯净水对人体无益没有道理。那么,该如何客观看待国家标准?是否可以认为,国家制定了纯净水标准就可以说它对人体就是健康的?

农夫山泉回应指出,国家标准是纯水行业最后一个盾牌。纯净水虽有国家标准,但它只是这种商品进入市场最低的门槛,并未说这种商品没有缺陷。国家标准往往是最后标准,是强制执行的标准,是最低的标准,不达到这个标准不能生产,并不是说满足了这个标准就没有缺陷。天然水虽然还没有国家标准,但依据《中华人民共和国标准化法》,国家鼓励企业采用国际标准。在没有国家标准和行业标准的时候,国家鼓励企业制定严于国家标准或者行业标准的企业标准在企业内部使用。在科技进步日新月异的国家中,科技创新要靠企业不断地制定高于国家标准的标准来推动科技的进步、社会的发展,增强国家的综合竞争水平。国家标准法也指出,应根

---

① 郑睿:《四眼看农夫山泉》,《现代广告》2000年第5期。

据科学技术的发展和经济建设的需要，适时地对标准进行复审，以确认现行标准继续有效或者予以修订、废止。① 在国家标准还未出台的情况下，农夫山泉主动使用国际标准，这也是农夫山泉反驳全国食品工业标准化技术委员会相关言论的原因。

专家李复兴就设定标准问题指出，作为国家饮用纯净水标准，应参考国际及国外先进的饮用水水质标准为依据，而不是单一以工业用水、医药用水及饮料水等标准作为依据，标准首先要做到科学，饮用水标准直接和人体健康有关。对参与制定标准的专家，他认为国家标准制定应以专家群体为主，而不是以企业为主体参与。专家也应该体现出"专"字，应该以从事饮水环境卫生专家为主体。他提出，"该以喝什么样的水为前提，再去确定和考虑工艺和设备，而不是颠倒过来，以设备为前提左右我们的标准制定"。②

北京化工学院学生委员会主任金日光认为，农夫山泉此次引发的争议说明喝什么水的问题已经成为非解决不可的技术导向问题。技术问题就是技术问题，需要争论，没有争论，技术就不可能进步。但他强调，科学争论不应与市场经营等同起来，科学争论需要自律，不能影响市场正常的竞争。他不赞成那些用国家标准来衡量产品技术是否先进的做法，因为国家标准仅是判断产品是否合格的强制性质量规范，不是国家的行业政策和技术导向。对这次水战中企业的反应，他认为有争议是好事，企业不要在争议面前太脆弱，反应太敏感，希望饮用水行业很好地利用这次争议，检讨技术，不断完善自我，加快创新步伐迎接入世后的挑战，相信负责任的企业能够自觉地把对消费者健康负责的精神贯穿到市场行为的全过程。③

---

① 新浪网：《"农夫"有话要说——养生堂总裁答记者问》，http://news.sina.com.cn/china/2000-06-14/97463.html，2011 年 12 月 1 日。

②③ 财经专讯：《喝什么水，且看专家的说法》，《瞭望新闻周刊》2000 年第 31 期。

(三)独立专家、学者的缺位问题

为什么该喝什么水的问题不是由专家提出来,而是由企业提出来呢?其实,在养生堂之前,已有部分专家质疑纯净水,最后都不了了之。专家们"说话不算数"是因为没有钱。据说,国家有关部门用于饮用水的科研经费只有10万元,专家们不可能做出什么像样的实验,缺乏严谨的实验和充足的证据,使得专家们的意见每次都变成空谈。① 专家代表科学,但水市场上90%都是纯净水,那意味着你说你的,我做我的,你说你的概念,我卖我的水。我要你喝什么水就什么水,也没有选择。也就是最可怕的地方——你消费者没有选择!②

另外,国内很多本应居于中立地位为大众提供客观、健康咨询的研究机构、专业团体,也因着不同利益关系,用论坛、会议、讲座等形式宣传并不科学或者并不客观的概念,推波助澜、混淆视听,消费者也不明就里,很难判断孰是孰非,因为大家都宣传自己引用的专家、科学研究、实验结果的论证支持,最终糊涂的是消费者。

在这次水战中,曾有所谓饮用水专家六问农夫山泉,其中一问"既然纯净水有害健康,那么纯净水发展最早的西方国家仍在用",还提到虽然欧洲国家以矿泉水为主,但美洲国家(特别是美国)80%都是用纯净水,且长达60年,在亚洲经济发达的国家和地区,如日本、台湾和香港,居民饮用纯净水亦有40年的历史。如果这些国家和地区可以长期饮用纯净水,中国为什么不行?这问题首先存在误导。虽然这些国家和地区的确有过较长的纯净水饮用历史,但在2000年水战发生的时候,在大部分地区和国家,纯净水已不再是主

---

① 杨谷:《评论:今年水战很精彩》,《光明日报》,http://news.sina.com.cn/china/2000-06-28/101843.html,2012年11月1日。

② 新浪网:《"农夫"有话要说——养生堂总裁答记者问》,http://news.sina.com.cn/china/2000-06-14/97463.html,2011年12月1日。

流,正是在饮用水的发展过程中,随着技术的更新和科学研究的发现,人们发现长期饮用纯净水对身体无益,才发展为现在以天然水为主的局面。所以,以此作为理由,在普通人看来,都是非常可笑,站不住脚的,专家们如此振振有词,因为很多所谓专家根本不是站在消费者的角度,而是站在企业的角度说话。

风波结束后,《瞭望新闻周刊》曾在 7 月底特别刊登了几位专家对纯净水的看法,以帮助消费者进一步了解到底该喝什么水,即使此时舆论对不宜长期喝纯净水已达成共识之际,专家的观点仍存在着显著分歧。中国营养协会名誉理事长沈治平仍坚持所谓"符合国家饮用水标准,即可放心饮用",他强调,"只要它是符合国家制定的标准,就是有益无害,应当让各种饮用水在市场上共存,由消费者来选择饮用",认为饮用纯净水有害健康的说法欠妥,很难令人信服。而中国预防医学科学院环境卫生监测所研究员徐方则认为,"纯净水少量饮用可以,但不宜作日常生活饮水"①。

上面提到的那位专家沈治平,曾参加 6 月 8 日的纯水会议并在会议上发言明确支持纯净水,可谓维护纯净水的代言人,他的说法在各类媒体上的影响力比其他专家大很多,虽然其他专家的观点更客观、中肯,但他们的媒体曝光率低,影响有限。如果没有农夫山泉挑起的水界狂澜,这些真正有益于消费者的专家们的真知灼见甚至没有机会在大众媒体上发表。

四、国内瓶装饮用水市场现状及发展预测

2000 年,农夫山泉引发的水界风波过后,农夫山泉的天然水概念开始为大众所接受,因定位准确,农夫山泉也成为中国水饮料市场高品质品牌。但农夫山泉 2000 年的胜利并不代表纯水企业的

---

① 《瞭望新闻周刊》2000 年第 31 期。

完败。经过此次风波,中国普通消费者的确上了一堂水知识科普课,但消费者是健忘的,直到今天,纯水依旧在饮用水市场上占据一席之地,纯水企业也继续重视在传统媒体上进行广告投放,但已很少有人再来讨论纯净水对人体的健康影响问题了。新一代的消费者对纯净水的认知并不比十几年前有显著进步,与此同时水世界的竞争日趋多元化,关于水的各类健康诉求也层出不穷,使人眼花缭乱。

(一)国内瓶装饮用水市场现状

1. 主要市场格局及知名品牌

2000 年后,虽然纯净水已不像上世纪 90 年代中后期那样在水市场上占有绝对优势,但仍保有相当大的市场份额,农夫山泉以其天然水的概念吸引着对水的品质有更高要求的消费人群。与此同时,2000 年以降,以康师傅矿物质水为代表的矿物质水开始获得消费者信赖。矿物质水就是在纯净水中加入矿物质,从而给人更健康的感觉,但其与纯净水一样成本低廉。

目前娃哈哈和乐百氏都是既有矿泉水又有纯净水,很显然,纯净水并未被 2000 年的水战击垮,仍保有客观的市场份额。但不可否认,经历 2000 年水战后,消费者对水健康知识较前增长,过去认为纯净水就是健康水的概念被修正。农夫山泉天然水的概念被广泛接受,但水市场的竞争较前更加激烈。各类水种为吸引消费者,继续大打健康牌。近年饮用水在央视上投放广告的主要有农夫山泉天然水、昆仑山矿泉水、康师傅矿物质水。农夫山泉的诉求仍然是天然,正如其广告词所说"我们不生产水,我们是大自然的搬运工";昆仑山矿泉水则标榜来自昆仑山,其实也突出天然无污染,康师傅矿物质水则特别强调含有有益于人体的矿物质的特点。AC 尼尔森数据显示,截止 2012 年,中国包装饮用水排名依次为康师傅 22.6%,农夫山泉 21.8%,华润怡宝 8.5%。

（二）国内瓶装饮用水发展预测

纵观我国瓶装饮用水的发展历程以及现状，我们有两方面的预测。

首先，可以预计国内饮用水市场在健康概念的宣传将会继续，随着科技的发展，还会有新功能或新概念的水种出现。与此同时，现有各类水种的竞争也会继续下去，市场分布格局会有消长，随着健康概念的继续普及，纯净水的市场份额会逐步下降。广告和软文仍会对消费者在水种的选择上发挥重要的外部影响，此外，随着家庭用水净化系统的普及，饮水市场上的竞争呈现多元化。

其次，瓶装饮用水的包装将会成为不可避免的话题。近年来，饮用瓶装水使用的塑料包装对人体健康及生态环境的影响已开始引起研究机构、环保组织和民间人士的关注。美国地球政策研究所认为，瓶装水的包装造成巨大浪费，为生产瓶装水所需的塑料瓶，每年需耗费原油 150 万桶，加之资源浪费严重，塑料瓶的回收和处理同样也是大问题。在美国，仅有不到 1/4 的塑料瓶被回收，每年留下 90 万吨的垃圾。此外，饮用水塑料包装对人体健康的影响也引起关注。近年，德国歌德大学水中生态毒物学系的两位科学家研究发现，塑料瓶装饮用水含有雌激素化学成分，不利健康。他们检测了在德国出售的 20 个品牌的矿泉水，通过实验分析发现有雌激素化学成分从塑料包装中渗透到饮用水中。[①]

目前为止，瓶装饮用水的塑料包装问题仍有诸多争议，但在欧美等自来水质量可以得到充分保障的地方，已有部分城市政府机构或餐馆鼓励公众使用自来水或向公众提供自来水作为餐馆饮用水，以减少瓶装水的使用。目前瓶装饮用水的塑料瓶对环境和人体健康的影响尚未引起我国社会的重视，但近年来饮料和白酒等产品塑

---

① 张思前编译：《瓶装水：资本主义最神奇的奥秘"》，《质量探索》2007 年 10 月 25 日。

料包装中频频发现塑化剂,瓶装饮用水的塑料瓶包装问题迟早会进入社会视野。鉴于此,将来水市场的竞争可能会涉及饮用水外包装领域,什么样的饮用水包装更健康,将与喝什么种类的水一样为人们关注。

盖中盖广告事件

新世纪初,以"巩俐阿姨"为标签的盖中盖广告曾在国内引发虚假广告风波。所谓的虚假并非指我们常谈及的保健类产品质量问题之"虚假",而是基于其广告内容所涉及的伦理道德之"虚假",引申出广告商、名人代言以及广告市场规范等多方问题。至今,盖中盖广告事件仍是人们讨论改革开放以来中国广告市场化进程不可回避的重要案例。

一、"捐"出来的风波:盖中盖广告事件脉络

2000年上半年,一则以著名演员巩俐捐赠"盖中盖"口服液给希望小学为内容的广告在多家电视台(以中央电视台为代表)播出。广告的一个镜头中出现一封展开的信,童音旁白:"巩俐阿姨,你寄给我们希望小学的'盖中盖'口服液,我们都已经收到了……我们要好好学习,将来报效祖国。"

这则看似普通的保健品广告,却因其"捐赠行为"引来巨大质疑。

(一)真与假:"希望工程"引质疑

6月30日,《天府早报》刊登署名为"阿修"的文章,题为"评论:巩俐借'希望工程'大做广告该不该",对巩俐盖中盖广告内容的真实性表示怀疑。同天,西安《华商报》登载读者质疑"巩俐是否真献

爱心"的报道,迅速被各家媒体转发。盖中盖广告由此引起社会舆论的关注,焦点集中于巩俐是否给希望小学的学生捐赠过盖中盖口服液,这是不是虚假广告?人们质疑以希望小学的名义给产品做商业广告并不合适,破坏了公益事业的纯洁性。①

7月1日,在社会舆论的压力下,盖中盖的生产厂家哈尔滨制药六厂开始在部分地区撤下"巩俐阿姨广告"②。媒体持续跟进此事,同日,《天津日报》等多家报纸刊登阿修的文章,以严厉口吻对广告存在的问题提出了更明确的批评,文章写道:

> 我之所以对这则广告内容的真伪较真,是因为众所周知,希望工程是全国人民关注的一项崇高的事业,是社会各界有志之士善心良知的体现,其间是不能容许有些许的假冒行为。任何广告,如果假借其名,虚拟故事,都是对希望工程的亵渎。

> 就事件来说,若巩俐为某所希望学校捐赠"盖中盖"是事实,应标明具体学校,因希望学校名称是泛指。如果只捐赠过其他物品,广告也不能偷梁换柱变成"盖中盖"。

> 其实,希望工程是属于扶贫性质,我们班的同学都在喝"盖中盖"这种价值不菲的营养液,是背离常情的。③

7月2日,广州《新快报》采访哈药六厂有关人士,厂家称"巩俐捐赠口服液确有其事"。4日,《新快报》记者管瑜向《北京青年报》记

---

① 以上综合自人民网:http://www.people.com.cn/GB/channel6/492/20000705/130934.html,2012年4月26日;搜狐网新闻:http://news.sohu.com/feature/gzg.html,2012年4月26日;新浪网:http://ent.sina.com.cn/start/old/3002.tml,2012年4月26日;书美、张勇、郦辛、冯晓飞、曾鹏宇、李雯:《盖中盖涉嫌虚假广告》,《广告大观》2000年第8期。

② 孔震:《今后要把好事情办好——访哈六药厂厂长汪兆金》,http://ent.sina.com.cn/c_star/2000-07-13/10602.shtml,2012年4月28日。

③ 书英、张勇、郦辛:《"希望工程"开始调查盖中盖广告》,《北京青年报》2000年7月5日。

者介绍,据哈药六厂销售部王先生透露:年前,哈药六厂曾组织部分著名歌星、影星前往西部捐款,亦捐赠了该厂产品,巩俐就是其中一员,"巩俐阿姨"的捐赠完全属实。王先生还说能查到证据,"希望工程的总部和省一级的分部存有该活动的资料,完全是有档可查"。同日,负责该广告制作的海润广告公司负责人潘阳致电《北京青年报》,证实巩俐确实曾经在广告播出之前向哈尔滨一所希望小学捐赠了"盖中盖"口服液。但20分钟后,潘阳又换了一种说法,称,巩俐捐献口服液与拍摄此广告没任何关系,并透露说,2000年春节前后,巩俐经纪人(潘阳好友)主动提出,巩俐希望为希望工程做一点事情。海润广告公司随后即购买了"盖中盖"口服液并以巩俐名义捐给哈尔滨依兰县迎兰乡的一所希望小学。

(二)青基会介入调查

7月4日,盖中盖广告事件牵扯的另一主体,希望工程授权方——中国青少年发展基金委员会(以下简称青基会)开始回应盖中盖广告事件,称哈药六厂的此则广告已经引起青基会极大关注和高度重视,青基会表示,早在6月30日,青基会就已通知全国各省市的授权实施机构,对全国8000多所希望小学进行调查,以核实"巩俐向希望小学捐赠"的确实情况。据初步调查,青基会希望工程实施管理系统的希望小学并未收到过哈药六厂广告中所谓由"巩俐阿姨"捐赠的盖中盖口服液。

同日,《北京青年报》称,青基会将向未经允许而以希望工程名义做广告的"盖中盖"口服液生产厂家采取法律行动,首先将发送律师函,要求对方在三天内提供相关情况。青基会法律顾问王宁律师证实,"盖中盖"电视广告使用希望工程的名义并没有获得青基会的许可。报纸还引用北京青少年发展基金会一位负责人的话,称如果最终调查发现巩俐从来没有向希望小学捐款,这个广告就是彻底的谎言;即使巩俐真的向希望小学捐赠过,这种广告形式也是不合适的，"未经允许借希望工程的名义进行产品宣传，是青基会所不允许的"。①

7月5日，青基会向哈药六厂发出律师函，表示青基会已经国家工商局商标局核准取得希望工程服务商标专用权。因此，未经青基会授权许可，任何组织和个人均不得以为希望工程名义举办活动或进行宣传。哈药六厂冒用希望工程的良好声誉制作播放虚假广告，以牟取商业利益的行为是对青基会合法权益的严重侵害，使一向良好的希望工程公益形象遭到损害，必须就此事作出合理的解释并采取相应补救措施，以挽回对青基会及希望工程造成的不良影响。

青基会要求哈药六厂最迟于次日下午5点就其送达的律师函作出回复。中国青基会副秘书长、新闻发言人涂猛透露：直到该时刻没有接到对方正式回复，"巩俐阿姨广告"仍在部分地区的电视台上播放。面对哈尔滨制药六厂的沉默，鉴于"巩俐阿姨广告"对希望工程造成的严重伤害，青基会决定，立即向国家行政执法部门投诉广告主和广告经营者，要求责成立即停播该侵权、虚假的商业广告；对该广告行为依法予以处罚。青基会同时保留通过诉讼手段维护合法权益的权利。

（三）各方讨论与争议

当盖中盖广告事件在哈药六厂和青基会之间的纠纷中持续升级的时候，公众的争议也早已展开，讨论超出娱乐和明星的范围，直达广告伦理问题。

作为直接责任人，哈药六厂对此则虚假广告负有不可推卸的重要责任，但巩俐则因为名人效应被人们顺理成章地定位为炮轰对象，名人广告的对与错问题再次被推上风口浪尖。

---

① 书英、张勇、郦辛：《"希望工程"开始调查盖中盖广告》，《北京青年报》2000年7月5日。

虽然有部分人士理解巩俐出演广告，如知名演员吕丽萍就称："演员嘛，完成广告内容规定给她的任务就行。巩俐的事应该和演员没关系，这是厂家的问题，巩俐是受害者，照理她还应该找厂家要求赔偿名誉损失。"①但整体而言，舆论仍然出现一边倒的现象。

风波出现后，广告代言人巩俐只以一句"我真傻，原来它不是公益广告"来证明自己被骗了，更是引起公众怒意。媒体纷纷质疑：那些游刃于商场的老总们就不说了，就拿巩俐来讲，如果说一个获过国际大奖、当过电影节主席、有意读研的国际明星竟分不清公益广告和商业广告，只怕把人打傻了也不会相信。网络作家王小山就调侃道："前提：我是个笨蛋，智商只有 70，但我不会为 100 万去骗孩子。小前提：巩俐为了钱利用希望工程做了广告。结论：巩俐比我还笨。"②圈内人六小龄童亦评价说："因为观众就是冲着你名人的名气来的，你就要对喜欢你的观众负责。"③

事实上，由于补钙类保健品普遍采取名人覆盖、言传身教的高密度广告，公众对于广告策略的争议由来已久。随着事件升级，公众针对的已经不是巩俐个人，而以"盖中盖广告事件"为契机，拉开了对于明星虚假广告的整体声讨及广告作品中明星效应与社会责任问题的讨论。《中国工商报》就直接以"中国人都是'软骨头'吗"为题发问，斥责明星集体的"缺钙"说教。④《天津日报》周凡恺亦文中评论："一夜之间，全国那么多的所谓明星大腕儿，咋全都去推销钙片儿壮骨粉了呢，好戏没见他们拍出几部来，干这事儿倒是窜得飞快，就冲他们在屏幕上那副真正缺钙的样儿，我若是真的得了这

---

① 《众口评说：演员很难做到对广告词负责》，《北京晚报》2000 年 8 月 16 日。

② 王小山：《我爱巩俐》，http://ent.sina.com.cn/review/old/10189.html，2012 年 4 月 28 日。

③ 吴晓铃：《众明星评说巩俐拍摄"盖中盖"广告风波》，《天府早报》2000 年 7 月 7 日。

④ 海风：《中国人都是"软骨头"吗》，《中国工商报》2000 年 7 月 29 日。

病,宁可成天躲在家里熬骨头汤喝,也不买他们推销的药。"①

公众对于补钙类产品广告的集体声讨反映了人们对于广告中大量使用名人代言、反复轰炸策略的不满。不过,不同于一般的补钙类广告,盖中盖广告事件引人争议的另一特殊之处还在于:其使用了"希望小学"这样一个公益机构的名义。时任青基会秘书长的徐永光将此定性为"一起借希望工程之名进行商业宣传的侵权事件"。因为"从道义上讲,希望工程是一项有崇高声誉的社会公益事业,借此进行商品推销,损害了希望工程的纯洁性,也伤害了公众的感情;从法律上讲,希望工程作为公益品牌已由青基会注册为服务商标,哈药六厂未经青基会同意,擅自使用希望工程的名义拍摄播出商品广告,这是一种侵权行为"②。西北政法学院法学教授寇志新认为,从法律角度讲,哈药六厂在这则广告中并未使用"希望工程"字样,因此并不对商标专用权有所侵犯。这则广告存在着道义上的问题,但不是法律问题。③

(四)事件结束:哈药六厂与青基会和解

7月7日开始,此次广告风波突然有了快速进展。当日,哈药六厂终于打破沉默,回复青基会律师函,称此事是一个误会。信中表示,巩俐确实在1999年12月27日向哈尔滨市依兰县迎兰乡海润希望小学捐赠了20箱盖中盖口服液。回复中称该厂制作半公益性的广告,希望唤起社会关心教育、关心贫困地区孩子的就学问题,对"希望工程"并无"贬损"之意。广告亦通篇没有青基会注册的"希望

---

① 周凡恺:《观近期电视广告有感:全都缺钙吗?》,《天津日报》2000年6月30日。

② 张浩:《"巩俐阿姨广告"事件是是非非——答〈财经时报〉记者问》,《财经时报》2000年8月2日。

③ 杜晓英:《"巩俐阿姨广告"不对青基会构成侵权》,《三秦都市报》2000年7月11日。

工程"字样。哈药六厂认为，广告词中的大部分内容是公益性的，这次广告事件属于"好心办了坏事"。然而，青基会并不满意这个答复，表示仍将向国家行政部门投诉。

7月8日，希望工程全国监察委员会和中国青基会联合派出赶赴依兰县迎兰乡希望小学的特别调查组初步断定：尽管海润广告公司以巩俐名义赠送口服液给迎兰乡希望小学一事已被证实，但这不属于捐赠，而是广告策划行为。7月10日，青基会正式向政府主管部门递交报告，要求查处哈药六厂和海润国际广告有限公司黑龙江分公司所做的违法广告。在青基会投诉之前，哈药六厂有关负责人一再暗示青基会，希望求得谅解，希望青基会不投诉，然而王宁律师明确表示：哈药六厂仍然不肯坦然面对自己侵权的事实。王宁说，希望工程中包含了两个内容，即希望小学和救助孩子上学，不但为大众所认同，且多次写入《中国儿童状况白皮书》《中国人权事业发展白皮书》等政府文件中。由此可见，希望小学是希望工程不可或缺的重要组成部分，盖中盖广告利用这一点来提高产品形象，是个典型的产品广告。

7月12日，哈药六厂厂长汪兆金为解决纠纷抵京，当日下午3点和中国青基会秘书长徐永光会面。7月13日，哈药六厂终于与青基会达成共识。汪兆金表示，没想到该则广告会引起媒体、社会公众如此强烈的反响，给青基会、希望工程造成影响，向青基会表示歉意。王宁说，尽管在"捐赠'盖中盖'并制作广告的初衷"问题上，双方仍未达成一致。哈药六厂说是"宣传产品和宣传希望工程并重"，青基会则坚持这是一次纯粹的广告策划。但青基会考虑，追究此事并发出律师函的主要目的并非要求赔偿，而是希望厂家认识错误并道歉，同时以实际行动（停播广告）挽回影响。目的已基本达到，社会公众也有了清楚的判断，也就不一定非要处罚企业本身。徐永光还高度评价哈药六厂最后的积极姿态，他表示，鉴于此则广告事件中哈药六厂并无恶意，鉴于双方对待此次纠纷若干重大原则问题能取得一致,青基会愿以最大的诚意与哈尔滨制药六厂迅速达成谅解,并拟将这一情况报告给国家行政执法部门并配合其妥善处理。①

盖中盖广告事件至此告一段落。

二、盖中盖广告事件背景探究

作为"文化现象"的广告往往投射出一定的历史背景与社会动因。探究盖中盖广告事件的成因,有必要回顾哈药六厂的历史发展沿革,同时追溯当时的广告市场状况。

(一)前世今生:"哈药模式"的功与过

2000 年,哈尔滨医药集团旗下各制药企业正以强势广告启动市场需求,试图以此迅速强化品牌效应,促进企业发展壮大。这种市场运营方法被外界称为"哈药模式"。② 在这其中,作为哈尔滨医药集团下属子公司,哈药六厂成为"哈药模式"的领导者和最大受益者。"盖中盖"就是其广告轰炸策略中的著名案例。

哈药六厂始建于 1977 年 3 月 1 日,是以化学药品及中药为主的综合制药企业,历史上曾经连年亏损。1988 年与哈药七厂合并,新领导班子走马上任,为哈药六厂带来重大转机,企业步入良性发展的轨道。1993 年哈药集团股份公司成立以后,哈药六厂实施名牌战略,其产品实现由处方药为主到非处方药为主的转变。1999 年,哈药跨入保健食品生产行列。由于哈药六厂的主要产品都是非处方药,能够避免医院环节所产生的成本,于是主要进行广告投放。

与一般广告主买下固定广告时段投放广告的策略不同,哈药六

---

① 张鹏:《综述:"巩俐阿姨"广告风波始末》,《文汇报》2000 年 7 月 14 日。
② 严振:《药品市场营销学》,化学工业出版社 2006 年版,第 199~203 页。

厂创造了一种新方法:先与电视台谈好一个总体价格,企业并不要求特定时段的广告播放时间。电视台只要有时间就往里插播广告,其特征就是巨额投入,大面积轰炸,明星助阵,强行灌输,不计成本。①

至于投放广告的资金,哈药六厂则采取的是"墙里损失墙外补"的方式:花大价钱打出个知名度,然后到资本市场上去兑现。2000年,从5月16日到6月29日,在短短1个多月的时间里,哈药集团的股票从8.8元涨到14.6元,最高涨幅达66%。以2.43亿元流通股计算,整个二级市场在账面上共获益14亿元。②

在强大的广告造势下,哈药六厂获得惊人的业绩。2000年,盖中盖销售金额3.8亿元,列补钙保健品第1位,保健品单品销售第4位。③ 同年,哈药六厂完成工业总产值22.6亿元,在全国133家重点化学制药企业中,名列第八位,销售收入20.5亿元,名列第9位,实现利税总额4.27亿元,其中利润1.38亿元,上缴税金2.89亿元,在哈尔滨市名列第二位。④

不过,长期的硬性商业策略和"广告暴发户"形象也使得哈药六厂饱受外界诟病。当时,厂长汪兆金表示说:"我们不能招大家烦了。"在此背景下,哈药六厂的企业形象急需面临转变,试图提高产品美誉度,打造"爱的品牌"。因此,哈药六厂考虑涉足公益广告,塑造制药企业"关爱大众民生"的良好风范。"希望工程"事件正是在这样的背景下诞生的。

① 段钢、张强主编:《直击财富》,上海社会科学院出版社2002年版,第137页。

② 吴晓波:《大败局》(修订本),浙江人民出版社2007年版,第21页。

③ 科讯网:《我国保健品市场现状及前景》,http://www.tech-ex.com/gb/medical/news/industries/00101136.html,2012年5月1日。

④ 王慧:《求职手册》,长安出版社2002年版,第234页。

(二)全民补钙背后:风波前补钙类保健品市场状况

作为一种社会文化样式,广告景观的形成必然折射历史发展背景,因此,广告事件背后亦折射出特定的社会生态面貌。盖中盖风波发生的时候,正值国内保健品市场发展快速发展,各类补钙产品积极投放广告,占据市场之时。回顾盖中盖广告事件发生的社会背景,有助于我们从全局视角思考广告事件发生的缘由与历史经验。

上世纪 90 年代正值改革开放高歌猛进之时,中国内地经济社会状况出现重大变化。经济收入提高的同时,人们开始关注生活品质和身体保健。学者傅明武结合中国特殊国情分析了保健品市场未来的巨大潜力:第一,国人有进补的传统习惯;第二,国人的身体状况决定了对保健品的需要;第三,经济的发展将使人们更加关注身体健康;第四,医疗费用的昂贵将使国人更加依赖于自我保健;第五,计划生育政策更使得人们对健康的投入加大。这些都暗示了消费者对于保健类产品的需求潜力。① "补钙"作为保健运动的一环,也因此如雨后春笋般发展起来。

据卫生部 1996 年颁布的《保健食品管理办法》定义,保健品为"能调节人体功能、有特定保健功能的食品,只适合于特定人群食用,不以治病为目的"。由此,保健品得与"一般食品"和"药品"区分开,成为"介于食品和药品之间一种特殊食品"②,可见,保健品的功能定位决定了其在根本上依赖的是人们的健康诉求。

据 1994 年全国营养调查表明,我国人均缺钙高达 300 毫克/日,其中广东省人均钙的摄入量为 387.5 毫克/日,北京老年妇女的钙摄入量也在 400 毫克/日以下,距离我国膳食钙供给量标准 800 毫

① 傅明武:《中国保健品何处去》,《销售与市场》2000 年第 4 期。
② 董国君主编:《药品市场营销学》,人民卫生出版社 2009 年版,第 36 页。

克/日相差一半以上。为此,有人开始呼吁国民谨防钙缺乏,全民补钙刻不容缓。① 一些专家亦指出,对儿童、青少年及老年妇女等特殊人群,可采取增加钙强化食品和直接补充钙剂的方法来增加其钙摄入量,对大多数人而言,每日补钙在 2000mg 以内不会产生副作用。② 这直接为补钙产品提供了商机。

1996 年开始,自"南海岸鳗钙"以钙营养普及知识为策划手段启动市场,"彼阳牦牛骨髓壮骨粉","大天力壮骨粉"等众多补钙类产品品牌随后跟进保健品市场。至 1998 年,补钙类保健品已在保健品市场的总体销量份额中占据首要地位。

1994—1998 年,国内保健品市场一直被以三株集团为首的保健品企业垄断。1999 年,三株由于自身危机公关问题已全面衰退,保健品市场进入大规模反弹,这为哈药等企业进入保健品行业提供了契机。③ 短短几年间,仅补钙类产品市场就催生数百个品牌,不断有新的品牌加入。其中,1999—2000 年,哈药六厂的"盖中盖口服液"凭借海量广告投放和明星推介迅速崛起,引发全民"补钙运动"。

盖中盖的成功,激发了同行的竞争欲望。当时,国内补钙产品分为三类:一类是无机钙,代表是东盛盖天力、哈药新盖中盖、苏州立达的钙尔奇 D;第二类是有机酸钙,代表是哈药三精葡萄糖酸钙;第三类是有机钙,为第三代钙剂,代表是巨能钙、乐力。此外,补钙产品亦可分为补钙药品和保健品两大类。补钙药以钙尔奇 D 为代表,以医院销售为主,其余绝大多数补钙产品都为补钙类保健品,属于非处方药,不需要通过医院环节。于是,这些补钙类保健品往往把本来要让给中间商和医院的利益用于市场推广,广告顺理成章地成为这种市场推广中最重要的武器。

① 张中秋:《国民补钙刻不容缓》,《健康人》1996 年第 4 期。
② 贾如宝:《补钙终生需要》,《金属世界》1996 年第 2 期。
③ 郭冬颖:《广告费岂能决定企业命运——关注"盖中盖"现象》,《光彩》2000 年第 9 期。

另外,据中国科普学会对中国人的科技素养进行的调查,国内民众对医药卫生的关心程度和认知程度不及发达国家的 1/4,80% 的人在选择与健康相关的产品时依靠的是广告。[1] 这也进一步证明了,厂家的广告诱导与名人的现身说法对于保健品消费市场来说意义重大。

仅 2000 年上半年,补钙类保健品的广告投放就超过 17 亿元,造就了数个据称年销售额超过 10 亿元以上的品牌。盖中盖、巨能钙、劲得钙等品牌成为广告投放量最大的产品。[2] 根据 2000 年全国保健品单品销售金额统计,盖中盖和巨能钙分别以 3.8 亿和 2.5 亿的销售总额列全国保健品销售排行的第 4 位和第 8 位。[3] 盖中盖和巨能钙成为补钙类保健品市场最强势的品牌,这与其强大的广告攻势不无关系。

不过,在补钙类产品风生水起的同时,市场中质疑"补钙"的声音也层出不穷。一方面,是关于合理补钙的讨论;其多批驳广告"玄乎的明星'钙'让人不得要领",呼吁科学补钙。中国消费者协会甚至向"钙制品"广告亮出"黄牌",指出补钙的错误论调在社会上广泛流传,给消费者形成了较大的认识误区。[4] 另一方面,一些学者甚至从命题源头上开始怀疑,质疑"缺钙"的合理性,认为我国原有的钙推荐标准参考美国提出的每日钙推荐摄入量标准,由于两国饮食结构和生活习惯的差异,钙推荐标准不能同一而语。因此,国民缺钙

① 佟彤:《评盖中盖广告官司:名人广告错在哪里?》,《北京晨报》2000 年 8 月 22 日。

② 熊昌彪:《巨能钙事件引发补钙市场危机:补钙仍是大市场》,《中国医药报》2004 年 12 月 2 日。

③ 唐民皓主编:《食品药品安全与监管政策研究报告 2009》,社会科学文献出版社 2009 年版,第 96 页。

④ 高富华:《怪现象:补钙出现"追星族"》,《健康生活》2000 年第 12 期。

还缺乏直接、具体、确切的分析调查。①

　　同时,补钙类保健品大规模进入市场空间,其自身市场规范和生产制度却依然混乱,质量问题频发。2000 年,卫生行政部门根据《卫生部关于印发 2000 年健康相关产品监督抽检计划的通知》文件的要求及卫法监发[2000]296 号文件精神,对全国 17 个省、自治区、直辖市的 185 种补钙类保健品进行抽查,结果显示:合格产品为 175种,合格率为 94.6%,"彼阳耗牛骨髓壮骨粉"、"正和羊乳钙片"等颇有名气的补钙类产品皆在不合格之列。② 此外,补钙类保健品受诟病的主要是其推广策略。据中国消费者协会与中国保健科技学会2000 年 3—6 月对 121 类保健品的说明书、广告进行调查的结果,宣传内容合法的仅 32 份,占 26.5%;产品功能上有虚假宣传的 51 份,占 42.1%;未经卫生部批准,擅自宣称产品具有保健功能的有 38份,占 31.4%。在虚假夸大的违规案例中,补钙类保健品占据重要比重。③ 补钙类产品如火如荼的美化广告与其尚不规范的生产经营形成鲜明对比,这导致相当部分民众的顾忌和反感。总的来说,这一时期的补钙类保健品市场总体仍属于进程快速而内修不足的初级阶段。以"盖中盖风波"为代表的广告事件,亦发生在初级阶段,反映了补钙类保健品广告战略普遍尚未成熟的事实。

三、事件思考与反思

　　归根结底,"盖中盖"广告引发的仍是广告与社会责任的问题。它让我们看到,作为"文化"的广告不仅必须保证其产品质量符合社

① 王越:《我们都需要补钙吗》,《技术监督纵横》2000 年第 9 期。
② 《卫生部通报各地严肃查处不合格补钙类保健食品》,《中国药店》2000年第 2 期。
③ 成竹:《中消协发布第 9 号消费警示:广告云山雾罩　补钙须防误区》,《中国工商报》2000 年 7 月 29 日。

会要求,同时也要对自身的传播内容与过程持以审慎态度。在经历20世纪90年代突飞猛进的市场经济浪潮后,这则当年"一石激起千层浪"的广告案例无疑刺激了人们反思一种更健全的评价广告的标准,即广告效果应当受到市场、法律与道德的多重检视。

(一)冰与火之歌:公益广告与企业推广之路

与一般保健品广告受人诟病的情况不同,盖中盖此次广告风波并非源自"产品质量"问题,而在于其挑战了人们认知中关于广告市场的一般游戏规则:即公益事业不可用于商业用途。

尽管公益广告与商业广告长期以来并无严谨定义区分,但"公益广告是非盈利的,而商业广告是盈利的"①这样的观念为人所共识。公益广告与商业广告一者以推广精神文明为出发点,一者以刺激产品销量为原动力,呈现着广告阵列中的两极态度。不过,公益广告和商业广告之间既存在界限又彼此互补。对于企业主来说,公益广告往往是提高企业美誉度的手段,但表达尺度不好把握,出于商业性广告的"原罪",公众往往无法忍受公益广告中直接出现的商业内容。

盖中盖"巩俐阿姨广告"中使用了希望小学的概念,其广告明确呈现"盖中盖口服液"的产品名称。根据国家四部门(中宣部、工商局、广电部、新闻出版)1997年下发的《关于做好公益广告宣传的通知》,公益广告"可以标注企业名称,但不得标注企业产品名称和商标标识,不得涉及与该企业商品或提供的服务有关的内容",盖中盖口服液的广告明显违反这条原则,产品名称和希望小学形象同时上镜,哈药六厂声称的"公益性"中裹夹了无法回驳的商业元素。

广告使用艺术表达手段,往往被默认为有一定的虚构夸张力。当其涉及公共利益的时候,人们对广告的评判往往严苛。广告通过

---

① 蒋华:《广告语言与修辞研究》,甘肃教育出版社2007年版,第197页。

消费能力和消费需求划分和区别人群,而在公益事业和道德原则上,所有人都天然地保持平等。人们在道德认知上所要求的纯净使得商业话语的进入被认为是对终极价值的侵犯。因此,附带商业气息的"巩俐阿姨"广告以捐赠形式来推销产品,被认为挑战了道德不可逾越的禁区。即使哈药六厂的本意是制作公益广告,但产品信息和公益信息的处理不当暗示了其作为企业的不纯动机。在商业性广告和非商业性营销相结合的探索之路上,盖中盖"巩俐阿姨"广告成为一个失败案例。

随着品牌消费时代的来临,企业对于无形资产价值的重视程度逐渐提高。公益广告在品牌塑造上有间接的、隐性的、长远的影响力,公益广告和商业广告的结合是广告业不可回避的趋势。但有效结合两者,选择怎样的公益广告,则是一个常谈常新的话题。企业主的公益广告应当遵循公益广告的基本特质,以积极的时代风尚为导向,以公益观念为根本诉求,在此之上,"可以为我们所接受的是公益广告作品中的隐形商业诉求。这种诉求主要表现在广告信息与企业的相关性上,具体表现在相关企业产品的应用,相关企业活动的领域,相关企业精神和企业文化等方面"①。

(二)过犹不及:名人广告的辩证法

盖中盖广告的这次风波并非一蹴而就,事实上,在风波开始前,人们就已对保健品广告长期以来铺天盖地的投放方式和猛用名人的手段颇有争议。在盖中盖此次风波中,大家不仅反感商家以"希望小学"的名义来进行产品推广,演员巩俐所引发的名人广告社会责任和道德示范问题也成为关注的焦点。仅就盖中盖口服液一项产品而言,2000年左右,以濮存昕、李丁、巩俐等为代表的名人就先后登场,在屏幕全天候宣传"补钙"。这种名人"集体缺钙"现象一度

---

① 张明新:《公益广告的奥秘》,广东经济出版社2004年版,第132页。

为公众所批判。可以说，"巩俐阿姨"广告引来质疑后，人们对于巩俐的声讨不仅仅指向巩俐个人，也暗示着公众对于名人广告积蓄已久的不满。

名人广告在商业推广中的应用并非屡试不爽。一方面，名人在广告中说法亮相固然能为产品吸引大量眼球，另一方面，却无法确保其名人效应究竟影响着受众关于产品的正面态度还是负面态度。享有一定社会知名度的公众人物，由于其本身的高曝光率，被媒体"赋权"，具备"意见领袖"的特质，因此，名人代言广告能在一定程度上增加广告的劝服力。不过，名人因为其社会地位，往往要满足外界对其更高的社会责任要求，要接受更严格的媒体监督。同时，由于"媒体报道明星的负面新闻比正面新闻可以带来更多的经济效益"①，媒体的新闻报道中亦存在过度丑化名人的现象。因此，处于意见气候里的名人常常呈现出"身份分裂"的状态，一方面，其是光环围绕、高知名度的公众人物；另一方面，也是爆料不断、充斥负面消息的争议人物。这种矛盾为名人广告增添了许多的不确定因素。

在此次盖中盖广告风波中，大家初始质疑的是巩俐是否捐赠过"盖中盖口服液"，而后话题呈现波纹扩散，蔓延至巩俐究竟获得多少广告费，缴税与否，乃至巩俐作为国际影星的名人形象与广告代言问题。可见，公众对于名人的津津乐道使得名人广告更具话题性，名人广告一旦出现问题，公众平时认可的名人社会形象出现失衡，则有可能带来受众对于名人广告的逆反心理效果，导致舆论朝名人和产品本身施加更大的压力。

如何运用名人广告，选择什么样的名人进行广告，需要企业对于自身的产品形象和品牌形象有针对性的定位。为了"名人"而广告从来不是明智之选，过多强调名人可能淡化产品这一主体的比

---

① 饶德江、程明等编著：《广告心理学》，武汉大学出版社 2008 年版，第268 页。

重,名人广告的失误也可能招致更多因为"星光"而附加的舆论压力。无论如何,需要强调的是,选择名人代言广告,其本质仍然在于广告主试图通过"人"的参与来诠释生命体验,从而传递作为名人的"他"与作为观者的"我"之所共鸣的价值。从这个意义上来说,名人广告打的是"名人牌",表现的则是人文主义的普世情怀。名人广告若不能以这样一种同情的理解的视角来看待观众,而是以骄傲的姿态向他人"捐赠"恩惠或宣告品牌的高高在上,"巩俐阿姨"这样的案例不会断绝。

(三)被操纵的健康:广告灌输与媒体霸权

保健品瞄准的是"健康诉求",长期以来,保健品广告大量采取同质化推广策略,通过规模庞大的广告强调保健品对于人体的特定作用。以盖中盖口服液为代表的"哈药模式"更是将"名人＋广告"轰炸路线推高至历史峰值。保健品行业的高强度广告策略不仅令受众审美疲劳,其间更是出现过度宣传,甚至出现把保健品夸大为具有药品功能的虚假广告。

盖中盖广告风波背后是中国 21 世纪初发展迅猛的保健品市场。对于媒体和广告产业都处于转型初期的市场来说,选择保健品广告和过滤保健品广告还是个相当令人困惑的问题。最后,辨别真伪和产品选择权被直接不负责任地抛给了受众。由于保健品产业增加产量的边际成本极低,因此,几乎每个有实力的企业都倾向于组建一支较强大的营销队伍去扩大销售。保健品企业强大的营销队伍和无处不在的广告攻势都试图营造这样一种广告镜像:拥有了保健品,你就拥有了高枕无忧的健康。

不过,问题在于:我们判别健康的标准来源于"广告"吗?广告说我们需要补钙,人们是否就应去补钙呢?广告总是带有企业主明确的目的性的,"通常是广告在搜寻个人,而不是个人在寻觅广告","所有广告的目的是促使我们按照广告主的意图去思考或行动,无论它是高尚的还是唯利是图的"。① 被广告统治的荧幕上，我们见到的是被修饰的说辞，被曲解的"健康"。

自然，观众不是傻子，他们仍能准确分辨保健品广告的是非与真伪。不过，这并不意味着广告就可以受众的自主能动性为借口而躲避责任。我们需要正视这样一个基本的广告伦理问题，在广告中，信任是被作为成本而交换的。广告主应该保持警惕：人们浏览广告时就已经有了默认的前提——我相信它，而不应该让消费者看过之后再来选择是不是相信它。保健品产品涉及的是"健康"这样一个涉及人们根本利益的概念，这种诚信尤为重要。

随着社会发展和消费者整体素养的提升，保健品功能诉求的把戏亦将逐渐丧失威力。保健品广告需要更具人性化的推广方式。尽管盖中盖"巩俐阿姨广告"借公益事业的名义伤害了受众情感，不过，无论如何，它毕竟代表了以哈药六厂为引领的保健品行业开始思考广告转型的第一步。在经历"希望工程事件"后，哈药六厂将原"盖中盖"口服液重新包装，推出"新盖中盖"口服液。同时，哈药六厂在维持原有的强势广告宣传策略基础上，还积极参加各种文艺赛事和公共事业，以提高企业声誉和美誉度，希望借此扭转企业形象，树立品牌精神。② 这些皆有助于企业取得良好效果。从这个意义上来看，盖中盖广告风波亦是保健品广告转型时期阵痛的一部分。在此之后，随着web2.0时代的到来和公民社会全民监督机制的完善，保健品广告无法再仅仅依靠单向的广告灌输长久生存，而需要与公众的情感与信任建立联系，需要真正用心、用产品传递某种品牌的信念。媒体霸权、广告强攻的时代将逐渐逝去。

---

① ［美］克利福德·G.克里斯蒂安，马克·法克勒，金·B.罗特佐尔，凯茜·布里顿·麦基著，蔡文美译：《媒体伦理学——案例与道德论据》，华夏出版社2000年版，第130～131页。

② 高天游主编：《借势与造势 62个成功的事件营销案例》，中国海关出版社2005年版，第305～306页。

四、国内保健品生存现状与发展

目前,"盖中盖"依然是国内保健品市场的重要品牌,但显然,无论是以"盖中盖"为代表的补钙类保健品品牌,或是保健品整体市场,都在新时期发生变化。从"盖中盖"广告之历史切换至当前国内保健品品牌与市场状态,从历史角度考察、认识这些状态,有助于了解未来保健品广告及其市场。

(一)当前国内补钙类保健品主要品牌与保健品市场状况

随着我国保健品行业的迅速发展,保健品市场细分化的趋势愈发明显,在众多保健品品牌群雄逐鹿的局面下,补钙类保健品往昔的光芒已然淡退。但补钙类保健品与补血补脑、减肥类等保健品一样,仍是保健品市场的重要内容。

目前,国内补钙类产品鱼目混杂、种类繁多,非处方药与保健品同时参与市场争夺,补钙产品市场竞争相当激烈。补钙类药品,以钙尔奇 D、乐力钙、龙牡壮骨颗粒等为主要代表,补钙类保健品的市场情况则更为复杂:一方面,新盖中盖、巨能钙等老品牌产品依然占据一定份额,但是,随着国外补钙保健品逐渐进入国内市场,国内传统品牌的主导地位已经被打破。以"劲得钙"为引领的低价产品通过价格优势也扩容了新的消费群体。不同品牌在传统的高度同质化的补钙市场竞争格局中,为求突破,正力争细分化、专业化。以"盖中盖"为例,2011 年特别推出针对女性的补钙产品,试图进一步强化"专注国人钙营养健康"的口号;天狮的补钙系列则针对不同身体状况的消费者,如骨质疏松、糖尿病患者、疾病恢复期患者等推出不同"补钙"概念。另一方面,补钙类保健品亦被分流为两种趋势:一者是大众化的,以消费者或家人服用为主;二者则重视档次和消费,走的是礼品路线。① 并且,在时代发展和消费者需求的理性化背景下,越来越多的品牌开始走向天然原料、绿色安全的发展理念。

表1　补钙类保健品主要品牌举例

"迪巧"补钙系列	汤臣倍健	安利钙镁片
"盖中盖"系列	佳加钙小小孩口服液	三精牌葡萄糖酸钙口服液
恩贝施牛乳钙	南海岸鳗钙	天狮补钙系列产品
巨能钙	爱尔钙	劲得钙

本表基于笔者网络资料整理而成。

中国的保健品早已进入整合营销与个性化传播的品牌时代,从以往依靠单个强势产品的方式改而致力于企业整体品牌形象的推广。以哈药六厂为例,其围绕原"盖中盖口服液"的后续产品,即"新盖中盖"为核心,已然建立起包括"新盖中盖牌高钙片"、"新盖中盖牌儿童钙片"、"新盖中盖牌乳酸钙口服液"、"哈药六牌钙加锌口服液"等诸多产品在内的"盖中盖家族"。②"新盖中盖"产品在近年顺利实现单品种年销售额过亿,部分产品甚至成为"中国王"③,其既体现了个性化市场的细分策略,亦呈现出多种子品牌联动效应之势。

总体来看,国内保健品市场一直处于上升发展的状态。2007年,保健品总产值就已达到625亿元,同比增长20%。④ 其中,钙类

---

① 胡艳艳编著:《保健品市场营销与销售管理》,陕西科学技术出版社2005版,第15页。

② 哈药六厂官网:http://www.gzg.com.cn/templates/gzgjz/index.aspx? nodeid=3,2012年11月12日。

③ 胡德军、陈景乐:《大品种OTC公司的秘密》,《健康管理》2012年第8期。

④ 马龙龙、李智主编:《中国消费品市场监测与分析报告》,中国经济出版社2008年版,第118～119页。

保健品 2006 年销量超过 10 亿美元，一度成为国民最受欢迎的保健品。① 仅从北京市一地来看，2007—2009 年，北京市药品监督管理局受理的保健食品申报品种都超过 300 个，② 可以侧面感知保健品市场热度。从超星读秀知识库的学术发展趋势图中，我们亦可以看到，20 年来，社会上对于保健品的关注整体趋势持上扬劲头。

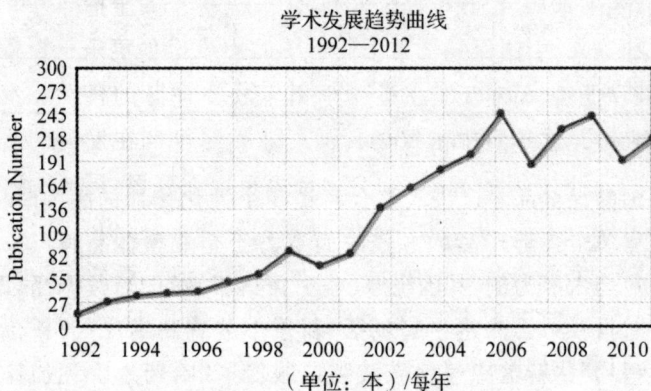

图 1　保健品学术研究发展趋势图

本图数据来自读秀学术搜索数据库。

不过，保健品市场所维持的热度亦带来愈演愈烈的竞争威胁。长期以来，我国保健品市场基本是"三分天下"的格局：一是以中医理论为基础，以中药为原料的产品；二是以营养学理论为基础，以各类营养物质为资源的营养补充剂；三则是以生物工程学为理论基础，通过原料转化生成的产品。经历近 30 年激烈的市场竞争，中国保健食品行业已经进入新的市场格局，"来自跨国保健公司的竞争

---

① 《2009—2012 年中国保健品市场研究及投资价值分析报告》，http://www.docin.com/p-92675924.html，2012 年 5 月 1 日。

② 佘遥、于春嫒、李锐、李强、刘东红、卢爱丽：《2007—2009 年北京市保健品注册初审情况分析》，《首都医药》2010 年第 14 期。

威胁也越来越迫切"。① 当人们还津津乐道于三株口服液、太阳神、沈阳飞龙、脑黄金等的败因探析,脑白金、黄金搭档、太太口服液、昂立一号等的成功法宝之时,事实上,以安利、宝洁、仙妮蕾德等代表的洋品牌已经悄悄占据保健食品大半壁江山。2010 年,安利的保健品创下全球销售额 92 亿美元、中国销售额 220 亿元人民币的骄人成绩。这就意味着,在 2010 年,仅仅一个安利,就相当 11 个黄金搭档公司。

　　长期以来,中国保健食品企业传统的思维似乎更乐于投资于设备、广告和促销,而对于作为企业和行业根本命脉的科学技术的投入微乎其微。这导致中国保健食品行业始终徘徊在发展的初级阶段,不仅产品同质化严重,市场竞争环境也日益残酷,同时也鲜有领袖品牌出现。于是,众多品牌走马灯式的各领风骚,但存活 15 年以上的仅有 5 家。脑白金创始人史玉柱也无奈地在微博上说:"十年前保健品行业前十大企业,在外围打压和妖魔化下,纷纷倒闭和转行,现在只剩我们坚守。"②

表 2　2011 年中国保健品品牌摘选分布

排名	企业名称	销售额（元）	主营产品	产品进入国内市场时间
1	安利（中国）日用品有限公司	124 亿	安利纽崔莱;蛋白质粉;天然 B 族维生素片	1998 年
2	红牛维他命饮料有限公司	58 亿	红牛功能饮料	1995 年
3	北京同仁堂健康药业股份有限公司	45 亿	即食雪蛤;参茸饮片;虫草乌鸡	1669 年

① 冯静、秦贵波:《保健品及营销分析》,《商业文化》(学术版)2010 年第 5 期。

② 任悦:《保健品市场的诸侯争霸》,《中国食品》2011 年第 21 期。

续表

排名	企业名称	销售额（元）	主营产品	产品进入国内市场时间
4	健康元药业集团股份有限公司（太太药业股份有限公司）	44亿	太太美容口服液	2003年（集团创建）；1992年（太太口服液）
5	劲牌有限公司	32.7亿	保健酒	1953年
6	新时代健康产业（集团）有限公司	22.6亿	靓颜胶囊；竹康宁片；松花参宝片	1995年
7	天津天狮生物工程有限公司	20.6亿	天狮营养高钙素	1995年
8	完美（中国）有限公司	20.4亿	健扬胶囊；玉米肽糙米胚芽片	1994年
9	南京中脉科技控股有限公司	14.5亿	蜂灵胶囊；怡泰胶囊；牛初乳粉	1993年
10	珍奥集团股份有限公司	14.1亿	珍奥核酸胶囊；珍奥肝泰胶囊	1996年

本表基于笔者网络数据收集整理而成。

（二）保健品存在的问题及其理性前瞻

巩俐盖中盖广告风波过去已12年，不过，与12年前相比，国内保健品市场问题依旧。

由于国内大多数保健品都存在研发能力弱的问题，战略上的缺陷必然要用战术上的花样来弥补。因此，许多企业仍然重视营销战术组合，热衷于销售手段，产品技术的创新相对忽视。

另外，国家对于保健品的宏观调控仍显得步履缓慢，"除了保健食品、保健医疗器械等由国家食品药品监督管理局监管以外，其他类型保健产品大多尚未被列入国家产业机构调整指导目录，在管理上存在多头管理或者缺乏有效管理的现象"。① 管理上的松懈进一步放任了保健品企业"重市场，轻研发"的行为，在大规模的广告营销浪潮中，虚假广告以及欺骗性宣传仍然层出不穷。随着时代发展和网络渠道的中兴，垂直类 B2C 网站的不断出现更是加剧了保健品行业内部的信任危机。2008 年，在广东省食品药品监督管理局发布的《广东省 2008 年第一期违法保健食品广告公告》中，包括新盖中盖牌乳酸钙口服液、碧生源常润茶、太阳神牌猴头菇胃肠保健口服液、花旗牌吉之唐胶囊（花旗·胰特康）等多家知名产品在内的 34 种保健食品皆名列"黑榜"。② 有关保健品自律、监管和是非问题由此可见一斑。

不过，在政策层面上，保健食品行业发展正将经历重大变革。2009 年 6 月 1 日，《中华人民共和国食品安全法》（简称《食品安全法》）正式实施，明确了保健食品的食品属性。2009 年 5 月，国务院颁布了《保健食品监督管理条例（送审稿）》（简称《条例》），公开征求社会各界意见。2012 年 2 月 21 日，在全国保健食品化妆品监管工作会议上，国家食品药品监督管理局副局长边振甲透露，《条例》有望于 2012 年正式出台（但截至笔者截稿日期，尚未有《条例》已出台的确切消息）。③《条例》将从产品审批、生产经营和市场监管等环节对企业进行约束，而此也意味着保健食品行业也将面临新的一轮洗牌。2012 年 3 月 20 日，国家食品药品监管局公布新修订的《保健食品命名规定》，同时出台《保健食品命名指南》，对保健品的命名和相

---

① 叶少剑：《中国保健品行业现状分析》，《医学与哲学》（人文社会医学版）2011 年第 5 期。

② 《新盖中盖与碧生源等 34 种保健品上黑榜》，《家庭医药》2008 年第 6 期。

③ 王劲松：《年内有望出台保健食品监管条例》，《春城晚报》2012 年 2 月 22 日。取自春城晚报数字版网页：http://ccwb.yunnan.cn/html/2012-02/22/node_19.htm，2012 年 4 月 27 日。

关广告词进行了严格限制。规定强调,一个产品只能有一个名称,一般由品牌名、通用名、属性名组成,也可直接使用通用名和属性名命名。①

在保健品市场竞争格局加剧,宏观政策逐步跟进的大背景下,展望未来的保健品市场,我们可以大胆做出以下前瞻:其一,政策把关从紧,必然进一步提高保健品行业的准入和从业门槛;其二,消费者科学素养和理性消费意识的上升,对于天然原材料的重视,将提高保健品的产品质量标准;其三,外企做大和市场竞争加剧,迫使国内企业不得不转向科研能力和产品质量开发,提高企业硬实力;其四,媒体技术的发展为保健品行业提供新的推广途径,更加人性化的品牌推广策略可能出现。

---

① 富子梅:《保健品命名9种内容被禁》,《人民日报》2012年3月21日。

清嘴含片广告风波

一则短短 15 秒的广告，播出不到 3 个月便被停播，其影响却持续了 10 余年。2000 年至今，它频频入围"最令人厌恶的广告"、"最受不了的广告"或"最恶俗广告"，也时常作为性暗示广告、谐音广告、对青少年造成不良影响的广告代表作被批判，亦曾被列入"新中国 60 年最经典广告"及"我国广告宣传领域最经典的市场宣传广告语"榜单。

究竟是怎样的一则"奇"作，竟获得如此极端的两种评价？

追本溯源，事件大约发生在 2000 年 9 月。

一、清嘴广告风波始末

(一)星火燎原："亲嘴"广告引争议

2000 年 9 月中下旬，奥运圣火在悉尼点燃，中国首次挺进金牌榜前三，频传的捷报点燃了全国人民的奥运热情。正当老百姓锁定中央电视台关注奥运战况时，"清嘴含片"广告映入他们的眼帘。

广告中，一个漂亮女孩羞涩地问："想知道亲嘴(清嘴)的味道吗？"激动的男声回应："想知道！""你们想到哪去了？"女孩娇嗔，"我说的是，清嘴含片……"

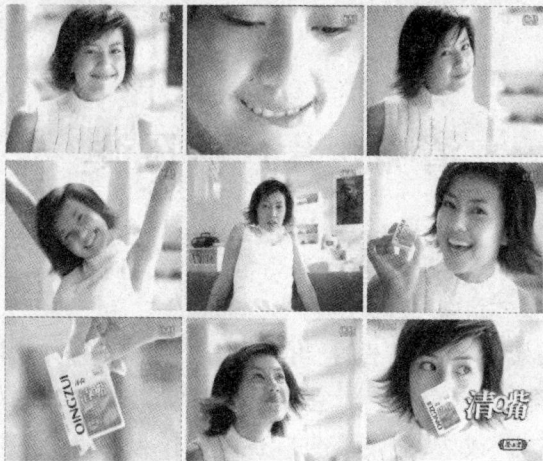

图1　清嘴广告

广告语"想知道亲嘴的味道吗"很快成为青少年间的流行语，这令教师和家长忧心不已。最先对清嘴广告表示抗议的是中学教师："孩子们不仅口袋里成天装着这动辄几元钱一小盒的极为普通的口香糖，而且一见面就拿出来互相嘻嘻哈哈：'想知道亲嘴的味道吗？'"①家长们同样感到不满："广告词把'清嘴'故意往'亲嘴'的低级趣味上拉，对未成年人的误导太严重，有默许甚至是鼓励青少年早恋之嫌。"②

9月26日，《北京晚报》刊登文章《亲嘴？清嘴！广告语别误导孩子》，作者孙家汇表示："广告利用qing（清）与qin（亲）的相似音做广告，将在他们（成长期的孩子们）的思想教育与学习母语等很多方面产生一定的误导。"他指出，这则广告文化品位不高，"拿观众的明

①　石川：《是清嘴，还是亲嘴　清嘴广告玩悬念》，《中国经营报》2001年8月28日。

②　吴忌：《广告是否可以打擦边球》，《江南时报》，http://www.people.com.cn/GB/paper447/1576/254866.html，2012年4月21日。

亮眼睛和孩子的纯净心灵当儿戏"。① 这则报道于当天被新浪网转载,9 月 28 日又被《华商报》转载。

人们的担忧并非没有道理,9 月 29 日《江南时报》的专题讨论中,一位南京市民表示,自己念五年级的儿子在马路上抱住邻居的14 岁女儿亲嘴,说:"电视广告上老讲亲嘴的味道,我想试试。"②

面对强烈的批评,中央电视台和清嘴含片的生产商——养生堂公司并未回应。一个月后,风波仍未平息,但反对声中亦不乏支持的声音。10 月 30 日,新浪网发起的调查显示,44885 名网友中60.82%的人认为这则广告冒犯了观众,"哗众取宠"、"轻佻"、"可能掀起下流的广告风"、"不尊重社会公德和民族伦理";也有 33.99%的人认为这则广告"有趣"、"有创意"、"有效果"、"可以增强孩子的辨别力"、"体现中国的开放自由"。③

约至 11 月,在没有任何声明的情况下,中央电视台停播了这则广告,据媒体人简东方披露,广告停播的原因是,"有几个重要的观众无法容忍这样容易误导青少年的广告,就把电话反映到有关部门"。④ 民愤渐平,但养生堂依旧失声。此后的一两年内,学界和业界人士纷纷对清嘴广告是成功还是失败、广告的经济效益与社会效益孰轻孰重展开激烈讨论。

---

① 孙家汇:《亲嘴? 清嘴! 广告语别误导孩子》,《北京晚报》,http://news. sina. com. cn/society/2000-09-26/130620. html,2012 年 4 月 21 日。

② 吴忌:《广告是否可以打擦边球》,《江南时报》,http://www. people. com. cn/GB/paper447/1576/254866. html,2012 年 4 月 21 日。

③ 新浪时尚:《想知道清(亲)嘴的味道吗?》,http://vogue. sina. com. cn/2000-10-30/3/2533. html,2012 年 4 月 21 日。

④ 简东方:《"清嘴"让谁受不了》,《证券时报》,http://news. eastday. com/epublish/big5/paper10/20001126/class001000002/hwz251882. tm,2012 年4 月 21 日。

(二)分歧不断:学界业界激烈讨论

在一些人看来,清嘴广告是一则成功的广告,打动了清嘴含片的目标消费群体,也为清嘴含片赢得巨大的知名度。

媒体人简东方在《"清嘴"让谁受不了》一文中为清嘴广告叫屈,他认为广告未违反《广告法》条款,又有广告发布单位的审批,不应该播到一半被停。此外,他称赞"清嘴"是一个很好的创意,"令成长时期的少男少女们对产品'一见钟情'、'过目不忘','清嘴'两字更是印入人们的脑海",他希望人们热情、积极地引导青少年认识性,而不是压制。①

学者程瑞芳认为,用"亲嘴"谐音"清嘴",是年轻人喜欢和欣赏的狡黠和聪明,这则广告勾起许多人对青春时光的美好回忆,触及消费者的心灵深处,用年轻人的视角展示年轻人的世界,使年轻人心中产生共鸣。②

不少广告业内人士表示出对这类广告的欣赏,认为广告语朗朗上口,容易记忆,产生了良好的推广效果。③ 知名策划人张继明说,广告语"想知道清嘴的味道吗"迎合了青春期男女的驿动心理,刺激了青年男女的尝鲜欲望。他非常佩服策划人的炒作高招,通过引起长期的热点讨论提升了清嘴含片的知名度。④

也有媒体人和学者对清嘴广告持批判态度,认为其会对青少年

---

① 简东方:《"清嘴"让谁受不了》,《证券时报》,http://news. eastday. com/epublish/big5/paper10/20001126/class001000002/hwz251882. tm,2012 年 4 月 21 日。

② 程瑞芳:《"清嘴",不是"亲嘴"》,《中国广告》2000 年第 6 期。

③ 卫华:《"你要挑豆吗""想知道清嘴的味道吗""谐音广告"让家长担忧》,《青岛晚报》,http://www. qingdaonews. com/big5/content/2001-12/14/content_500354. htm,2012 年 4 月 21 日。

④ 张继明:《营销大讲堂:成功营销的五大方略》,《河南画报》,http://biz. 163. com/31113/0/07K1K9ND00020QDS. html,2012 年 5 月 12 日。

的母语学习及思想、行为产生不良影响。

学者樊秀峰表示,"清嘴"广告脑筋动得歪,有些出格,给口服含片起名"清嘴"在一些场合会造成尴尬。[①] 社会学专家孟天运和心理学专家张蕾皆认为,这样的广告语会诱导孩子误解"性"。[②]

讨论乐此不疲地进行着,谁输谁赢、孰是孰非却始终没有定论。

(三)风波渐平,影响不息

清嘴广告在地方电视台继续播放到 2003 年,直到清嘴含片更换包装,推出"你变了篇"新广告,第一版清嘴广告才正式淡出人们的视线,风波也渐渐平息。

2000 年至今,这则广告被频频提名"最令人厌恶的广告"、"最受不了的广告"或"最恶俗广告",也常被作为性暗示广告、谐音广告、对青少年造成不良影响的广告代表作,亦曾列入"新中国 60 年最经典广告"及"我国广告宣传领域最经典的市场宣传广告语"榜单。

获得如此极端的两种评价,委实不凡。用"亲嘴"谐音"清嘴",把"亲嘴"这一私人行为搬上公开的电视屏幕,将之与青少年联系起来,这一创意十分大胆。为什么养生堂推出清嘴含片这一产品,为什么养生堂选择"亲嘴"这一广告创意,为什么这个创意不被公众接受,要解答这些问题,需要深入了解 2000 年的糖果市场、养生堂公司及整体社会环境。

---

① 樊秀峰:《"清嘴"的味道》,《中国广告》2000 年第 6 期。

② 卫华:《"你要挑豆吗""想知道清嘴的味道吗""谐音广告"让家长担忧》,载《青岛晚报》,http://www. qingdaonews. com/big5/content/2001-12/14/content_500354. htm,2012 年 4 月 21 日。

二、风波背后的 2000 年

(一)2000 年的中国糖果市场

中国糖果市场起步自 20 世纪 80 年代中后期到 90 年代中期,这一时期,国有糖果企业、散装糖果占据主导地位,市场供不应求。1996 年起,国内糖果市场和糖果企业进入盘整期,市场表现普遍低迷,大量传统企业经营困难甚至破产,行业内酝酿着产品、销售手段、市场投入等变革。[①]

2000 年,民营糖果企业开始发力,新品牌辈出,此时的竞争不再仅仅是质量、口味的较量,也是功能、外观等多方面的对比。人们希望糖果具备有益健康的"功能",如富含维生素、含牛奶成分、防止咳嗽、使口气清新、无糖,功能性糖果受到人们的青睐。[②]这一新兴市场引起了养生堂的注意。

(二)2000 年的养生堂

养生堂成立于 1993 年,成立当年推出的首个品牌——龟鳖丸就在中国一炮而红,1995 年推出的朵而胶囊,1997 年推出的农夫山泉也都是响当当的品牌。似乎每次出击一个行业,养生堂都能迅速站稳并冲击制高点。养生堂的总裁钟睒睒极具市场眼光和策划才华,他坚持"根据社会需求,选一个门类做产品,并在这个门类中做到最好",不断发现热点、发现焦点,连续推出差异化的产品并取得成功。[③]

---

①② 王向龙:《甜蜜糖果打造甜蜜未来》,中国质量新闻网,http://www.cqn.com.cn/news/xfzn/463071.html,2012 年 5 月 15 日。

③ 蒯乐昊:《钟睒睒:签了生死状的救灾企业家》,《南方人物周刊》2008 年第 17 期。

1. 清嘴含片的推出

2000 年,功能性、休闲型的糖果正开始走俏,2000 年 5 月,清嘴含片应时而生。这种多果味含片含有一定量的薄荷脑和茶多酚,可以清新口气、消除口腔异味,符合了人们对糖果功能性的需求。

钟睒睒将其命名为含片,而非糖果,可能是因为养生堂一向强调产品对生命健康的好处,含片听上去更像药品,强调了其具备的功能性。当时含片市场的主要品牌是金嗓子、江中、健民、西瓜霜等润咽喉含片,销售终端为药店和保健品专柜,清嘴含片则将销售终端放在大中城市的便利店及超市小食品区,5 元一盒的价格与金嗓子、江中等含片持平,但与小食品相比属于高价位。①

钟睒睒赋予了清嘴含片不同于一般糖果或含片的概念,在市场策略上先行一步,这也影响了其他品牌,清嘴上市一个月后,金嗓子等含片也进入超市和便利店,出现在清嘴旁边。

2. 清嘴含片的竞争对手

由于清嘴含片产品自身概念的差异化,并没有直接的竞争对手,但存在可替代产品,口香糖和薄荷糖等产品同样具有清新口气的功能。

20 世纪 90 年代以前,中国人基本不知口香糖为何物。1988 年 6 月,西班牙糖果巨头 Joyco Group 以合资方式创立广州番禺糖果公司,生产大大泡泡糖、溢清口香糖等。1989 年 11 月,美国箭牌糖类公司落地中国(独资),主要售卖绿箭、白箭、黄箭三大品牌的口香糖。此外,2000 年的中国口香糖市场上还有嘉绿仙、魄力、华艾康、乐天、海太、金海豹、比巴卜等品牌。央视调查咨询中心 2000 年年底进行的第六次全国城市消费者调查(NCS's 2000)显示,箭牌口香

① 石川:《是清嘴,还是亲嘴 清嘴广告玩悬念》,《中国经营报》2001 年 8 月 28 日。

糖占了中国口香糖市场份额的 89.7%。① 口香糖的主要卖点是口味和清新口气的功能,面对的消费者主要是青少年群体,和清嘴含片有一定的相似性。

薄荷糖与清嘴含片在性状上更为相似。1996 年,荷氏登陆中国市场,凭借五款清凉透心的薄荷糖及年轻时尚的广告创意,为中国消费者带来全新的、身临其境的清爽感受。② 曼妥思薄荷糖同样于20 世纪 90 年代进入中国市场,深受年轻消费者的喜爱。③

3. 清嘴含片的广告策略

养生堂的广告策略一向以"奇"制胜——龟鳖丸煽动人的亲情,朵尔对女性美的诱惑,农夫山泉的"有点甜",每则电视广告都给人留下深刻印象。钟睒睒对此非常自信:"我们的广告语,我们的点子,立在那里就是一个一个标杆,其他人很难超越!"④

当时含片的广告策略主要是渲染咽喉上火的情景,突出含片清咽利喉的功效。口香糖广告则强调清新、舒畅,如箭牌致力于通过广告给消费者留下健康、轻松和充满微笑的印象。薄荷糖广告主要强调清爽冰凉的体验,荷氏薄荷糖的广告中,吃薄荷糖的年轻人及其周围的人常常被冰冻。

清嘴含片的创意并未从产品特性出发,而是另辟蹊径,利用产品名称的"谐音",设计了一个暧昧的段子。这种做法的确创新,但过犹不及,终究损害了品牌的社会效益。但在钟睒睒看来,清嘴含片借这则广告迅速获得极高的知名度,他的目的已经达到。2005 年4 月 10 日,钟睒睒做客央视《对话》栏目时说,他知道批评清嘴广告的声音很多,但是他觉得"有一半人反对、有一半人拥护(的广告)是

① 李艳霞:《箭牌独步口香糖市场》,《华糖商情》2001 年第 24 期。
② 荷氏官网,http://herche.cn/,2012 年 6 月 19 日。
③ 曼妥思官网,http://www.mentos.cn/,2012 年 6 月 19 日。
④ 岳蕾:《钟睒睒:我自负,但我不孤独》,《新食品》2006 年第 11 期。

最好的,因为有利于传播"①。

(三)2000 年的中国社会

此前,养生堂的广告几乎百战不殆,不仅赢得名气,也能赢得好感,为何这次却碰了钉子? 这与中国人传统的、含蓄的性观念及当时青少年性犯罪频发的社会现实有关。

在中国,理学宣传克己寡欲,由此形成强大的排斥性知识的心态习俗,这种禁欲主义的性观念一直延续。到了"文化大革命"时期,性和爱都成为禁区,贞洁观、禁欲论随"革命的道德观"扩散开来,人人谈性色变。直到 80 年代,中国的性氛围才稍有宽松。②

20 世纪八九十年代以来,中国掀起一波性解放热潮,涌现了一批有关性的研究、展览和文学作品,再加上西方影视、文学作品中对自由和情爱的渲染,人们的思想逐步开化。许多不法分子借性解放之名,堂而皇之地在大街上兜售黄色书刊和录像带,形成了一股危害社会的"黄色冲击波"。

由于家庭和学校对性教育的重视不足,总是回避孩子的性问题,造成青少年性机能成熟与性知识、性道德无知的矛盾,强化了男女间对异性的好奇心,青少年只能通过观看色情读物或录像追求性满足,此时他们的性知识和性观念都发生错位。一旦遭到外界刺激和挑逗,青少年往往会发生超常、越轨甚至性犯罪行为。2000 年前后,青少年的性犯罪率正在不断上升,性健康教育成为当年热议的话题。③

---

① 养生堂:《养生堂公司总裁钟睒睒"对话"央视坦露心迹》,http://group.yst.com.cn/news_show.asp? id=4,2012 年 5 月 13 日。

② 周浩礼:《中国传统文化对性本质的认识及其现代影响》,《医学与社会》2000 年第 13 卷第 2 期。

③ 连社君、刘卫平:《浅谈青少年性伦理教育》,《中国医学伦理学》2000 年第 5 期。

在全社会开始着力保护青少年免受性刺激和性诱惑的时候,清嘴广告的出现显得那么不合时宜。这则广告触碰了社会大众的逆鳞,尤其令教师和家长难以接受。受到广告影响,十多岁的孩子强抱女孩亲嘴,实在是骇人听闻。养生堂在投放广告时未考虑整体社会环境,过分追求曝光和轰动,引发了强烈反感。

三、性诉求之道:广告何以"奇"而不"歧"

广告中的性诉求表现为人体的性感部位、性有关的动作画面、性有关的言语描述,某种象征性符号,例如身穿泳衣、袒胸露背、谈情说爱、拥抱接吻等。① 性诉求广告能够吸引多种类型受众的目光,巧妙调动受众的荷尔蒙和燥热神经,最容易引起共鸣,也最容易被记住。②

作为一则运用了性诉求的广告,清嘴广告的立意和效果都不能算上乘。其实性诉求广告可以"奇"而不"歧",既吸引消费者眼球,又有助于塑造正面的品牌形象,这需要创意人员从观点上转"为创意而创意"为"为实效而创意"并且认识到自己的社会责任。广告亦文化,广告人有义务传递真、善、美,促进人和社会的发展与进步,而非扭曲人的审美和社会价值观。此外,不良的性诉求广告横行,监督管理部门亦难辞其咎,只有严格用法律约束不良广告,才能让"歧"彻底消弭。

(一)性诉求应与产品和受众匹配

有研究表明,当性诉求与产品高度相关时,受众对性诉求的情

---

① 黄合水:《广告心理学》,高等教育出版社 2005 年版,第 162 页。
② 张素华、罗奕:《妖娆罂粟还是带刺玫瑰——"色托邦"里的性诉求广告审美效果探微》,《新闻爱好者》2010 年第 8 期。

感体验有可能转移到产品上，比如化妆品（如香水）、服饰（如牛仔裤、内衣）的广告常常展示衣着暴露的性感模特，这样不仅能吸引眼球，还能展现出产品特点和品牌理念。然而当性诉求与产品相关度不高时，则会妨碍受众对产品信息（如品牌名称、产品类型、厂家情况等）的记忆，消费者可能只记住性诉求，却对产品无动于衷。[1]

美国广告学者大卫·里斯曼和迪莫西·哈特曼曾指出，性诉求广告和商品匹配并面向恰当受众时，受众的注意力、记忆率才能同性诉求广告的信息强度成正比，反之则可能遭人唾弃，或者为他人作嫁衣裳。[2]

创意人员运用性诉求时，首先要明确品牌、产品的定位，性诉求应当与产品特性相关，试图建立的品牌形象应当是个性的、叛逆的、性感的或是其他适合以性诉求体现的，表现形式可以是幽默的、唯美的、自然的、委婉的、有品位的。

"亲嘴"与"清嘴"谐音，但与清嘴含片产品本身并无关联，这一性诉求与产品不匹配，展现不出产品特点和品牌理念，受众的注意力更集中于"亲嘴"而非"清嘴"。因此，此广告中的性诉求显得突兀多过有说服力。

创意人员还需要明确目标消费者是什么样的群体，运用性诉求的产品应当面向成年人，广告受众也应当是成年人。清嘴含片的目标消费群体主要是青少年，从伦理上说，不应该面向他们推出性诉求广告。

青少年心理尚未成熟，缺乏社会经验，自我判断、认知能力都较差，影视广告具有极强的感染力和影响力，能直接冲击青少年的感官知觉，左右他们的道德判断能力，影响他们的道德品质形成。国

① 周象贤、金志成：《性诉求广告及其传播效果探微》，《中国广告》2008年第5期。
② 张素华、罗奕：《妖娆罂粟还是带刺玫瑰——"色托邦"里的性诉求广告审美效果探微》，《新闻爱好者》2010年第8期。

内外已有多项研究表明青少年较容易模仿电视行为，广告创意人员应当避免诱导青少年做出不良行为。①

（二）性诉求应符合受众文化接受心理

文化接受是有意识、有目的、有计划的活动。由于先天基因、后天经历、所处环境和文化背景的不同，文化接受中也存在心理差异，人们会喜欢不同的活动，或对同一活动有不同的感受。②

观看广告时，不同民族、不同社会团体有自己特有的审美规范与标准，人们会按照自己的意愿和图式进行审美，而不是被动接受。广告创作应当迎合人们的审美需要，尊重受众文化接受心理，针对不同的时代、地域、阶层和群体，采用不同的表现形式，最大限度地调动受众的感官和情感意识，让受众喜欢上广告，实现广告价值的最大化。③

在中国的传统伦理中，性是羞耻的、不可明示的，高尚的人应该克制性的欲望。因此中国人的性审美是含蓄的、内敛的，很难接受赤裸裸表现情色的性诉求广告，这类性诉求广告中往往有裸露的模特、性动作或性幻想，因而引起反感和争议。清嘴含片广告中的性诉求颇为直白，"想知道亲嘴的味道吗？"女演员的表情和语气都颇为挑逗，"想知道！"男生激动的回复则坐实了这种挑逗，因此难以被接受。

早在 2000 年 3 月，广州也发生了一起性诉求广告风波，某方便面推出主题为"泡的就是你"系列平面广告，张贴在各个公交车站的广告栏里。其中一幅的创意是一个裸体美女浸泡在浴缸中，旁边有

---

① 王天舒：《影视文化对未成年人道德品质形成的影响》，《山东社会科学》2007 年第 9 期。

② 李延平、许晓光：《刍议群众的文化接受心理》，《学术交流》2004 年第 7 期。

③ 魏薇：《试论审美视角中受众的广告接受心理分析》，《安徽文学》2007年第 11 期。

一个男子的背影,文案是"泡的就是你"。这则"不雅"广告立刻遭到市民投诉,张贴不到一天就被工商部门拆除。

总而言之,出色的性诉求广告应当给人以美的诱惑而不是情色的刺激,激发人对艺术的欣赏而不是对低俗的厌恶。中国的性诉求广告尤为适合追求"犹抱琵琶半遮面"的朦胧美,中国民间艺术常常用"物化"的方式含蓄地表达生殖崇拜,如剪纸中的"鹰(男)捉兔(女)"、"鱼(男)戏莲(女)"、"鸡(男)卧牡丹(女)"、"刘海(男)戏金蟾(女)"。等①广告中亦可以将性征器官"物化"成香蕉、桃子等物品,通过物品的拼接、组合进行性暗示;或者性诉求广告中并不出现性元素,需要受众仔细观察、联想才能领会,这样含蓄的性诉求广告更容易被中国人接受。②

(三)性诉求应遵守法律法规

2000 年,我国的广告管理法律法规还不健全,《广告法》中的条例太过笼统,像清嘴含片这样的广告,找不出其究竟违反了哪条规定,全凭行政人员个人的认知做出判断。很多时候,工商局的工作人员也只是等待群众的反映,有人投诉才开展调查,对问题广告进行处理。

与清嘴含片广告风波相似的还有三源丰乳广告在青岛遭禁一案。2001 年 7 月中旬,三源美乳霜的广告显示在青岛市香港路、福州路及火车站等市内主要街区的路牌上。广告中一名身着吊带裙的年轻女子上胸微露,广告语为"平胸不是我本色",这则广告很快因市民"反映"遭禁,但同样无法找出它违反了《广告法》哪条条例。③

---

① 巴亦君:《我国性暗示广告的生存现状》,《内蒙古师范大学学报》2007年第 6 期。

② 张素华、罗奕:《妖娆罂粟还是带刺玫瑰——"色托邦"里的性诉求广告审美效果探微》,《新闻爱好者》2010 年第 8 期。

③ 党芳莉:《"性诉求广告"该如何规范》,《检查风云》2005 年第 20 期。

图2 遭禁的三源美乳霜广告

(来源：北京青年报：《"美乳"广告牌青岛被禁引发争议》，http://news. si-
na. com. cn/society/2000-08-15/117295. html，2012 年 11 月 20 日。)

由于低俗的性诉求广告频频出现，国家广电总局于 2007 年 9 月
25 日发文，严令禁播八类涉性广告。这八类被禁广告及节目是：证
照不全和擅自篡改审批内容的；以医患、专家、名人做证明的；所有
保证疗效、宣传治愈率的；有关治疗性疾病、生殖系统疾病的；性药
品、性保健品和其他内容低俗、画面不雅的成人用品广告；以性药
品、性保健品、治疗生殖系统疾病的药品和医疗机构作为栏目、剧场
冠名的；由药品、保健品生产、经销企业和医疗机构制作或提供的各
类医疗、健康类的资讯服务节目；含有性暗示、性挑逗等不良语言和
画面的女性丰胸、塑身内衣广告。①

创意人员和广告主应当遵守法律法规和社会道德，摒弃找漏
洞、打擦边球的投机想法，传播正面、健康的价值观，这样品牌和企

① 廖翊：《广电总局严令禁播"八类涉性广告"》，新华社，http://news.
163. com/07/0925/14/3P8BE0150001124J. html，2012 年 5 月 16 日。

业才能获得长远的美誉度和经济效益。

四、中国糖果市场的现状与瞻望

(一)现状:行业快速发展

2003 年至今是国内糖果市场的繁荣时期,近几年内一直保持着8%~12%的年增长率,是中国食品工业中快速发展的行业。目前我国糖果市场已经形成国际、国内品牌同台竞争的格局。一方面,早期进入中国市场的国外品牌依靠成熟的品牌管理经验,采用新技术、新设备、新原料生产的糖果产品占据中国糖果市场的大部分;另一方面,雅客、金冠、金丝猴、大白兔等国内糖果品牌也占有不容忽视的市场份额。[①]

1. 功能性糖果仍为市场热点

产品上,传统糖果经过改良,越来越强调营养性和功能性。2011 年,功能性糖果的销售额占全国糖果市场的 20%左右,主要分为三类:定位于清凉、润喉、提神等方面的糖果;维生素糖果;添加低聚糖类保健因子的糖果。知名的品牌有雅客 V9、荷氏薄荷糖、清嘴含片、大白兔润喉糖及喔喔的爽咽宝。[②] 今后,具有保健效果的功能性糖果数量将继续迅速增长,未来 5 年内有可能超过传统糖果的市场份额。[③]

2. "央视投放+明星代言"热度不减

营销上,"央视广告+美女帅哥代言人"是如今糖果品牌广泛使用的广告策略。自 2005 年下半年开始,众多糖果企业邀请当红明

---

①③ 王向龙:《甜蜜糖果打造甜蜜未来》,中国质量新闻网,http://www.cqn.com.cn/news/xfzn/463071.html,2012 年 5 月 15 日。

② 辛修锋、杨海军:《功能性糖果市场分析及前景》,糖酒快讯,http://info.tjkx.com/detail/723547-4.htm,2012 年 5 月 16 日。

星做形象代言人,斥巨资比拼央视广告,期望以明星的号召力启动市场,引爆市场。多数企业请气质和形象上甜美、阳光、健康、亲善的女生代言产品,如张柏芝代言蜡笔小新果冻,徐静蕾代言盼盼,周迅代言雅客糖果,亦有别具一格的,如金冠糖果请费翔代言,希望吸引 25 岁以上的女性消费者。①

不可否认,央视投放和明星代言是行之有效的广告策略。央视这一主流媒体是企业公认的创"星"平台,具有很强的社会地位授予功能,在央视上投放广告,不仅能达到更广泛的受众,还能借央视的公信力令品牌显得有经济实力和品质保证,这对品牌建设至关重要。②

明星代言则是借明星的魅力传递品牌的个性,将明星数量庞大的粉丝转化为产品的消费者。在偶像时代,明星已经成为典型的媒介资源,其一举一动备受关注,人们常常不自觉地追随、模仿他们的生活方式和消费行为,因而对他们代言的产品爱屋及乌。③ 比如李宇春的"玉米"们使用神舟牌笔记本,韩庚的"庚饭"们使用珍视明滴眼液等。

值得注意的是,不少营销人员将明星代言等同于拍广告和出席活动,这种观念是狭隘的。"明星代言"这把营销利器只要运用得当,可以为品牌创造无限可能。明星的博客、微博、贴吧是天然的免费广告栏,明星代言人的演艺推广和宣传期是天然的营销事件,通过制造与明星相关的新闻营销或事件营销,可以使品牌成为粉丝和媒体关注的焦点。④

选择代言人非常重要,代言人的人气指数是重要的指标,代言

---

① 朱丹蓬:《中国糖果行业今后五年的发展趋势》,中国糖果网,http://www.candychina.net/html/zj/view_286.html,2012 年 5 月 16 日。

② 李慧:《品牌提升的"风向标"——从央视广告招标看中国经济》,《广告大观》(理论版)2010 年第 6 期。

③④ 天娱传媒:《明星代言广告:1+1=11》,《广告人》2010 年第 7 期。

人的形象气质与产品是否匹配也是重要指标,如果明星的日常工作恰好能与产品联系上,就可以整合企业、明星分散的传播活动,增强品牌与代言人的联系。[①] 常常拍摄都市时尚爱情影视剧的女明星就可以和糖果联系起来。

(二)瞻望:酝酿中的品牌升级战

在前景无限、竞争激烈的中国糖果行业,一场"品牌升级战"正在酝酿,要成为行业中的领导品牌,升级产品策略和营销策略必不可少。

1. 产品升级,提高品牌核心竞争力

我国绝大部分糖果企业尚没有自己的产品研发、生产专利技术,多靠引进外国研发中心的技术支持。未来企业会致力于提高技术含量,研发产品,打造核心品类,优化产品线,摆脱糖果行业的同质化,依靠优化的产品组合在糖果行业的优势品类中获利。[②]

以清嘴含片为例,立足于产品琳琅满目、新品层出不穷的功能性糖果市场,清嘴含片却长时间未推出新产品,口味依然是果味和绿茶味,包装也没有更新换代,显得颇为"怀旧"。清嘴含片应当提高技术含量,通过市场调研提取有吸引力的概念,研发出新时期的明星产品,实现市场差异化,再次引起消费者的瞩目。比如针对老年人的无糖产品,针对年轻女性的迷你糖产品,针对糖果爱好者的定制糖果等。

随着社会贫富差距拉大,人们消费层次的界限更为明显。面对不同层次的消费需求,企业可以推出高端、中端、低端,不同成分、不同技术、不同包装、铺设于不同渠道的产品,丰富产品线。品种应有

---

① 天娱传媒:《明星代言广告:1+1=11》,《广告人》2010 年第 7 期。

② 朱丹蓬:《中国糖果行业今后五年的发展趋势》,中国糖果网,http://www.candychina.net/html/zj/view_286.html,2012 年 5 月 16 日。

尽有、产品星光熠熠，企业才能提升核心竞争力，获得更大的空间。

2. 营销升级，提升消费者忠诚度

央视广告与明星代言虽然能为糖果品牌带来知名度和消费者，但品牌常青的关键是消费者有忠诚度。在信息时代，要令普通消费者升级成为忠诚消费者，社会化媒体营销是一种选择，在网络平台上，企业可以加强与消费者的互动，通过发布消费者感兴趣的话题和信息、回答消费者的疑问等方式，让消费者感受到自己被品牌关注，被品牌需要，被品牌欣赏与喜爱，在消费者与品牌之间建立起亲密的友谊，这样品牌才能历久弥新。

除了保留老顾客，企业也可以通过社会化媒体寻找有可能对自己忠诚的新顾客，比如微博或人人网的精准营销。通过设定目标消费者的性别、年龄、职业、爱好、关注的群体、关注的话题的范围，筛选出有特定生活方式和消费习惯的用户，直接向这群人推送广告，既保证了效果，又可以帮助企业节省成本。社会化媒体便于口口相传，转发推荐，产品的口碑营销效果将得到加强。

线下的精准营销道理相同，企业可以先集中力量在个别地区深耕细作，瞄准某一地区的特定消费群体，调查这一群体的生活方式和日常行动轨迹，在他们最常接触的媒介上投放广告，如某个电视节目时段、广播节目时段、杂志、报纸、网站栏目，或者是城市的某个公园、学校、写字楼、商场。站稳一座山头后，再考虑扩张疆土，稳扎稳打，最终名扬天下。

金龙鱼油广告风波

　　2004 年 8—9 月,金龙鱼食用油因其 1∶1∶1 概念宣传不当,先后引起中国粮油协会油脂分会及国内食用油同业的不满,这在我国食用油界掀起一场风波。金龙鱼首先被质疑在系列软文中使用中国粮油协会油脂分会会长的名义,向消费者灌输单一品类的食用油对健康不利的信息,其软文历数其他品类食用油的不足或危害,导致中国粮油协会油脂分会发表声明予以反驳,批评其软文观点不符合事实。其后,国内七家重要食用油企业认为金龙鱼食用油广告内容存在不正当竞争行为,联合要求禁播金龙鱼广告,使事态进一步扩大。这次风波最终以金龙鱼食用油修改广告词告终,但围绕食用油健康问题的讨论时至今日仍受到关注。

一、风波始末及各方观点

　　2004 年,国家出台关于食用油的新标准,定于该年 10 月 1 日正式实行。国内食用油竞争在当时已相当激烈,食用油新标准的出台为保证人们的食用油健康提供了更加严格的外部监管依据,促使食用油企业为社会大众提供更加健康、安全的食用油。一系列讨论什么样的食用油最健康的软文在此背景下进入公众视野。

(一)系列软文引风波

2004 年 8 月底到 9 月初,北京部分媒体刊登了题为"1∶1∶1 食用油营养的黄金比例——中国粮油学会油脂分会副会长李志伟教授对食用油的宝贵建议"、"四亿家庭的炒菜油是否健康——漫谈食用油里的健康问题"①、"你的炒菜油是否健康"、"警惕食用油中的隐形危害"等软文。这些文章均借中国粮油学会油脂专业分会副会长李志伟之口,以专家的身份评点国内市场上的常用食用油及其功效,但重点落在分析各类植物油的不足或危害上,四篇软文的共同结论为:"不要长期食用单一油品,否则影响营养均衡。"

《1∶1∶1 食用油营养的黄金比例》一文则直接称:"我国食用油领域第一个运用 1∶1∶1 的健康营养理念的生产厂家是'金龙鱼'……应该成为我们各家厨房最合理的用油选择。"②该文被 40 多家网站转载,③引发社会广泛关注。众所周知,我国食用油消费有较强的地域性特征,不同地域的消费者长期习惯使用某一品类的食用油,所以使用单一品类的油到底会不会对人体健康造成危害、选择什么样的油才健康,"1∶1∶1"的食用油是否科学等问题引发共同关注。

---

① 《1∶1∶1 食用油营养的黄金比例》,《北京晚报》2004 年 8 月 26 日;《四亿家庭的炒菜油是否健康——漫谈食用油里的健康问题》,《新京报》2004 年 9 月 1 日。详见佟瑞雪、任慧良:《软文激怒中国粮油学会 金龙鱼再陷"1∶1∶1"困局》,http://www.ce.cn/cysc/sp/gdxw/200409/14/t20040914_1748634.shtml,2013 年 3 月 21 日。

② 《营养分析 1∶1∶1 食用油营养的黄金比例——中国粮油学会油脂分会副会长李志伟教授对食用油的宝贵建议》,http://www.tech-food.com/news/2004-8-27,2013 年 3 月 21 日

③ 佟瑞雪、任慧良:《软文激怒中国粮油学会 金龙鱼再陷"1∶1∶1"困局》,http://www.ce.cn/cysc/sp/gdxw/200409/14/t20040914_1748634.shtml,2013 年 3 月 21 日。

中国粮油协会油脂分会首先回应了这些软文。9月6日,中国粮油协会油脂分会发表声明称,该分会会长从未接受此类采访,也不赞同该软文就食用油健康提出的观点。声明称:近日部分食用油广告(这里指系列软文广告)错误地宣传了食用菜籽油、橄榄油、红花籽油、大豆色拉油、花生油对人体健康不利,极大误导了消费者,凡是符合国家食用油标准的产品均属健康、安全和营养的,消费者尽可放心食用。这是中国粮油协会就长期食用某一种食用油是否健康给出的明确回复。① 同时,中国粮油学会油脂分会强烈批评这些软文和报道的说法"是错误的和不负责任的",要求有关单位立即停止在新闻媒体上的不实报道,以消除影响,该学会保留诉诸法律的权利。②

9月8日,中国粮油协会油脂分会秘书长胡承淼继续就食用油健康问题向外界澄清。他指出,近一个时期以来该会副会长李志伟并未接受过任何记者的采访,一些媒体的报道给该会造成严重的负面影响,他再次强调,凡是符合国家食用油标准的产品均属健康、安全和营养的产品,消费者可以放心食用。

另外,胡承淼还就人们关注的所谓食用油均衡营养比例问题指出,1∶1∶1的比例实际上来自世界卫生组织、世界粮农组织和中国营养学会等权威机构的研究结果,即当人体饮食中饱和脂肪酸、单不饱和脂肪酸和多不饱和脂肪酸达到1∶1∶1的比例时,能确保营养均衡,但目前国内外市场上没有任何单一食用油或者食用调和油的成分能达到1∶1∶1这一均衡营养比例。胡承淼最后表示,油脂分会发表声明并不是与哪个企业过不去,而且声明中也未提及具体

① 王辉:《1∶1∶1比例食用油报道惹火专业人士》,《中国质量报》,http://finance.sina.com.cn/x/20040909/07441010359.shtml,2011年10月11日。
② 王丹、周博:《"金龙鱼"浮水喊冤》,《时代商报》,http://finance.sina.com.cn/roll/20040909/08521010748.shtml,2011年10月11日。

企业,只是站到保护行业和消费者利益的角度上来说话。①

虽然大部分软文并未说金龙鱼食用油就是能帮助人体达到均衡比例的健康油,但金龙鱼当时正极力宣扬调和油的好处,它的第二代调和油的广告口号"1∶1∶1"已广泛流传,所以金龙鱼很快被认定为这一系列软文的始作俑者。与此同时,中国粮油协会的声明也推动人们质疑金龙鱼第二代调和油广告口号的合理性:既然长期食用单一油种没有问题,而且现有的食用油也不可能达到1∶1∶1的均衡营养比例,金龙鱼在广告中高调宣称的所谓1∶1∶1是否涉及虚假宣传?人们在关注软文背后的推手的同时,质疑金龙鱼在大众媒体上公开投放的广告是否存在虚假宣传、误导消费者的嫌疑。

(二)油世界内部的冲突

面对国内媒体排山倒海般的质疑之声,金龙鱼调和油的生产厂家嘉里粮油商务拓展(深圳)有限公司坚称,8月份那篇采访李志伟的报道和嘉里公司没关系,公司正在和中国粮油学会沟通。②

而针对舆论质疑金龙鱼广告进行虚假宣传一事,该公司广告部一位负责人解释,金龙鱼从来没有,也不会虚假宣传。他指出,油瓶标签上写明了油中三种脂肪酸的比例是0.27∶1∶1,之所以在广告中出现"1∶1∶1"字样,是因为油只是饮食材料的一部分,按照中国人的饮食习惯,食用金龙鱼调和油的基础上,再搭上其他的食品,人们摄取食物总体来说能够达到1∶1∶1的脂肪酸比例。金龙鱼倡导健康的生活方式,就在广告中进行宣传,只是细节没有说清楚。总而言之,嘉里粮油坚持金龙鱼1∶1∶1的宣传只是提倡健康的生

---

① 王辉:《1∶1∶1比例食用油报道惹火专业人士》,《中国质量报》,http://finance. sina. com. cn/x/20040909/07441010359. shtml,2011年10月11日。

② 王丹、周博:《"金龙鱼"浮水喊冤》,《时代商报》,http://finance. sina. com. cn/roll/20040909/08521010748. shtml,2011年10月11日。

活方式,并非虚假宣传。

9月10日,国内一家食用油企业向国家工商总局递交《情况报告》指出,金龙鱼广告无论从形式还是内容上,都违反了广告法有关条例,报告认为"金龙鱼"在"不真实地贬低同行产品的同时",又在其他的广告、宣传中"欺骗性地夸大了自己调和油产品的特征和功能",所以"是明显的不正当竞争行为"。国家工商总局一位工作人员表示,一旦认定"金龙鱼"确实有违法行为,国家工商总局将依据有关法律对其进行相应的处罚。广告监督司有关负责人透露,他们已收到数家企业对该广告的投诉。①

同日,北京市工商局广告处召集中央电视台和北京电视台广告部了解情况,随后发出通知,要求该广告在进行整改之前,暂时停止播出。有关负责人介绍说,广告内容不能引起消费者误解,必须真实合法。因此,"金龙鱼"争议广告有"创意不当"的地方,但由于广告主和广告公司都不在北京,根据属地管理的原则,其实并不属于北京市的管辖范围。

在北京工商局呼吁媒体禁播金龙鱼电视广告后,不少媒体仍播出该广告,引起国内以鲁花为首的食用油企业的不满。鲁花集团有关负责人指出,自北京市工商局广告处9月10日要求中央电视台和北京电视台停止播放金龙鱼广告后,中央电视台仍未停止播放。

9月13日上午,山东鲁花集团、北京古船油脂有限责任公司和上海福临门食品有限公司旗下的东州油脂工业(广州)有限公司、东海粮油工业(张家港)有限公司、黄海粮油工业(山东)有限公司、北海粮油工业(天津)有限公司、大海粮油工业(防城港)有限公司等七家食用油企业齐聚北京,向北京市工商局联名上书,要求落实金龙鱼广告的禁播决定。

---

① 丁琳:《"金龙鱼"挑起行业公愤》,《21世纪经济报道》,http://finance.sina.com.cn/roll/20040914/13011022201.shtml,2011年10月12日。

084 | 中国历年广告事件研究(2000—2013)

北京市工商局宣传处和广告处的负责人表示,他们不愿看到国内最大最知名的这几个企业发生这样的事情,因此"不希望媒体继续宣传炒作",而且"金龙鱼"广告是否违法目前还很难断定,因为宣传"1∶1∶1"的健康概念本没什么错,长期吃一种油对人体健康不利也是客观事实;但另一方面,金龙鱼"1∶1∶1"的广告用语确实含混,即便工商局要求停播,但有关厂家或媒体不执行,还需要协调。①他们又指出,金龙鱼广告1∶1∶1的旗号标识得十分醒目,真实的比例却是0.27∶1∶1,而且用较小的字体不显眼地印在一旁,这的确容易引起消费者误解,停播相关电视广告而保留报纸广告、商场超市的店堂广告,是为了慎重起见以便查明事实,等一切情况调查清楚后,会通过媒体给消费者一个确切的说法。国家工商总局有关人士也表示,对于金龙鱼广告是否涉嫌虚假宣传和不正当竞争,工商部门还在进一步了解情况,目前并未要求在全国范围内停播相关广告。②

(三)金龙鱼修改广告

在外部压力下,嘉里粮油决定对金龙鱼广告进行局部调整,放大金龙鱼外包装上的"0.27∶1∶1"字样。但其负责人称,放大"0.27∶1∶1"字样,只是让消费者更加了解调和油所含营养比例,只是局部调整,整个广告并没有太大影响,还会以原来的广告继续播放或刊登。同时,他表示不愿意过多评论金龙鱼被指冒用粮油学

---

① 张晓莺:《"金龙鱼"激起业内公愤 鲁花等7企业联名上书》,《法制晚报》,http://finance.sina.com.cn/x/20040913/20561019838.shtml,2011年10月12日。

② 郭安、廖爱玲:《7家企业联名上书"1∶1∶1"广告尚未全国禁播》,《新京报》,http://finance.sina.com.cn/x/20040914/07381020811.shtml,2011年10月12日。

会副会长名义一事。①

9月15日晚,中央电视台播出的金龙鱼广告已作出修改,"0.27：1：1"字样比较显著地标在屏幕上。此前,北京电视台的金龙鱼广告也进行了修改。次日,嘉里粮油副董事长、董事总经理李福官接受采访时表示,已对广告创意表述不清的部分进行了技术性修改,符合有关部门的要求,他再次解释1：1：1的概念,坚称未欺骗消费者,更未进行虚假宣传。他说,从整个事件来看,感谢中国粮油学会,感谢媒体给予的指导。在过去的两年里,我们未能向消费者清楚陈述所倡导概念的本意,在广告片修改之后,就能更加清楚、准确、科学、到位地表达想要表达的东西,他强调,1：1：1是国内权威专家推荐和倡导的膳食理念,并非说金龙鱼调和油就恰好达到1：1：1的比例。金龙鱼调和油里这三种脂肪酸的比例是0.27：1：1,产品和宣传材料里都注明了这一点,因此并未欺骗消费者,更不存在虚假宣传。②

金龙鱼广告风波的发生,也使嘉里粮油集团开始为社会舆论所关注。不可否认,金龙鱼和嘉里粮油在我国食用油市场发展的过程中扮演了重要的角色。金龙鱼食用油在我国的发展可以追溯到上世纪80年代后期。当中国消费者吃油还用油瓶子到菜市场打散装油时,新加坡郭氏兄弟集团就以超前的战略眼光预见到中国小包装食用油的巨大市场前景和发展潜力,开始了对中国粮油市场的开拓。1990年1月,他们在中国投资第一家油脂企业——南海油脂工

---

①　郭安、廖爱玲:《金龙鱼修改广告"0.27：1：1"换成醒目字体》,《新京报》,http://finance.sina.com.cn/x/20040915/08391024265.shtml,2011 年 10 月 12 日。

②　李爱明:《广告风波渐趋平静　金龙鱼首次解释1：1：1》,《中华工商时报》,http://finance.sina.com.cn/x/20040917/10471031065.shtml,2011 年 10 月 12 日。

业(赤湾)有限公司,首先在中国推出具有革命意义的小包装食用油。① 上世纪 90 年代中后期,"金龙鱼"的小包装食用油可以占到我国 60%~70%的市场份额。

二、金龙鱼广告风波的背景

(一)2002 年金龙鱼推出第二代调和油

2000 年后,随着城乡居民,特别是大中城市居民,生活水平不断提高,中国的小包装食用油一直处于高速成长阶段,消费量以平均每年 25%的速度增长。在一些经济较发达的大城市,小包装食用油已经取代散装食用油成为市场主角。从品牌影响力、市场占有率、营销网络的建设来看,金龙鱼、福临门、鲁花已经成为普通小包装食用油市场的三大主导品牌。

2002 年 7 月,金龙鱼重磅推出第二代调和油,主打"1∶1∶1"概念。第二代调和油由精炼菜籽油、大豆油、玉米胚芽油、葵花籽油、花生油、芝麻油、亚麻籽油、红花籽油等 8 种油品调和而成,大力推广"1∶1∶1"口号并强调这一比例来自于世界卫生组织、世界粮农组织和中国营养学会等权威机构的研究结果。②

金龙鱼第二代调和油产品上市前,鲁花花生油已成为国内花生油细分市场的领导品牌,成为金龙鱼有力的竞争对手。业界分析认为,嘉里粮油为了保证金龙鱼调和油这一重要产品的市场份额和利润来源,适时推出第二代调和油,其目的不言而喻:其一,利用新产品保持金龙鱼调和油的市场份额,获得较高的利润空间,同时继续

---

① 刘杰克:《中国食用油市场简析》,《江西食品工业》2004 年第 2 期。

② 《2002 年成功营销案例盘点》,http://xz5.2000y.com/mb/2/read-news.asp? newsid=247919 2,2013 年 2 月 8 日。

向消费者传播这样一个信息：金龙鱼是食用油专家，行业领导者；其二，希望通过第二代调和油抢占部分花生油、色拉油的市场份额，以期达到削弱鲁花（花生油市场占有率第一）、福临门（色拉油市场占有率第一）两个主要竞争对手的目的。① 另有分析者认为，就金龙鱼调和油本身来说，第一代产品经过多年的价格下调，生产厂家也已到盈亏平衡点的边缘，企业需要新的产品来支撑。

（二）1∶1∶1的质疑最早始于民间普通消费者

2002 年金龙鱼第二代调和油提出"1∶1∶1"的均衡营养概念后，就曾遭到过各地消费者的质疑②。2002 年中秋节前夕，北京和南京均有消费者质疑"金龙鱼"第二代调和油存在宣传上的"文字游戏"，矛头直指"1∶1∶1"这个广告口号。北京一位消费者称，他在电视广告、商场的招贴广告和产品外包装上得知，金龙鱼第二代调和油符合三大权威机构所提出的健康理论，因此他受广告的影响决定购买金龙鱼，但其后他发现在该产品醒目的"膳食脂肪酸的完美比例"的产品标签下，饱和脂肪酸、单不饱和脂肪酸、多不饱和脂肪酸比例为"12∶44∶44"，既然厂家的产品没有达到"1∶1∶1"的健康标准，为什么还要在产品的广告中大力宣传这个概念？因此他认为金龙鱼广告有误导消费者之嫌。当时，金龙鱼方面的解释为：广告中所出现的"1∶1∶1"是指人体每日膳食应摄入的脂肪酸比例，由于人体摄入的饱和脂肪酸来源除了调和油之外还有肉类食物，因此广告中所说的"1∶1∶1"比例并不是金龙鱼调和油的脂肪酸比例，以金龙鱼调和油"12∶44∶44"的比例再加入正常摄入的肉类等食物所包含的饱和脂肪酸后的比例就正好是"1∶1∶1"。

① 吴越人：《"金龙鱼第二代调和油"营销得失录：三大败笔留下隐患》，http://www.emkt.com.cn/article/93/9348.html，2013 年 2 月 8 日。

② 新浪网：《两年后 1∶1∶1 再起波澜　金龙鱼广告万口难辩》，http://finance.qianlong.com/26/2004/09/13/187@2274602.tm，2013 年 3 月 20 日。

到 2004 年上半年,深圳消费者也曾针对金龙鱼 1∶1∶1 广告语进行投诉。深圳市工商局南山分局广告科随即对此展开调查。工作人员调查后表示,金龙鱼在广告里模糊提出了 1∶1∶1 的比例,消费者容易错误理解这一广告口号说的是油内含量,可油瓶外包装上却写着油里三种酸的比例是 0.27∶1∶1,但"只能说广告有争议",不能说其违反了《广告法》。他们认为,1∶1∶1 的比例是否健康,学术上有争议,但宣传这样的理念还不能构成违法。[①] 所以深圳消费者的质疑也不了了之。由此可见,"1∶1∶1"的广告口号一开始就有争议,直到 2004 年,才因广告软文惹怒中国粮油协会油脂专业分会而引发舆论关注,随即引起国内著名食用油企业的卷入,在强大的压力下,金龙鱼不得不修改广告词。

(三)2004 年金龙鱼广告风波前的市场现状

2002 年 3 月,中华全国商业中心对全国重点大型零售商场的销售统计显示,我国销售前 10 位的食用油品牌及市场占有率分别为金龙鱼(28.67%)、福临门(18.75)、鲁花(9.18%)、元宝(5.96%)、中昌(4.91)、骆驼唛(3.27%)、红蜻蜓(2.15%)、胡姬花(1.58%)、鲤鱼(1.52%)、鹰唛(1.45%)。其中,金龙鱼、元宝、胡姬花、鲤鱼属于新加坡的嘉里粮油,累计市场占有率在 38%;福临门、鲁花则属于中粮集团旗下(福临门为中粮控股、鲁花为中粮参股),累计市场占有率在 28%左右。国内小包装食用油基本上由这两家垄断。[②]

2003 年,嘉里系小包装油销量突破 100 万吨,销售额高达 130 亿元,以"金龙鱼"为代表的品牌家族产品占据中国高达 38%以上的

---

① 李晨光:《虽遭抨击 工商部门表态"金龙鱼广告不违法"》,《北京晨报》,http://finance.sina.com.cn/x/20040909/11251011634.shtml,2013 年 3 月 21 日。

② 吴越人:《"金龙鱼第二代调和油"营销得失录:三大败笔留下隐患》,http://www.emkt.com.cn/article/93/9348.html,2013 年 2 月 8 日。

市场份额。其中,金龙鱼品牌自身又以 26.7％的市场份额,超过市场份额排名第二的福临门、第三的鲁花的总和。

到 2004 年,我国食用油市场上竞争最激烈的三大品牌依旧是金龙鱼、福临门和鲁花。三者中发展最早、影响力最大的当属嘉里粮油旗下的金龙鱼。经过十几年的发展,我国小包装食用油形成以色拉油、调和油、花生油为主的食用油种类,食用油市场开始从卫生、安全用油阶段步入健康、营养用油的新时期。与此同时,中国老百姓的食用油消费观念也在发生改变,人们选择食用油的标准已不再停留在符合卫生、安全标准的层面,更加注重食用油的健康和营养。① 这就必然导致食用油企业围绕食用油的健康、营养打出各种概念牌,同业竞争日趋激烈。

整体而言,2004 年前后,国内食用油企业竞争延续了以往的竞争态势。2004 年前,我国食用油行业长期没有食用油准入制度,食用植物油的生产标准较低,食用油制造企业纷纷上马,导致食用油质量良莠不齐。2004 年,随着新的国家食用油标准开始施行,食用油生产采取市场准入制度,一大批实力不足的食用油企业将因质量不能达标而被淘汰,留出巨大的二三级市场空间,为有实力的食用油品牌扩张市场提供了机会,使本已竞争激烈的小包装食用油之争更加火上浇油。② 金龙鱼广告风波就发生在此大背景下。

三、金龙鱼广告事件反思

(一)1∶1∶1 的概念问题

金龙鱼食用油宣传的 1∶1∶1 营养均衡概念是否科学? 食用油国家新标准的制定者之一、国家粮食局西安油脂设计研究院高级

---

①② 刘杰克:《中国食用油市场简析》,《江西食品工业》2004 年第 2 期。

工程师薛雅琳指出，食用油的主要营养成分是脂肪酸，脂肪酸又分为饱和脂肪酸、单不饱和脂肪酸和多不饱和脂肪酸三种，对这三种脂肪酸达到什么比例才是最健康的认识也在不断发展变化。上世纪 50 年代，国际卫生组织曾推荐过食用植物油的比例标准，当时认为食用油中三大脂肪酸的含量为 1：1：1 时是最好的油，对消费者的健康最有利。但随着时间推移，许多专家认为单不饱和脂肪酸含量较高的油更有益于人体健康。此外，上世纪 50 年代提出的 1：1：1 的标准是针对欧洲人的饮食习惯而言的，并不适合亚洲人（尤其是中国人）的饮食习惯，所以很难计算中国人到底应该吃什么比例的食用油，才能达到体内脂肪酸均衡。①

由此可知，1：1：1 本身就是一种观念，并不绝对，随着时间推移，人们对什么是最佳的食用油比例也有不同看法，这个概念本身的内容及其适应群体都值得商榷，但它却成为广告主借用来宣传产品和吸引消费者的新概念。

迄今为止，金龙鱼食用油使用 1：1：1 的口号已有十余年，虽然广告口号提出之初及在 2004 年先后引发消费者、食用油同业以及专业协会的质疑和批评，但该广告口号仍在使用中，消费者们似乎也已接受这个长期宣传的概念。但到底什么样的油是最健康的油，是否只有通过食用金龙鱼调和油才能达到这个理想的均衡比例 1：1：1 呢？

2011 年 12 月 16 日，CCTV 综合频道在《生活早参考》栏目中就食用油健康问题进行了专题讨论，讨论的结果是建议人们定期换不同品类的油吃，但并未特别推荐调和油。专家提醒消费者，由于目前还没有国家强制标准出台，所以调和油中各种油类的比例基本是生产厂家各自决定比例，这就带来名不副实的情况。比如你可以叫

---

① 贾君：《1：1：1？金龙鱼调和油配方遭质疑》，《农民日报》，http://www.farmer.com.cn/wlb/nmrb/nb7/200409140057.htm，2013 年 3 月 20 日。

橄榄油调和油、亚麻籽调和油或鱼油调和油,但无法知道各成分间的真实比例。这样一来,厂家既可利用高品质调和油的名目定一个好价位,又可以以低成本油类为主,只需添加一定比例的高品质油。因为滴上一滴和掺入 1% 的比例虽然本质上差别巨大,但名目上都可以称之为"某某调和油"。在国家要求调和油标注各类油脂比例的强制标准出台前,老百姓买调和油只能是雾里看花,到底能不能真正享受到调和油名目上所说的高品质油,只有看厂家的良心了。

对于金龙鱼十余年不遗余力向消费者灌输 1:1:1 这个概念,专家指出,这个概念并非金龙鱼专属,本来就是这个行业中对健康用油的一种观点。此外,专家认为定期更换不同种类的单一食用油更好,并不特别推荐用调和油。而针对心脑血管方面有问题的消费者,专家则建议根据身体情况,适当偏向食用某些特定品类的食用油。

(二)监督与立法缺位

金龙鱼广告风波也反映出我国相关立法和监督机关在广告监督与执法、真正保护消费者权益方面的欠缺和不足。

首先是监管问题。金龙鱼广告风波后,中国《青年报》记者郭之纯在《"金龙鱼"广告事件已经不是个商业问题》一文中指出:既然金龙鱼借软文的确曾披露花生油黄曲霉毒素 b1 的中国国家标准高于欧美标准 20 倍,[①]过量摄入容易形成肝中毒、肝昏迷、死亡,由此引起其他油类企业的集体反击。那么对消费者而言,这个"过量摄入

---

① 根据笔者资料收集,原文实际上显示中国国家标准高于欧美标准为 10 倍,而不是 20 倍,详见《警惕食用油中的隐形危害,吃什么油最健康》,《京华时报》,"实际上,欧美国家对花生油要求极为严格,规定花生油的黄曲霉素含量在 2ppb 以下为合格,而中国规定花生油中黄曲霉毒素 b1 含量在 20ppb 以下均为合格。新浪网,http://news. sina. com. cn/c/2004-09-03/15554222614. shtml,2011 年 10 月 13 日。

容易形成肝中毒、肝昏迷、死亡"的黄曲霉毒素 b1 的检验标准,是否确实如此? 消费者应有权利知道金龙鱼的宣传是否属实,也有权利向相关部门索取真实答案。假如金龙鱼宣称属实,则需要专家进一步研究其害处的可能,推出这样一个标准的部门也应该站出来解答公众的疑问,或者承担一定的责任;假如不属实,则应该属于金龙鱼方面的恶意造谣诽谤,应该治其扰乱市场、扰乱公众的罪名。他认为,无论如何这已经不是一个纯粹的商业问题,应该被提起诉讼,或起诉那个"标准"及其制定者,或起诉推出此广告的金龙鱼。假如该事件不足以走上司法程序,则国家质量技术监督部门及工商管理部门就更应该及时站出来予以澄清。文章最后强调,作为消费者,我们不关心你去处罚谁,但关心你处罚的理由,对这种已经"引起消费者恐惧"的或真或假的迷雾背后的内幕,我们需要一个确定的答案,因此它与我们所有人都有关。① 但金龙鱼广告风波过后,整个事件缩小为修改广告词而告终,这些真正涉及社会公共利益的思考并未引起持续关注,更遑深入调查。

其次是立法问题。金龙鱼的广告宣传曾对消费者造成误导这已是不争的事实,而金龙鱼自始至终坚称未欺骗消费者。误导和欺骗虽然不能完全等同,但关系密切,如果确定一则广告内容存在有意误导,通常该则广告含有欺骗性。我国在广告管理方面虽已有一些法规,但仍然缺乏更加细化、更有针对性的规则和要求,一旦发生广告争议,难以直接找到合适的判断标准和依据。我国的监管部门在这次广告事件中的回应即为最好说明。国外的广告管理在这方面值得我们借鉴。以英国为例,英国的《电视广告标准条例》对误导性广告这样规定:"任何广告都不得就产品的核心事实或特点直接

---

① 郭之纯:《金龙鱼广告事件已经不是一个商业问题》,《中国青年报》, http://finance. sina. com. cn/financecomment/20040915/07031023925. shtml, 2011 年 10 月 13 日。

或间接地进行误导。"判断一则广告是否具有误导性,参考标准如下:"(1)它可能欺骗那些看到这个广告的人;(2)作为这种欺骗的结果,它可能影响到了消费者的经济行为,或者(3)由于以上两个原因,它伤害了或可能伤害了某个竞争对手的利益。"按照这一规定,金龙鱼食用油的广告如在英国播出,一定违反条例,基本不需执法和监管部门花太多时间去判断,但我国广告法规方面还有待完善和修订,要达到如此细致的监管仍尚需时日。

(三)部分媒体舆论舍本逐末

部分媒体在金龙鱼广告风波中的表现同样值得反思。不可否认,在金龙鱼这场不大不小的风波中,一些媒体的报道有舍本逐末、避重就轻之嫌,将本应借此为契机,深入讨论和关注的食用油与社会公共健康问题转向质疑不良同业竞争、同业间的智谋诡道等次要问题上。

例如《新京报》的《金龙鱼事件:京城公关业丑闻》一文,该文避开影响老百姓饮食健康的食用油问题,重点批评北京各公关公司在这个过程中扮演的角色和陋行,①再提所谓鲁花是幕后操作者的事,以引发读者关注事件背后的智谋诡道,但该文闭口不谈金龙鱼的广告创意是否合适,此前的软文是否误导消费者。这看似另辟蹊径,进行幕后信息发掘,其实试图使读者转移关注重点,回避真正的问题。广告风波前,《新京报》曾发表另外一篇软文介绍金龙鱼食用油的均衡营养概念,但该报对该软文的来历及其中存在的夸张和不实之处只字不提,却对在金龙鱼风波中参与其中的公关公司抡起舆论大棒,媒体的客观和公正无从谈起。

同样,9月25日,《南方日报》某记者在《"金龙鱼风波"尘埃落定须反思》一文中指出,本次事件从表面上看是金龙鱼涉嫌虚假宣传,

---

① 南歌:《金龙鱼事件:京城公关业丑闻》,《新京报》,http://finance.sina. com.cn/financecomment/20040915/08411024269.shtml,2011 年 10 月 13 日。

其实是两家企业不正当竞争引起的并发症,造成两败俱伤。这篇文章将金龙鱼风波的报道同样转移成对所谓同业不正当竞争的问题,绝口不提金龙鱼的广告早在两年前就曾因广告词有误导之嫌引发消费者质疑一事,更不涉及社会公共健康而需要深入报道和调查的问题。上面提到的这几家媒体失去应有的关注重点和社会关怀,也未充分发挥新闻媒体的社会监督责任。

四、我国食用油市场现状及展望

金龙鱼广告风波已过去近十年,金龙鱼食用油所属集团也发生了变化。2006 年年底,丰益公司以 27 亿美元收购新加坡郭氏集团旗下的嘉里粮油,与其在中国的子公司益海集团合并,成为益海嘉里投资有限公司(下称"益海嘉里")。在合并的当年,就有媒体称益海嘉里和中粮掌握了国内油脂价格的控制权。我国食用油市场上,金龙鱼、鲁花、福临门仍然是最具竞争力,最为消费者熟悉的品牌,品牌间的竞争一如既往,与此同时也继续有新的竞争者试图进入这个盈利丰厚的领域。

(一)食用油市场与竞争现状概述

国内食用油企业仍然非常看重在央视媒体的广告投放。2009 年,金龙鱼食用调和油在中央电视台第三频道和第八频道分别投放广告 85 次和 176 次,鲁花 5S 压榨花生油在中央电视台第三和第八频道分别投放广告 85 次和 33 次,胡姬花花生油在中央电视台第三频道投放广告 43 次,龙大压榨一级花生油在中央电视台第三频道投放广告 62 次。[①]
据中华粮网数据,2011 年国内小包装食用油销售量为 670 万

---

① 邵华冬、任於斯:《食用油行业广告传播现状及发展趋势》,http://www.oilcn.com/article/2011/0628/article_28765.html,2013 年 3 月 19 日。

吨,益海嘉里约占国内小包装食用油市场份额的 45％,中粮福临门占有 15％,鲁花拥有 7％～8％的市场份额,三者加在一起占据约 68％的份额。再加上九三和汇福,5 家企业拥有超过 70％以上市场份额。①

此外,新的竞争者也强力加入,试图在国内食用油领域分一杯羹。2012 年,中储粮在进入零售终端一年之后,开始发力广告市场,同年 12 月 1 日起,在 CCTV-1、CCTV-2、CCTV-3、CCTV-8、CCTV-新闻等频道和安徽、浙江等著名省级卫视上,金鼎食用油开始"狂轰滥炸"。中储粮油脂公司副总经理王庆荣称:"计划在 2012 年底至 2013 年全年投放电视广告,主要在央视、主要销区的卫视及地方台投放。"②

国内食用油主要品类繁多,除了传统的五大品类——大豆油、菜仔油、花生油、芝麻油、棉子油外,近年来还开发出茶油、核桃油、葵花子油、玉米胚芽油、小麦胚芽油等高端植物油品类,加上国外引进的色拉油、调和油、橄榄油等新品类,消费者有了更多的选择。除了受地域饮食习惯的影响外,益海嘉里和中粮集团下的各个品牌和各品类还长期投放广告。

专家预计,国内食用油企业在广告投放方面的竞争将会继续。食用油的营养和健康仍然是食用油广告的诉求重点。在目前的整体格局下,广告投放仍然是食用油企业重要的竞争手段。对已建立起良好品牌形象的食用油企业而言,在保持良好的品牌美誉度和知名度的同时,品类竞争的成功将成为获取食用油细分市场的关键。

---

① 刘勇、聂烽:《中粮、益海嘉里、鲁花等五大食用油企需定期汇报价格》,http://news.xinhuanet.com/yzyd/food/20120817/c_112762702.tm,2013 年 2 月 22 日。

② 彭俊勇:《中储粮开打食用油销售领域广告战》,《新金融观察》,http://finance.sina.com.cn/money/future/20121224/104314094158.shtml,2013 年 2 月 25 日。

（二）食用油发展中面对的新问题

目前国内食用油企业的竞争主要围绕健康和营养两大方面提出新概念，重视电视媒体上的广告投放。除了品类、品质、功效的竞争外，食用油面临新的安全问题，但这些新问题尚未引起消费者足够的关注。这里所说的安全问题既包括食用油容器的安全，也包括食用油原材料的天然和安全。前者涉及食用油的容器是否安全，后者涉及食用油的原料是否安全，这些都直接影响食用油的最终品质。

1. 食用油塑料包装中的增塑剂问题

2002年，我国就有研究者指出，用塑料桶装食用油存在隐患，食用油中会溶进对人体有害的增塑剂①，这项研究结果是同济大学厉曙光教授与其研究团队提出的。该研究团队分别采集了上海市场上销售的散装豆油、不同品牌和不同出厂日期的塑料桶装大豆色拉油、食用调和油、花生油，快餐店油炸食物的固体起酥油、居民厨房抽油烟机收集的冷凝油做实验。结果表明，所有被测塑料桶装食用油都含有增塑剂（DBP、DOP），实验也证明，塑料容器为增塑剂主要来源。② 此外，研究发现不同品牌的食用油增塑剂的含量存在差别。

研究结果公布后，国内一些大型食用油生产企业很快就塑料瓶容器的安全性问题和增塑剂问题进行回应。鲁花与胡姬花等多家知名食用油相关负责人表示，食用油中存在增塑剂，这个发现，无论

---

① 酞酸脂被广泛用作塑料容器中的增塑剂，它可以提高塑料的可塑性和韧性，降低加工温度。增塑剂和塑料相溶，两者间没有严密的化学结合键，所以在塑料制品接触到食品中所含的酒精、油脂等成分时，增塑剂便会融入这些成分中。塑料中增塑剂的含量越高，可以被溶出的增塑剂数量就越大。邻苯二甲酸二丁酯（DBP）和邻苯二甲酸二辛酯（DOP）是常用的酞酸酯类增塑剂。

② 杨科峰、厉曙光、蔡智鸣：《食用油及其加热产物中酞酸酯类增塑剂的分析》，《环境与职业医学》2002年第1期。

对企业还是消费者，都不会产生太大影响。其他几家食用油企业相关负责人也表示，现在国内很多产品都用塑料桶，多少都会溶进增塑剂，但产品容器中增塑剂的含量，国家有明确标准，企业按照标准来生产，应该都不会有问题。

但他们的说法并未得到专家的认可，专家们指出，我国虽然对食品容器、包装材料用助剂的品种、使用范围和最大量均作了规定，但尚未确定食品中的最大允许含量。现在既已发现食品包装材料中的增塑剂会迁移进入食品中，因此制定食品（食用油）中增塑剂的最大允许含量及每人每日允许摄入量是非常必要的。实验已证明，虽然增塑剂的急性毒性很低，人体摄入后几乎没有急性中毒的表现，但并不意味着其安全，相反，其慢性毒性对人类的危害相当大。[①] 简而言之，虽然国家规定了食用油等食品类塑料容器中的增塑剂含量，但未对增塑剂迁移到食品中的最大含量进行限定，这是关键所在。

厉教授认为，目前让厂家把所有食用油容器换成玻璃瓶是不可能的，不仅不方便运输，还增加成本。所以他一方面呼吁国家有关部门重视，一方面提醒消费者学习自我保护，选购食用油时，尽可能选小瓶装存放时间较短的，或者买生产日期临近的塑料小瓶装后，回家倒进有密封条件的玻璃瓶内保存。[②] 也就是说，在国家对食用油塑料容器中增塑剂迁移到食品中的最大含量执行更严格的标准前，消费者只能进行自我保护，以避免对身体健康造成潜在伤害。

即使发达国家也无法找到彻底解决增塑剂污染的办法，但欧美日韩等国已经用柠檬酸酯类、环氧酸酯类等安全环保增塑剂作更新替代产品并纷纷出台标准和法规。[③] 各国限制增塑剂的方式不尽相

①② 杨科峰、厉曙光、蔡智鸣：《食用油及其加热产物中酞酸酯类增塑剂的分析》，《环境与职业医学》2002年第1期。
③ 《研究发现提醒国人：桶装食油含增塑剂》，http://www.pvc123.com/news/8/pvc35302.tml，2011年10月14日。

同,但基本遵循两个原则:其一,限制塑料中增塑剂的使用量;其二,限制向食品中迁移的最大允许量。采用第一原则的国家有美国、德国、英国、日本等,荷兰、意大利、西班牙等国结合使用上述两个原则。目前,我国食用油企业事业的塑料容器仍然以 PET 为主,这种塑料容器中添加的增塑剂基本上是邻苯二甲酸二丁酯(DBP)和邻苯二甲酸二辛酯(DOP)酞酸酯类增塑剂,还未像欧美日韩等国使用柠檬酸酯类、环氧酸酯类等安全环保增塑剂作为更新替代产品。

2. 转基因大豆油问题

国内食用油面临的挑战之一就是转基因问题。目前国内涉及转基因原料的食用油品类包括大豆油、玉米油和菜仔油。其中又以大豆油为主。我国进口的大豆基本都是转基因大豆,主要来自美国和巴西。

转基因大豆相比传统大豆有其优势,转基因大豆的含油率比国产大豆高 2%~5%,加工时还能产出有溢价的高蛋白豆粕获得更大的经济效益;转基因大豆因规模化种植,单位生产成本远低于国内。[1] 目前国内市场上销售的大豆油很大部分产自转基因大豆。

"转基因"的相关争论发生已久,尤其是国家对大豆油等转基因食用植物油强制规定标明转基因成分以来,消费者密切关注转基因的问题,很多消费者不敢食用含转基因成分的食用油。正因如此,使"非转基因"概念成为食用油的特色宣传点。[2] 目前我国已有食用油企业审时度势,特别打出"非转基因"这个广告口号,强调产品的天然和安全。

尽管转基因产品对人体健康的影响尚无定论,很多国家对转基

---

[1] 孟辉、袁泉、王梦纯、冯华:《普通大豆为何不敌转基因大豆》,《人民日报》,http://hlj.people.com.cn/n/2012/1224/c346691-17906089-2.tml,2013年3月15日。

[2] 陈凤香、杨波涛等:《中国主要城市小包装食用油产品市场特点调查》,《中国油脂》第33卷第12期。

因产品的种植和生产的管理也存在差别。但大部分国家①普遍要求转基因产品必须标注转基因字样,让消费者在购买时有知情权。目前我国涉及转基因类原料的食用油基本都按照国家要求,标注出转基因字样。

随着近年来社会舆论和普通消费者对转基因问题的关注,强调食用油原材料的"非转基因"身份开始成为部分食用油企业的广告卖点。但对于食用油容器中增塑剂问题,国家仍未出台具体标准限制食用油塑料容器中增塑剂向食用油内迁移的最大含量。研究者预计,因成本问题,国内食用油企业短期内不会改变塑料包装的使用,但食用油塑料瓶容器的安全问题有可能成为将来食用油领域新的竞争点,这对有社会责任感的食用油企业而言既是时机也是挑战。

---

① 美国允许转基因食品不加标注转基因标识,但天然食品或成分是天然原料都在显著位置加绿色食品标志,所以对美国消费者而言,即使未加表示,也很容易辨识是否为转基因食品。

"耐克恐惧斗室"广告风波

　　现代广告在中国的发展历程并不算悠久,在中国遭遇"禁播"的广告更是屈指可数。2004年,全球著名的耐克公司花费过亿美元巨资制作的一则运动鞋广告在投放不到一个月后被中国广电总局封杀,惨遭"禁播"。这到底是广告自身的问题,还是与中国复杂的广告环境有着千丝万缕的关系,个中缘由,众说纷纭。"耐克恐惧斗室"广告是一则典型的跨文化广告,其在中国的禁播,既反映了中美文化差异、中国元素的误用,也折射出国人敏感、矛盾的民族心理。

一、"耐克恐惧斗室"广告风波始末

(一)耐克广告涉嫌辱华遭停播

　　2004年11月下旬,耐克一则名为"恐惧斗室"的新版篮球鞋广告在亚洲以及美国部分地区同步上映。11月底开始,该广告在中央电视台体育频道和各省市电视台播出。①

---

　　① 李晓明:《广电总局禁播耐克广告》,《新京报》,http://www.yntv.cn/
yntv_web/category/30604/2004/12/07/2004-1207_154494_30604.shtml,2012
年11月8日。

耐克耗资一亿美元制作了这则针对全球目标市场的电视广告，其创意来源于功夫巨星李小龙的电影《死亡游戏》，广告中，NBA 球星勒布朗·詹姆斯脚穿耐克鞋，在分别名为"夸张失实"、"诱惑"、"嫉妒"、"自鸣得意"和"自我怀疑"五种恐惧斗室中战胜对手，取得胜利。

这则广告播出后立即引发中国观众的强烈不满和讨论，市民侯先生表示："我看完了整个广告，看到出现的中国人都被击败了，还有中国的图腾龙的形象。我觉得这有损中国人形象，说明中国人无能……广告中把飞天形象和美元放在一起，玷污了中国文化，甚至是侮辱了中国人。"部分网民更是激烈地认为，耐克广告有"辱华"之嫌。①

随后，媒体介入此事进行报道。2004 年 11 月 26 日，《华商晨报》（辽宁省归国华侨联合会主办的综合类市民生活报）率先以"耐克广告涉嫌侮辱国人，'中国形象'被击败"为题对这则广告提出质疑，此后，各大媒体和网站纷纷转载，引起广泛讨论。

面对波涛汹涌的质疑声，耐克于 11 月 30 日给网易新闻发了官方声明表明自己的"无辜"：

> "恐惧斗室"广告宣扬了一种积极的人生态度。耐克希望借助此广告鼓励年轻人直面恐惧，勇往直前。作为年轻人，即使是像勒布朗·詹姆斯这样成功的少年篮球英雄都会不断的面对来自各方面的恐惧，只有坚持并战胜恐惧，战胜自我，才会不断成长。整个广告是利用勒布朗·詹姆斯的真实个人故事来演绎，其中运用的各种元素都是一种比喻形式，用来形容他的各种恐惧。耐克作为一个领先的国际体育品牌公司，其

---

① 赵颖：《涉嫌亵渎中国风俗习惯，耐克恐惧斗室广告被停播》，人民网，http://www.people.com.cn/GB/shehui/1062/3037357.html，2012 年 12 月 7 日。

广告创意一贯注重与青少年文化的结合。我们在创意任何广告的时候都非常注重消费者。在此基础上我们的广告创意元素往往具备多元化和创新性的特点。耐克在中国投放此广告之前是经过慎重考虑的。公司认为此广告可以借助勒布朗·詹姆斯的偶像力量来激励中国青少年不断进取、战胜自我。而鼓励中国青少年以积极的体育精神突破自己、勇于成长是耐克中国一贯的宗旨。之前，耐克中国播放的"刘翔奥运"广告也是以"打破定律"、"冲破极限"的体育精神为主旨的。耐克中国一贯严格遵循中国广告法的相关规定。"恐惧斗室"广告在播放之前，经过中国各级广告协会的严格审核及批准。"恐惧斗室"广告在耐克网站播放后受到青少年的喜爱，短短一个月时间，已经有超过 2,650,000 人次通过网络欣赏了此广告。耐克公司非常注重中国市场，无意伤害任何中国消费者的情感。同时我们将一如既往的关注中国消费者。①

然而这则言辞恳切的声明没能帮助耐克力挽狂澜，关于耐克广告辱华的民意持续蔓延，并在新加坡华人中引发了对耐克恐惧斗室广告的抵制。在新加坡，耐克的"恐惧斗室"系列广告被印制成 16 开大小的海报张贴在大大小小 700 多个巴士站点的宣传栏里。这些海报激起了新加坡华人群众的广泛抗议。新加坡当地的华裔联名向政府请愿，要求对耐克的这则广告进行"严打"。②

---

① 网易体育专稿：《耐克就"侮辱国人"广告声明：是为了激励中国青年》，网易新闻，ttp://sports. 163. com/04/1130/12/16EFSOLN00051CA1. html，2012 年 11 月 30 日。

② 熊红祥、陈静：《平面海报同样涉嫌违法耐克：未收到道歉通知》，新华网，ttp://news. xinhuanet. com/newmedia/2004-12/06/content_2299950. htm，2012 年 12 月 6 日。

面对国内外强烈的批评,2004 年 12 月 3 日,国家广电总局发出《关于立即停止播放"恐惧斗室"广告片的通知》,原因是它违反《广播电视广告播放管理暂行办法》第 6 条"广播电视广告应当维护国家尊严和利益,尊重祖国传统文化"、第 7 条"不得含有……亵渎民族风俗习惯的内容"的规定。① 随后(12 月 8 日),耐克做出书面道歉,对"恐惧斗室"广告在消费者中所引起的顾虑深表歉意,重申耐克无意表达对中国文化的任何不尊重,因此不会在全球范围内停掉该广告,②但接受在中国停播的决定。

之后,工商部门业已做出决定,要求广告主立即对广告中的不当内容进行修改。工商部门通过认真反复审查研究,认为耐克恐惧斗室广告含有"亵渎民族风俗习惯的内容",违反了相关法规,所以要求媒体和广告主立即对广告中的不当内容进行修改,在未修改之前不得播放。③ 时任中央电视台广告部主任的郭振玺表明,中央电视台将会不折不扣地拥护广电总局的决定,停止该广告在中央电视台的播放。

至此,事件基本结束,"耐克恐惧斗室"广告在华停播。截止2004 年 12 月 29 日,耐克并未对外界发布下一步在华电视广告的投放以及耐克将用哪一种版本的广告代替"恐惧斗室"广告投放国内电视媒体。在耐克的中文网站上,之前"恐惧斗室"广告的位置已被篮球鞋的介绍替代。但是这则广告仍挂在耐克在北美等地区

---

① 朱永斌:《广电总局:关于停止播放"恐惧斗室"广告片通知》,央视国际,http://www.cctv.com/chinatvonline/20041209/102481.shtml,2012 年 12 月 9 日。

② 王军光:《耐克"问题广告"紧急叫停 "恐惧斗室"离开视线》,《北京青年报》,http://news.xinhuanet.com/sports/2004-12/07/content_2302508.htm,2013 年 5 月 26 日。

③ 杜俊岭、蓝山:《涉嫌侮辱"中国形象"广电总局叫停耐克广告》,青岛新闻网,ttp://www.qingdaonews.com/content/2004-12/06/content_3992507.htm,2013 年 5 月 25 日。

的网站上，广告也继续在除中国以外的地区播放。耐克"恐惧斗室"广告事件的对外发言人上海埃特公关咨询有限公司周晓梦就此表示，他们一直都认为这个广告创意绝对没有负面的意思，所以耐克不会停止全球同步播放，除非当地政府提出类似中国政府的要求。

在此次广告风波中，一边是海内外中国观众对于耐克广告"辱华"的愤慨直至该广告的停播，而另一边却是耐克忙不迭再三诚恳的官方声明和"致歉"，以及一些学者对此事件的理性思考。而对于此则广告引发的反应及最终被停播的结局，到底是敏感的民族情绪使然，还是广告创意的过失，也引发了激烈的讨论。

（二）观点交锋

耐克恐惧斗室广告在播出的过程中以及遭禁播后，引起学界、业界、公众的广泛讨论，尽管众说纷纭，但是对此事件的看法主要有两种：一是认为这则广告事件反映了国人过度的敏感以及盲目的爱国情绪，多数中国人从"恐惧斗室"广告中看到的是：象征"中国功夫"的白发老人不堪一击，被打倒在地，"飞天女"在飘散着美元的斗室中"勾引"男主角，"中国龙"则变成阻碍主人公的妖怪、恶势力；中国功夫、飞天、龙等这些被绝大多数中国人（包括海外华人）认同的凝结着中华民族传统文化精神、体现国家民族尊严的形象，具有严肃性、庄重性和象征性的标志，全部被体现美国价值观的勒布朗·詹姆斯打败。所以，中国观众认为广告表现的是中国文化被美国文化打败了。观众普遍反映的难以接受的镜头如下：

镜头一：詹姆斯走到一楼大厅内，里面设有一个擂台，台阶旁立着两个象征着中国元素的石狮，这时从空中飘落一位身穿长袍、须发花白、形似中国老人的武林高手。两人随后开始"腾挪"。结果，詹姆斯做出一个复杂的动作，摆脱对方，从背后将篮球扔出，经柱子反弹将老者击倒，后跃起上篮得分。

图1 击败"中国老者"

　　镜头二:詹姆斯来到二层。这里到处飘着美钞,还有身着中国服饰的妇女(与敦煌壁画中的飞天造型极其相似),女子暧昧地向主人公展开双臂。随着詹姆斯扣碎篮板,"飞天女子"随之破碎。

图2 击败"飞天形象"

　　镜头三:詹姆斯来到第四层,篮板旁边出现了两条中国龙,二龙变成吐出烟雾阻碍詹姆斯的妖怪。不过,詹姆斯几个动作晃过所有障碍,投篮得分。

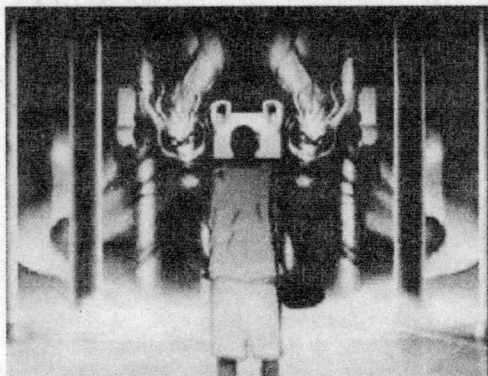

图 3　击败"中国龙"

本图片摘自新华网：《"恐惧斗室"广告引发争议　耐克公司发媒体声明》，
http://news.xinhuanet.com/newmedia/2004-11/30/content_2277231.htm。

　　但是，自由撰稿人晏扬从相对客观的角度为耐克辩白，认为国人的反应可能是"过度敏感"——"耐克公司不是什么政治或文化组织，而是一个在全世界做生意、想办法多赚世界钱财的跨国大公司，为了宣传自己的产品，让更多的中国人购买他们的产品，他们怎么会故意制作一部'辱华'广告片让中国人反感？以我的判断，至少在主观上，耐克公司的'恐惧斗室'没有'辱华'之意。'自尊'与'自卑'仅一字之差，相距也不过一步之遥，过分的自尊有时候就是一种自卑"。①

　　还有一种观点认为，国人爱国无错，恐惧斗室广告的创意也没有错，问题出在中西方文化差异上。

　　辽宁社会科学院李志国助理研究员表示说："观众的争议主要源于国家间的文化差异。"广告中出现的中国人形象，不能说就是故

---

　　①　人民网：《耐克"恐惧斗室"又惹事端，洋广告为何老出事儿》，《北京晨报》，http://www.people.com.cn/GB/shehui/1063/3045894.html，2013 年 5 月 26 日。

意的行为,也许是想更贴近中国受众。李志国表示,广告中略带些文化歧视。这则广告通过美国文化表现主题并战胜中国"文化",年轻人看过后,很容易被战胜过程所吸引,逐渐接受,然后愿意购买其产品。①

南京大学新闻传播学院教授潘知常则认为,"耐克事件"背后包含东西方解读的差异和文化的冲突,这则广告的制作者没能让中国的观众看到他们希望传达的信息,中国观众则对于其中所引用的"中国元素",也就是西方制作者的比喻内容,耿耿于怀。②

学者党芳莉则认为,耐克恐惧斗室广告事件的根本原因在于文化上的冲突,甚至是文化歧视和文化霸权。此类事件在跨文化广告传播中很常见。③

(三)风波过后的影响

尽管耐克"恐惧斗室"广告的禁播给耐克的声誉带来不小的影响,但"塞翁失马,焉知非福",事件发生后,记者专门采访了耐克的销售部门,他们表示广告禁播不会对销售情况产生太大的影响,耐克方面已经完成这款 Lebron II 篮球鞋的销售任务。经过之前电视广告的预热,这双售价高达 1350 元人民币的詹姆斯签名系列篮球鞋在全国各地商场上架一周之内就基本上被抢空,个别消费能力强的大城市上架几天就没货,现在消费者只能在私营的运动鞋店中找

---

① 王欣:《广电总局禁播耐克广告专家认为该广告没辱华》,人民网,http://www.people.com.cn/GB/shehui/1062/3037310.html,2012 年 12 月 7 日。

② 潘知常、苗青:《"耐克广告"事件:民族主义话语权力的滥觞》,《东方论坛》2007 年第 2 期。

③ 党芳莉:《跨文化广告传播中的风险及对策——从耐克"恐惧斗室"广告事件说起》,《新闻界》2006 年第 1 期。

到这款球鞋。①

一方面是广大公众对这款明星球鞋"辱华"广告的激烈反应,一方面却是这款惹事球鞋短短几月内被售罄,鲜明的对比让这则禁播广告事件增加了争议色彩。

二、"耐克恐惧斗室"广告风波背景探析

探究耐克广告事件的成因,我们有必要对事件发生时中国的体育用品市场的情况和当时耐克的发展状况进行深层次的分析。在耐克恐惧斗室广告播出前,耐克与中国有何"交集",它在中国市场上有何变现;是市场因素、竞争因素驱使了此事件的发生,还是耐克盲目自大导致"马失前蹄"?

(一)2004 年的中国体育用品市场状况

截至 2005 年,中国的体育用品业迅猛发展,全国居民用于体育用品的支出已经位于日常基本生活费之外重要消费支出的第 6 位,全国体育用品行业总产值以每年 493 亿元的规模增长。据 2001 年北京体育用品博览会的统计报告,我国体育用品产量已占世界总产量的 65%。我国体育用品也是出口创汇的重要产品。

2004 年,我国体育用品行业大约有数千个自己的品牌。根据产品定位和定价,在广告事件发生时,国内体育用品市场中的企业大致可以划分三类:高端市场被耐克、阿迪达斯、彪马、美津浓为代表的国际知名品牌垄断,耐克、阿迪份额最高,二者一直进行激烈竞争;中端市场以李宁、安踏等国内知名品牌为代表,李宁是这一市场

---

① 孙彧、李刚:《禁播令成变相广告恐惧斗室引发耐克球鞋热销》,《法制晚报》,http://business. sohu. com/20041208/n223397135. shtml,2012 年 12 月 11 日。

的领头羊;低端市场包括国内众多不知名小品牌。这些体育用品品牌价格差异很大,在不同的价位上、都有一个或多个品牌在品牌形象和市场份额方面处于绝对领先的地位,总体上形成国内体育用品市场"百花齐放"与"诸侯割据"并存的现象。①

2001—2004 年,从国内体育用品市场总格局看,李宁、耐克、安踏、双星、阿迪达斯的市场份额居前五位,李宁占据了中档体育用品的大部分市场份额。此外,近年来国内一些以著名运动员命名的品牌也在市场中快速崛起,如邓亚萍公司仅用十年时间就打造出专业女性体育运动用品的品牌形象,李小双、军霞等品牌也开始大打宣传战。另外,国外体育用品在中国的市场占有率还可能会进一步扩大,这预示着体育用品市场竞争会更加激烈。

(二)2004 年的耐克

1996 年,耐克正式在中国注册成立全资子公司——耐克(苏州)体育用品有限公司,总部设于上海,在北京、广州设立分公司(香港耐克也于 2002 年 1 月作为分公司并入中国区)。2002 年 5 月,耐克开始在全国范围内首创耐克蝎斗 3v3 足球赛,数百支青少年球队在广州、上海、北京三地分别角逐 14、16、18 岁三个级别的奖牌。2002年 8 月,耐克赞助一批代表美国自由篮球文化的"街头炫技篮球少年"来中国,跟中国的同龄人切磋球技。2003 年,耐克在中国的销售额增长 66%,约合 3 亿美元。2004 年,据伟达公关顾问公司的调查显示,耐克被中国的新生中产阶层认为是"最酷的品牌"。② 当时耐克的目标是从中国较为发达的东海沿岸城市向中国内陆进军,以便取得 2008 年北京奥运会的体育赞助商资格并从中获益。截至广告

---

① 杨德仁:《中国体育用品现状分析》,《青年文学家》2011 年第 14 期。

② [美]马修·福尼:《耐克在中国》,《扬子晚报》,http://news.sina.com.cn/w/2004-11-09/16434188423s.shtml,2013 年 5 月 25 日。

事件发生的 2004 年,耐克已经成功成为中国家喻户晓的高端运动品牌。

(三)耐克的竞争对手

随着生活水平的提高,人们投入体育活动的时间越来越多,对体育运动的需求也越来越迫切,因此,体育用品市场也逐渐扩大。中国市场是个巨大的蛋糕。耐克和阿迪达斯作为世界体育用品的第一、第二品牌,都想从中国体育用品市场这块大蛋糕上分到属于自己的一块。耐克跟阿迪达斯都将中国的体育用品市场列为继北美市场以后的第二大体育用品销售市场。与此同时,中国第一体育用品品牌的李宁在面对耐克跟阿迪达斯向中国市场的扩张,该做出什么样的回应?如何跟世界两大体育品牌角逐,击败他们继续稳坐中国市场第一体育用品品牌的交椅?

从中国体育用品市场的结构来看,分别位于一二三类市场的洋土品牌似乎没有交集,可以相安无事。市场没有永恒的稳定,只有永远的利益。当耐克、阿迪、李宁、安踏在原本的市场上站稳脚跟后,开始新一轮的扩张混战时,耐克、阿迪觊觎庞大的中国市场,开始向中国的二三线城市进军,一直致力于品牌国际化的李宁也开始向一线城市扩张,向阿迪、耐克发起挑战。中国体育用品市场上战争愈演愈烈,洋土品牌形成割据态势,耐克成为中国体育用品市场上重要的一方,中国市场也成为耐克全球市场中关键和重要的一部分。

在激烈的竞争压力下,企业会选择使用各种营销和宣传手段来促进产品的销量和扩大企业的知名度,广告以其巨大的传播力和影响力成为他们的理想选择。因此,不难理解耐克耗费过亿美元巨资打造"恐惧斗室"广告,因为,中国消费者和中国巨大的潜力会带来无比丰厚的利润。

中国市场"本土王"李宁于 2002 年推出电视形象广告《可能篇》,推出前,先选用引子广告(报纸、网络、手机短信)制造互动效应,吸引消费者关注新广告。接下来,《可能篇》乘胜追击。这支广告让人耳目一新,李宁在中国市场上的销售业绩也节节攀升。2002年突破 10 亿元大关,远远超过来自包括耐克和阿迪达斯在内的众多竞争对手。2003 年 6 月 15 日,李宁通过 60 秒的电视广告《再见篇》开始第二阶段的品牌推广活动。这一阶段从未来着眼,进一步缩紧李宁的品牌信任纽带。李宁仍以电视广告为主,以零售终端相关主题的 POP、户外、杂志等的支持性广告为辅。2004 年,李宁加大力度,新品上市时分别在杂志、报纸、电视上投放广告,知名度迅速提高。①

在中国体育用品市场上,耐克是当之无愧的“老大”,但它也面临国内外其他运动品牌的围追堵截,广告成为公认的虏获消费者的法宝。

三、风波背后的思考

“恐惧斗室”广告由与耐克合作多年的广告公司 Wieden＋Kennedy 制作,创意小组的领导人是创意总监美籍华人约翰·贾,驻波特兰的创意总监吉米·史密斯和艺术总监贾塔·尤金斯,导演是在音乐录像制作方面享有盛誉的戴夫·梅耶斯,作曲者是嘻哈高手、电影音乐制作人 RZA。

制作人称这则广告融入多种东方和西方元素,包括中国的功夫,日本的动漫,西方的 Hip-hop、嘻哈,还有最主要的篮球。创意来源于将中国功夫第一次展现给西方的香港功夫巨星李小龙及其遗作《死亡游戏》。广告希望通过其中的东方功夫来吸引西方消费者,通过广告中的“中国元素”来迎合东方人,用西方流行元素吸引东方

---

① 火星社区:《李宁广告策划案(2004)》,火星网,http://bbs. hxsd. com/archive/index. php? t-8466444. html,2006 年 9 月 6 日。

的年轻消费者。①

广告代言人勒布朗·詹姆斯在事后的采访中表示自己是李小龙的崇拜者,他说:"我只是想用这个广告向李小龙表达敬意,一直以来,我都是李小龙的狂热影迷。"勒布朗·詹姆斯在广告中战胜了"夸张的宣传"、"诱惑"、"嫉妒"、"自满"和"自我怀疑"五种恐惧,更被认为是成功的典范。其经纪人埃里克·古德文说:"它充分证明了詹姆斯的价值观……这个广告恰好说明了詹姆斯是如何努力的。我相信这个广告能打动观众,因为广告描述了真实的詹姆斯:年轻人把詹姆斯当成普通人,年长者认为詹姆斯是一个刻苦提高自己的年轻人,不管是哪种观点,詹姆斯都和财富、女人、名望作战,广告不可思议地把这一切结合在一起。"②

纵观这场风波,广告创意在美国及其他地区的播放都未引起争议,但在中国播出后却引起轩然大波并招致禁播。说到底还是文化差异导致对广告的不同解读。

(一)广告风波折射出的文化差异

中国受众反对"恐惧斗室"广告把中国老道、飞天,尤其是把中国龙,作为邪恶的化身,广大中国受众感觉遭遇文化歧视,由此谴责广告表现出文化霸权及文化后殖民主义的倾向。耐克则觉得有些委屈,一再表白耐克长期以来重视中国消费者,申明耐克无意表达对中国文化的任何不尊重。广告的本意和出发点是表达一种积极的人生态度,鼓励亚洲青少年直面恐惧,勇往直前,表现个人篮球风格。

客观地看,耐克不是政治或文化组织,他们不会故意制作"辱华"广告。在消费者是上帝的今天,他们不会采取侮辱消费者的行

---

① 李淑芳、饶德江:《从耐克广告事件看中美文化的差异》,《新闻与传播评论》2005 年第 10 期。

② 孙顺华:《跨文化传播中的"文化误读"及其背后的国家权力——耐克"恐惧斗室"广告引发的思考》,《新闻界》2005 年 6 月。

动,这违背广告的初衷和盈利的目标。但广告透露出的西方文化优越感是解读广告时无法视而不见的。

原本励志题材的广告却被解读成西方强势文化歧视东方传统文化的批判典型,创意制作人员和受众的看法竟然有如此大的差异,避免这样的结果是跨文化广告传播不得不面对的问题。

首先,跨文化广告要充分尊重受众国的传统文化和价值观。"恐惧斗室"广告中,象征中国功夫的老者、飞天女、龙都是中华民族文化中正面形象,尤其是"龙",是中华民族的象征,在中华文化中拥有至高无上的地位,但广告却将这些中国元素置于被打败、诱惑、妖魔化的位置,作为中国人,当然会感觉不舒服,甚至愤怒。尽管这则广告的制作方一再强调其主观上无意辱华,但事实上却伤害了中国人民。

其次,跨文化广告要充分考虑文化差异可能带来的误解。耐克不可能故意制作"辱华"广告,这则广告在美国等国家和地区也并未引发争议(中国和新加坡除外)。广告的创意是从美国本位出发,即通过西方流行元素和中国元素的结合来吸引东西方消费者,在全球发布广告时,并未考虑可能产生的"误读"。

再次,应恰当使用中国元素。耐克恐惧斗室广告中大量采用中国元素,创意者的本意是想借此吸引中国消费者,但结果南辕北辙。

在广告中,中国元素所处的"下风"地位是这则广告受到质疑和抗议最直接的原因。将"龙"塑造成"妖龙",龙的传人当然无法接受,当然感觉被侮辱。"敦煌飞天"被塑造成为勾引詹姆斯的"妖女",和美元放在一起,这彻底颠覆了其在中国文化中正面、崇高的地位。兰州大学中国历史文化研究所汪受宽所长在这则广告播出后曾表态,甘肃敦煌飞天是中国民族文化的代表,耐克广告中击败的都是中国形象,这种恣意侮辱丑化中国民族文化的行为是绝不能容忍的。①

---

① 搜狐新闻:《兰州市民要耐克公司道歉》,《兰州晨报》,http://news.sohu.com/20041207/n223369971.shtml,2013 年 5 月 25 日。

这则广告运用中国元素,是为了吸引中国消费者,但运用时却不考虑中国受众的感觉,最终引发风波遭到禁播。

中国元素根植于深厚的文化土壤,运用这些元素时要深入了解中国的历史、文化、社会、风俗习惯、宗教信仰等。

(二)国人"民族尊严过敏症"

尽管此则广告在某些方面冒犯了中国文化,但是,从广告引起公众不满到最后耐克道歉被禁播,也在某种程度上反映出国人的"民族尊严过敏症"。一个包含着"中国功夫"主题的商业广告被西方人制作出来,传播到中国,国人的反应却异常激烈。正如学者潘知常所说,西方制作者希望传达的是恐惧的本体,也就是"夸张的宣传"、"诱惑"、"自鸣得意"这三个抽象的内容,而中国观众则敏感地将关注投向广告中的喻体,也就是"功夫形象"、"中国飞天"和"中国龙"。对于他们来说,恐惧本身并不重要,这样使用中国元素来表示恐惧让人不能接受。正好像,"夸张的宣传"可以有多种表现形式,制作者为何独独挑选了一个手会放光的"功夫高手"来表现"夸张的宣传",为什么会用"中国美女"而不是"西方美女"来代表来自女性的"诱惑",为什么要用"龙"的形象幻化的防守队员来象征防守力量,来表示詹姆斯战胜了"自满"。除此之外,战胜的过程也让中国人无法忍受,这则来自西方的广告,以西方人为主人公,三个"中国元素"成为他的对手并且被他一一打败,这种安排本身就被理所当然地被视为对于中国人、中华民族的侮辱。①

中国观众敏感地将"詹姆斯"当作"西方文化"的象征,把一系列中国元素想象成为"中国文化"的象征。通过对广告画面和情节的认同,国人得到了中国文化被西方文化战胜的结论,为"中华民族精

---

① 潘知常、苗青:《"耐克广告"事件:民族主义话语权力的滥觞》,《东方论坛》2007年第2期。

神受到侮辱"而群情激奋。然而,广告片中出现身穿长袍中国人模样的老者和身穿中国服装的妇女,不过是一种比喻。无论是勒布朗·詹姆斯,还是篮球,都不代表美国文化,硬要上纲上线地说这部广告片表现了中国文化被美国文化打败,是在"辱华",似乎过于敏感了。

这则广告之所以被误读,是因为中国观众首先认同了广告的情节和内容,把虚构的内容等同真实。之后,将中国元素等同于"中国人"和"中华民族",将"詹姆斯"视为"西方"形象,进一步将"形象"和"意义"联系起来,从而得出中国人被西方击败的结论。

从这个广告事件可以看出国人复杂的民族心态。事实上,改革开放之后,中国被公认在以飞快的速度不断增强着其政治、经济实力,朝着现代化的方向靠近。中国人取得举世瞩目的进步,民族自信心、自尊心和自豪感空前提高,例如中国在奥运会这一世界性的体育盛事中以不断增长的金牌数量证明了自己早已将"东亚病夫"的帽子扔进太平洋,中华民族正在成为名副其实的经济强国和体育强国。然而,中国人又不能不看到中国和西方在现代化进程中的差距,所以,在追求现代化的道路上,国人的心理又会出现自卑、矛盾和困惑一面。经济上已经取得的成就和仍然相对落后的现状在文化心理上体现为国人的自傲、自豪又自卑、自我怀疑,不成熟的民族心理导致国人对于西方崇尚又敌对,习惯性敏感。无论是西方文化的进入,还是西方展开的对中国的认识,都会成为民族心理关注的焦点,国人习惯性地进行赞赏肯定,或者加以批判抵制,很少泰然处之。

"恐惧斗室"广告事件也是如此,在"中国元素"受到侮辱的名义下,这场事件演化成激进的民族主义的抗议,中国文化对于西方文化的"复仇"行动。对"恐惧斗室"产生非议,乃至将其禁播,看上去是维护民族自尊,实际上掩盖了自尊后的自卑心理。"自尊"与"自卑"仅一字之差,相距也不过一步之遥,过分的自尊就是自卑。只有那些对本国本民族文化不自信，认为自己的文化不如别人的文化，时时担心、害怕被别人打败的人，才会过度敏感，才会认为这样一部普通广告片有辱民族尊严，亵渎民族精神和风俗。相反，如果对于本民族文化有自信，认为本民族文化是强大的、不可战胜的，反而会以轻松、娱乐的心态看待这样的广告。什么时候我们能够坦然而从容地面对"恐惧斗室"这样的广告片，我们的国家就真正强大了，文化心理就更加成熟。中国正在和平崛起，国人的大国心态应该更加成熟，对于文化的融合与吸引是自信的表现。[1]

四、耐克及中国体育用品市场现状及展望

（一）现状

2005—2007 年，我国体育用品行业产值的增速都在 20% 左右，尽管 2008 年、2009 年我国体育用品行业，受金融危机影响，增速放缓（主要原因是出口受限），但是受 2008 年北京奥运会的影响，2010 年增速又突飞猛进，增长约为 52.83%，根据可靠估计，中国体育用品市场年均增速为 20%，中国体育用品业增长空间之大可见一斑。

但是，就市场上的竞争品牌而言，耐克目前稳居中国及全球体育用品市场霸主地位，但是面临着"老二"阿迪达斯的围追堵截，两者在全球市场上进行着激烈的竞争。同时，在最大的市场——中国，国产品牌老大李宁不停向其发起冲击。由于中国市场完成了转变——代工成本上涨，租金、人力等成本上涨，一线市场开拓进入瓶颈，三四线市场潜力有待挖掘。除此以外，由于成本失控，耐克利润

---

① 潘知常、苗青：《"耐克广告"事件：民族主义话语权力的滥觞》，《东方论坛》2007 年第 2 期。

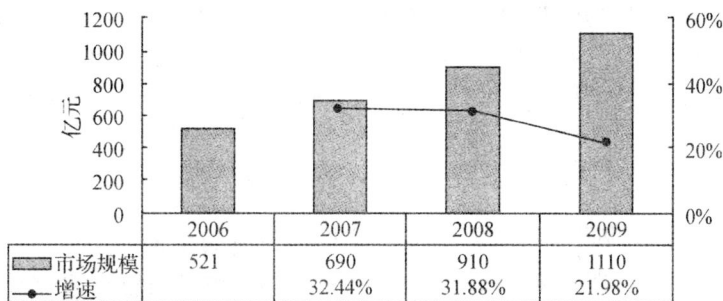

图4　2006—2009年中国体育运动市场规模及增速统计

走低。①

　　根据 2007 年召开的耐克投资者会议公布的数据，当时的发展指标是营业收入由 2006 年的 150 亿美元增长到 2011 年的 230 亿美元。此后，一场席卷全球的金融危机使得耐克这一目标并未如期达成。2008 年，耐克在中国的销售额超过 11 亿美元，中国成为美国本土之外最大的市场，2009 年，中国从亚洲区独立出来，当年耐克设立大中国区。根据耐克总部发布的 2010 年财务报表，当年实现收入 190 亿美元，其中大中国区收入 17 亿美元，与上年持平，收入增长 10％，根据耐克公布的数据计算，2009 年耐克中国大陆收入 80 亿～90 亿元。②

　　为抢占全球市场，耐克最近启动了扩展全球零售市场计划，耐克决定未来五年在全球开设 250～300 家新店，据悉，耐克此计划已开始实施，目前已在美国开设了 Citadel 折扣店，该公司目前在美国拥有 155 家工厂直营店。③

　　①　Barbara MueHer：*International Advertising—Communication Across Cultures*，Wadsworth Publishing Company，1996 年版，第 262 页。
　　②　路小玲：《尊重、融合前提下的跨文化广告传播——从耐克"恐惧斗士"广告事件谈起》，《新闻知识》2011 年第 2 期。
　　③　周再宇：《耐克的忧隐》，*New Marketing* 2012 年第 4 期。

在产品设计和品牌传播方面,耐克做到了极致,这一点从其庞大而昂贵的代言人队伍可窥一斑。从 2008 年起至今,耐克以高额费用签约了"中国飞人"刘翔和"网球天后"李娜代言其广告。

(二)发展前瞻

根据耐克发布的最新战略计划来看,耐克将继续大举增加在中国的投资,以期实现 2015 年在华年销售额倍增的目标。耐克首席财务长兼副总裁布莱尔接受采访时说,耐克希望到 2015 年在华年销售额达到 40 亿美元。耐克公布的数据显示,未来订单仍然较为乐观,耐克全球计划 2011 年 6—11 月发货的产品订单金额为 103 亿美元,同比增长 15%。耐克 2011 财年第四季度大中国区市场的收入为 5.64 亿美元,同比增长 21%。①

为实现 2015 年销售额翻倍目标,这家总部位于美国俄勒冈州比弗顿的运动服装巨头计划增加大中国区门店数量,再次注重跑步和滑雪等休闲运动,力推一系列本土代言人。未来几年里,耐克还打算增强与中国政府的伙伴关系,开发学校运动项目,在大学扩展跑步俱乐部等。②

在欧美经济前景不容乐观的背景下,以中国为首的新兴城市为耐克的发展提供了充足动力。耐克计划未来要开发中国三四线城市,进军我国小城市。而这些地方目前正被李宁、安踏等国产品牌牢牢占据。可以预见,未来中国的体育用品市场上的竞争将更加激烈。

2004 年的广告风波过后,詹姆斯和姚明合作拍摄了广告片《可口可乐之团结的力量就是大》,片中也出现了中国龙、熊猫等中国元

① 金焕民:《火拼二三线耐克、阿迪们说 YES,特步、乔丹们说 NO》,《销售与管理》(渠道版)2012 年第 3 期。

② 网易财经:《耐克实施不降价扩张策略》,《北京商报》,http://money.163.com/11/0303/01/6U6DDS4R00253B0H.html,2013 年 5 月 26 日。

素,但广告片将与詹姆斯一方的西方元素猩猩、老鹰与姚明一方的中国龙、熊猫放在同等位置"对决",最后二者由"对决"变为携手合作,配以广告语"团结的力量大啊,团结的力量就是大",这样处理显然契合了中国观众的民族认同,体现国人"不畏强权"的特点,因此,这则广告并未引起任何不适。

2007年,耐克广告之《下一个小罗在哪》,针对中国市场特别推出改编版,主人公依旧是罗纳尔迪尼奥扮演的足球爱好者,但将场景换到中国,主人公的台词、故事的细节也进行了中国式的改造,虽然观众对此褒贬不一,但可以看出耐克对中国本土市场的探索和重视。此外,耐克自2004年起就启用在中国拥有强大影响力的本土明星。对于耐克及广告公司而言,巩固已经占有的市场,必须依赖市场上大批的忠实用户,最关键的就是尊重他们的文化习惯和生活方式,注重广告投放国的民族心理,在此基础上的创新和引领潮流才能得到认可,达到预期目标。

刘嘉玲 SK-II 广告事件

2005 年 3 月 1 日,江西南昌的消费者吕萍将 SK-II 在江西的销售公司——江西凯美百货管理有限公司和 SK-II 总经销商——广州浩霖贸易有限公司告上法庭。此时,宝洁已经进军中国大陆市场 17 个年头,其旗下的各类产品为中国消费者熟知并广泛使用。这次 SK-II 事件使宝洁及其广告代言人刘嘉玲处于舆论聚焦之下。

一、事件始末及各方观点

（一）一波三折的刘嘉玲 SK-II 事件

据悉,吕萍看到香港影星刘嘉玲代言的 SK-II 电视广告宣称"连续使用 28 天,皱纹减少 47%,肌肤年轻 12 年",怦然心动。2005 年 1 月,吕萍花 840 元钱购买了一支 25 克包装的 SK-II 紧肤抗皱精华乳,但在使用 28 天后却出现皮肤瘙痒和部分灼痛现象,于是愤而诉诸法律。诉讼开始后,案件一波三折。

3 月 10 日,政府部门介入。南昌市工商局"暂扣"了当地柜台的 SK-II 涉案产品及 32 本广告宣传资料,告知宝洁在一定期限内递交广告宣传的相关数据材料,以证明广告语的来源有事实依据。另外,SK-II 在全国的 65 家授权专柜停止使用印有"连续使用 28 天细纹及皱纹明显减少 47%"字样的宣传手册。

3 月 14 日下午,SK-II 案当事人吕萍的委托代理人唐伟向法院递交了两份"追加被告"申请,一份针对"宝洁(中国)有限公司",一份针对"刘嘉玲",指控罪项均为"欺诈"。因为追加宝洁为被告,原定于 4 月 1 日的开庭被延迟。

3 月 25 日,南昌市工商局做出了对宝洁处罚 20 万元的决定。宝洁公司 SK-II 中国区也通过新浪财经就沸沸扬扬的 SK-II 事件发表致网友的公开信,信中称:"南昌市政府检验机构对 SK-II 紧肤抗皱精华乳的检测结果显示,各项指标均符合国家要求,不存在任何质量问题,是安全的。南昌市工商局的调查结果认为,SK-II 紧肤抗皱精华乳的产品宣传手册中对'皱纹减少程度'和'肌肤年龄'的定义不够清晰,'皱纹减少 47%'和'肌肤年轻 12 年'的陈述属于实验中的最佳状况,但产品宣传手册中并未注明'最高达'字样,对实验数据的描述不够全面。SK-II 尊重南昌市工商局的调查结果,接受南昌市工商局根据相关法规所作出的处理意见。SK-II 已经停止使用了该产品宣传手册,并将在新的版本中做必要修改,对数据做全面描述。"①

这一事件也引发消费者的关注,消费者主要质疑两点:一是 SK-II 产品中含有氢氧化钠、聚四氟乙烯等腐蚀性成分;二是成分标示不明。SK-II 产品在中国销售,只有详细的日文版产品成分说明,未提供详细的中文版产品成分清单。

针对第一个问题,宝洁在声明中表示:氢氧化钠是化妆品行业中常用的成分,其作用是调节产品 pH 值,SK-II 紧肤抗皱精华乳的 pH 值为 5～7,符合中华人民共和国卫生部"氢氧化钠使用在化妆品中,pH 值≤11"的规定;聚四氟乙烯也可以用于化妆品中,中国政府

---

① 新浪网:《SK-II 通过新浪财经发表致网友的公开信》,http://finance. sina. com. cn/xiaofei/shenghuo/20050325/14241461248. shtml,2012 年 10 月 25 日。

目前尚未限制规定其浓度。① 宝洁还"搬出"两位业内专家证实化妆品中一直允许使用烧碱。北京空军总医院皮肤科副主任、卫生部化妆品卫生标准委员会委员刘玮是为宝洁发言的两名专家之一，他证实："我讲的是国家化妆品行业定的标准，氢氧化钠可以作为 pH 值调节剂在化妆品、护肤品中使用，当作为此种用途时，无需在产品标签上标注其使用条件和留意事项。氢氧化钠作为 pH 值调节剂被加进化妆品、护肤品中后迅速发生化学反应，在终极产品中实在已不再以氢氧化钠的形态存在。"②

针对第二个问题，宝洁认为 SK-II 产品的中文标识准确完整地标明了原产国、总经销及限期使用日期等相关信息，符合国家对进口化妆品中文标识的相关法律法规要求。

2005 年 8 月 11 日，南昌市东湖区人民法院开庭审理此案。8 月 24 日，一审判决结果显示，法院不支持江西消费者吕萍要求宝洁公司退回购货款、赔偿经济损失、精神损失和医疗费并赔礼道歉的请求。一审驳回原告吕萍的诉讼请求。本案受理费 120 元由原告吕萍承担。

（二）刘嘉玲三度被告而无果

作为 SK-II 的代言人，刘嘉玲也被消费者吕萍追加为被告。代言人成为被告，这种情况其实并不多见，追惩虚假广告代言人的道路也走得并不平坦。

3 月 10 日，在刘嘉玲 SK-II 事件发生后不久，SK-II 中国区向新浪财经提供了刘嘉玲 3 月 9 日所发的电子邮件的全文："与 SK-II 合作已经有很长的时间，一直以来都有使用 SK-II 的产品，也有非常好

---

① 新浪网：《SK-II 就近期事件发表问答》，http://finance. sina. com. cn/chanjing/b/20050309/21131416895. shtml，2012 年 10 月 27 日。

② 贺莉丹：《专家称 SK-II 配方可能不妥》，http://health. people. com. cn/GB/22118/3270049. html，2012 年 10 月 28 日。

的效果。SK-II 本身是一个信誉良好的品牌,我很高兴继续支持SK-II。"①但这份声援性的邮件并未对事情的解决起到积极的推动作用,反而招致更大的批评声浪。原告的代理人唐伟就质疑:"刘嘉玲的声明恰恰说明这款产品有问题。紧肤抗皱精华乳的宣传册说,连续使用 28 天,可以使肌肤年轻 12 年,不过其声援邮件中的形象咋看也没年轻 12 年!"②一时间,对刘嘉玲的批评和指责之声此起彼伏,明星代言被拉下神坛,遭遇前所未有的信任危机。

8 月 11 日,南昌市东湖区人民法院开庭审理此案,但当庭驳回原告提出的追加刘嘉玲为被告的申请。原告并不因此放弃,8 月 29日,离宝洁(中国)有限公司胜诉(8 月 24 日)不到一周,江西消费者吕萍代理人唐伟再次状告刘嘉玲,但没有什么结果。

经过一段时间的平静期,2006 年 9 月,SK-II 遭遇"金属门"③风波,刘嘉玲再度引起关注。2006 年 9 月 26 日,《华西都市报》记者杜恩湖在《下雨偏逢屋漏 消费者将到香港状告刘嘉玲》一文中写道:"昨晚,吕萍的全权代理人唐伟以及代理律师王成文表示,因目前明星涉嫌代言虚假广告,在内地《广告法》找不到处罚条例,吕萍已决定委托内地和香港律师,到香港最高法院去状告 SK-II、刘嘉玲和莫文蔚,并要求 SK-II、刘嘉玲和莫文蔚赔偿 1000 万港币巨额精神损失,以讨回内地消费者的合法权益。"但笔者观察,此次状告未见后

---

① 《刘嘉玲发邮件称将继续支持 SK-II》,http://www.qingdaonews.com/gb/content/2005-03/10/content_4397087.htm,2012 年 10 月 26 日。

② 杜娟:《刘嘉玲代言 SK-II 遭到刻薄质疑》,《新闻晨报》2005 年 3 月 11日。

③ 2006 年 9 月 14 日,质检总局证实,广东出入境检验检疫机构从 9 种SK-II 化妆品中检出禁用物质铬和钕。随后,北京、上海、杭州等地纷纷掀起SK-II 退货潮。2006 年 9 月 22 日,SK-II 发表声明,暂时停止 SK-II 专柜的运作。2006 年 10 月 23 日,国家质检总局和卫生部发表声明,称 SK-II 中铬、钕元素系原料带入所致。宝洁迅速给予回应,恢复 SK-II 产品的销售。这就是 SK-II"金属门"风波。

续结果。

内地告不成到香港去告，反映了我国在明星代言虚假广告方面的法律空白。三告无果，更是敲响警钟：在处理明星代言虚假广告方面，我们还有很长的路要走。

（三）各方观点

1. 高端化妆品质量遭怀疑

刘嘉玲 SK-II 事件发生后，SK-II 在消费者心目中的权威性和可信度大打折扣，甚至引发消费者对整个高端化妆品质量的怀疑。宝洁内部在 4 月初对 SK-II 目标消费群体的市场调查数据显示，受 SK-II 风波影响，SK-II 消费者中有 12％因此质疑产品的安全性，在高档化妆品的消费群体中，这个数据为 25％。[①] 长期使用 SK-II 的一位女士表示，她花高价买昂贵化妆品就是图"安全"，但现在，"再贵的化妆品也不能避免风险"这种感觉越来越强烈。全国各地，化妆品不良反应引发的纠纷不断，消费者对商家的信任被逐渐摧毁，"高价等于高质"、"国外化妆品品牌就是高质量的代言"等观念也逐渐被理性观念取代。

2. 明星代言问题引发热议

SK-II 风波也引发人们对"明星代言虚假广告是否应该承担法律责任"这一问题的讨论。

法律界人士认为，在我国，因为法律真空，涉及虚假广告的明星被处罚的事件几乎没有。我国的《广告法》调整的主要对象是三个——广告主、广告经营者和广告发布者，代言人并不是广告法的约束对象。《广告法》规定："发布虚假广告，欺骗和误导消费者，使消费者的合法权益受到损害的，由广告主依法承担民事责任；广告

---

① 搜狐新闻：《SK-II 损失远不止 20 万》，http://business.sohu.com/20050411/n225124630.shtml，2012 年 11 月 2 日。

经营者、广告发布者明知或者应知广告虚假仍设计、制作、发布的，应当依法承担连带责任。"①明星以代言人身份向消费者推荐商品或服务是否应当承担连带责任，《广告法》中未提及。

消费者更是众说纷纭，比较有代表性的观点主要有：

（1）金钱驱使说。明星为了高额的代言费，甘为商家的传声筒，夸夸其谈，口无遮拦，误导消费者。代言产品出了问题却"躲"之夭夭，闭口不谈，这是不负责任的行为。明星代言虚假广告，理应赔礼道歉并承担连带责任。

（2）大家应该理性看待明星代言广告。明星不是专业人士，无从判断产品的优劣，在有相关部门颁发的质量合格证明和高额代言费前，明星选择代言是无可厚非的。虚假的问题应该由相关部门负责，只有他们做出检验合格结论，老百姓才能放心购买。

（3）明星代言需慎重。明星代言商品出问题，主要因为明星本人不了解代言的产品，未亲身体验，就轻率地接受商家的邀请。代言产品出问题，不仅消费者的利益受到损失，而且影响明星的社会形象。明星有较高的知名度，有相当高的收入，他们不会为挣几个钱做虚假广告，出卖良心，有意欺骗消费者；大多数明星都是在不知情的情况下做广告，产品出问题时受牵连。所以，明星代言广告时要慎重，尤其代言涉及老百姓身体健康的药品、食品和化妆品时，一定要深入了解广告产品，或亲身体验后再宣传，免得为广告所累，得不偿失。

明星身陷"代言门"早已不再稀奇，而且有愈演愈烈之势。这让我们也不得不思考"杜绝明星代言虚假广告"这一问题。首先，明星应该自尊自重，勇于承担社会责任，不能因小利而忘大义。其次，应该加强诚信建设，当然这不仅包括明星的诚信，也包括广告主的诚

---

① 查志刚、李文英：《明星代言虚假广告的法律责任》，《新闻与法制》2007年第9期。

信、当事人的诚信。最后,应该完善相关法律法规,将明星代言人纳入法律的约束,做到有法可依,惩罚得当。

二、事件背景探究

(一)2005 年化妆品市场概况

对中国化妆品行业来说,2005 年是发展和市场活跃的一年,化妆品工业的发展速度高于国民经济 GDP 的增长速度,保持了多年快速增长的势头。截至 2005 年,我国是亚洲第二大、全世界第八大化妆品市场。该年度,全国实现化妆品年销售额约 960 亿元,同比 2004 年的 850 亿元增长 13%左右,实现利税约 450 亿元,同比 2004 年的 400 亿元增长 13%。据对 320 家大中型化妆品企业统计,2005 年完成销售收入 310.3 亿元,同比 2004 年的 262 亿元增长 19%,约占全国总销售收入的 33%,完成利润 22.1 亿元,同比 2004 的 19.8 亿元增长 12%。[①] 同时,2005 年化妆品市场也呈现"国际化妆品加速国内扩张、大众护肤品市场低调大调整、儿童护肤产品市场逐渐升温、男士美容用品消费增长幅度大、中产阶级特别是白领是高档品牌的主要消费者"等特点。[②]

对中国化妆品行业来说,2005 年也是竞争激烈的一年。这一年,进口关税税率继续下调,国际化妆品品牌和国内化妆品品牌共同抢占中国市场,竞争进一步升级,虽然生产快速发展,但化妆品企业利润日益下降。在化妆品行业中,2005 年处于领先地位且销售收入完成 10 亿元以上的企业有隆力奇、上海家化、资生堂丽源、雅芳、

[①] 张殿义:《生产快速发展市场竞争激烈——盘点 2005 年,展望 2006 年中国化妆品的发展》,《日用化学品科学》2006 年 9 月。

[②] 梁志欣:《2005 年化妆品市场简析及 2006 年展望》,《市场与贸易》2006 年第 6 期。

安利、湖北丝宝、宝洁、玫琳凯、强生、联合利华、花王和松泽(深圳)化妆品等 12 家公司,总销售收入约为 200 亿元,占全国总销售额的 21%。国外品牌中,宝洁、欧莱雅、资生堂、联合利华、雅芳、妮维雅等发展势头良好,为了进一步抢占市场份额,大部分国外品牌还采用本土化战略提升品牌的竞争力。国内品牌中,六神、美加净、大宝、郁美净等品牌也广受消费者欢迎,探索出一条国内化妆品品牌突围之路。

总的来说,2005 年的化妆品市场竞争空前激烈,市场格局面临重新洗牌,考验着每个化妆品企业的生存能力。

(二)2005 年宝洁及其战略重心转移

世界 500 强之一的著名企业 Procter&Gamble 有一个漂亮的中国名字——宝洁。它始创于 1837 年,总部位于美国俄亥俄州辛辛那提,是由两个来自英格兰和爱尔兰的移民从制造肥皂和蜡烛的小作坊发展起来的。宝洁的主要产品有洗发护发用品、护肤用品、化妆用品、婴儿护理用品、妇女卫生用品、个人清洁用品。宝洁 2004—2005 年财政年度营业额达到 567 亿美元,公司业务遍及全球 80 个国家或地区,共有员工 11 万多名。宝洁实行大品牌、多品牌战略,2005 年,宝洁拥有超过 10 亿美元年销售额的全球品牌就有 13 个,宝洁的很多产品都深深影响和改变了现代社会中人们的生活。

1988 年,宝洁在广州成立了其在中国的第一家合资企业——广州宝洁有限公司,开始其中国业务。凭借强大的实力、成功的本土化策略、创新的理念、独特的行销推介模式,宝洁在中国的发展也一帆风顺,逐步奠定其在日化市场上不可撼动的地位。截至 2005 年,宝洁旗下的很多品牌都在各自的领域遥遥领先,占据大量市场份额。在洗发水领域,飘柔、潘婷、海飞丝满足了不同消费者对洗发水的个性化功能需求,顶起了洗发水行业的半壁江山;在洗衣粉领域,汰渍表现亮眼,深得好评;在纸尿布领域,帮宝适成为消费者心中不可替代的品牌。

然而,竞争激烈的市场环境、千变万化的市场格局、不进则退的市场法则使宝洁不得不持续寻求突破、创新、发展之路。2005年,日化产品的市场日渐饱和,原材料价格上涨,日化产品的利润率日益降低。在这种情况下,宝洁开始转移重心,向高利润的皮肤护理和化妆品市场全面进攻。宝洁2004—2005财年财报显示,宝洁的美容产品业务销售额超过195亿美元,占总销售额的34%,而2001—2002财年时只占该财年销售总额的20%。

宝洁转移战略重心,是由多重因素推动的:

一,寻求更广阔的利润空间。作为日化行业的巨头,宝洁的洗涤用品技术和推广已经非常成熟,加上我国洗涤用品市场产品利润越来越小,市场日渐饱和,难有大的上升空间。大众洗涤产品的利润,远不能与化妆品业务相比,在日化产品的市场份额近乎封顶及销售滞涨、行业内的价格战此起彼伏以及原材料价格继续上涨的三重压力下,化妆品领域的高额利润率足以让宝洁找到新的兴奋点。

二,难以抗拒中国化妆品市场的魅力。2005年,中国化妆品市场飞速发展,正进入空前繁荣期。2004年3月底发布的《中国化妆品市场发展状况》显示:中国化妆品和个人护理用品的消费额增长率位居世界第二,已成为世界第8大消费市场。

三,宝洁中国的软肋——化妆品市场。宝洁的基础化妆品牌相对单薄,只有玉兰油和SK-II,SK-II主攻高端市场,玉兰油主攻中端市场,其产品线上没有彩妆产品,也没有主攻低端市场的产品,仅以这两个品牌去对抗欧莱雅的十几个强势品牌显然力不从心。

四,来自欧莱雅的压力。尽管欧莱雅1996年年底才正式进入中国市场,但增长速度极快。2004年,欧莱雅在中国的销售额接近30亿人民币,是进入中国时的近16倍,其在中国化妆品领域的销售额由前一年的第三位上升到第二位,与宝洁的距离迅速拉近。在收购了小护士和羽西之后,欧莱雅麾下齐集了12大品牌,从最大众化的低端到最奢华的高端,都有品牌覆盖,其惊人的影响力给宝洁带来巨大压力。[①]

SK-II 是宝洁在中国化妆品市场的主打产品之一,重要程度可想而知。事实上,SK-II 是由日本 MAXFACTOR 公司创造的区域性小品牌,1991 年被宝洁收购。1998 年,SK-II 开始在上海设立销售专柜,迈出进军中国大陆市场的第一步,之后它发展迅猛,逐渐在中国消费者心目中树立起顶级高档化妆品的形象。2004 年开始,SK-II 在中国大陆销售额达到高端化妆品市场前三名。至 2005 年 4 月,SK-II 已经在全国设立 78 个专柜。正是 SK-II 的不俗表现,成就了宝洁在高端化妆品领域的知名度和影响力。

(三)宝洁在中国的广告营销

1. 大规模广告投放

2004 年中央电视台黄金段位广告招标会上,外资品牌宝洁近 2 亿的中标额,超过众多国内品牌,在日化行业中名列第一,成为黑马。如此大张旗鼓地参加央视黄金段位广告招标,大规模地在全国性媒体上刊播广告,对宝洁来说,还是第一次。[②] 其后,在 2005 年中央电视台黄金段位广告招标会上,宝洁又以 3.8515 亿元的天价成为央视标王。[③]

宝洁连续两年在央视竞标投放广告并非偶然,它不仅折射出宝洁雄厚的实力,对中国市场的重视,也一定程度上反映了宝洁新的广告战略——通过在央视密集的大规模持续广告投放形成巨大的

---

① 鲁跃云:《宝洁战略重心转移与欧莱雅对决中国化妆品市场》,《市场营销》2005 年 10 月。

② 胡畅萍:《消除化妆品广告投放中的误区——从宝洁公司参加央视黄金段位广告招标说起》,《厦门理工学院学报》2004 年第 2 期。

③ 彭旭知:《2005 宝洁标王路》,http://www.vmc.com.cn/hangye/11/20081013/002243.html,2012 年 10 月 28 日。

广告宣传攻势,提高品牌的知名度和美誉度,使旗下的各品牌家喻户晓。受此营销策略的引导,宝洁的化妆品品牌玉兰油和 SK-II 在央视频频露面,俘获无数女性的心。

2. 宝洁化妆品广告策略

重视广告投放和宣传的宝洁也有一套行之有效的广告策略,这一点在它的化妆品广告方面得到充分体现。宝洁旗下的化妆品品牌 SK-II、玉兰油,不论是平面广告、影视广告、网络广告,还是软文,都长期集中优势兵力进行广告宣传,坚持"数证法、言证法、人证法"原则。

"数证法"是理性说服的一种,数字的吸引力在于精确、可信、具体。宝洁的化妆品广告对数证法的运用可谓登峰造极,通过巧妙的广告诉求,把感性的美丽变为看得见摸得着的"数字",从而打动消费者。如玉兰油多效修护霜广告称"玉兰油多效修护霜全面修护,有效抵御七种岁月痕迹,重现青春肌肤美态";SK-II 护肤精华露广告称"28 天晶莹剔透的奇迹,尽在一瓶神仙水","SK-II 净白修护面膜,在 7 天内实现肤色晶莹净白的神奇体验"。数证法也有弊端,数字的使用过于随意,缺乏科学依据,对消费者造成误导。刘嘉玲 SK-II 事件中,产品宣传手册里宣称"连续使用 28 天,皱纹减少 47％,肌肤年轻 12 年",显然缺乏科学的根据和令人信服的理由。使用不真实的数字,不仅伤害了消费者,也使产品和品牌形象受损,造成无法弥补的损失。

"言证法"和"人证法"是宝洁化妆品广告的另外两大方法。宝洁化妆品广告多采用代言人现身说法的方式,展现产品的独特功效和特点,为产品证言。一方面,明星代言人的人证容易扩大明星的光环效应,吸引消费者;另一方面,明星代言人的言证使广告产品的功效更可信,更有说服力。了解了这些,就能理解 SK-II 对代言人的重视。据报道,SK-II 的客户大多介于 30 至 55 岁,三成以上客户在 35 岁以上,中年成功女性是 SK-II 的主要客户群。因此 SK-II 多选择气质高贵、成熟自信的女明星作为代言人,使用这样的代言策略,高贵、成熟的品牌人格得以迅速建立,刘嘉玲正好符合 SK-II 代言人的标准。SK-II 事件中的广告就是用刘嘉玲"连续使用 28 天,皱纹减少 47%,肌肤年轻 12 年"的言证和人证拨乱了无数消费者的心弦,效果显而易见,与此同时,人证和言证存在虚假和欺骗的成分,对消费者造成的危害也不可估量。

使用"数证法、人证法、言证法"来做化妆品广告,宝洁尝到许多甜头,广告效果显著。但也必须看到,任何广告策略和广告方法的使用都不能也不应该违背真实原则,明星代言人必须对言语的真实性负责,企业必须为产品的可信度负责,否则辜负忠实消费者,损害明星代言人的信誉,对产品和品牌资产造成长期损害。

三、事件反思

(一)消费者维权举步维艰

在刘嘉玲 SK-II 事件中,宝洁承认产品宣传手册中"对'皱纹减少程度'和'肌肤年龄'的定义不够清晰,'皱纹减少 47%'和'肌肤年轻 12 年'的描述不够全面,属于实验的最佳状况",可见,SK-II 广告中确实存在夸大之嫌,对消费者造成困扰和误导,侵犯了消费者的合法权益。

原告以败诉告终,消费者吕萍不仅没有得到宝洁的道歉及经济损失费、精神损失费,还要承担 120 元的受理费,这令人咋舌。

现实生活中,像吕萍这样选择诉讼维权的消费者并不多见,这并不意味着消费者侵权事件极少,相反的,侵害消费者权益的事件每天都在发生。消费者不愿拿起法律武器来保护自己,原因是多方面的。单就诉讼本身而言,上法庭索赔最大的拦路石是高额诉讼费用,即使消费者胜诉,得到的补偿也远远抵不上诉讼成本,更何况,消费者胜诉的概率并不大。另外，诉讼程序太繁琐也是消费者不愿进行诉讼的原因，纠纷得不到及时处理，诉讼中存在举证难、鉴定难、解决难、执行难的情况，所以很多消费者选择"以和为贵"，自认倒霉，这也助长了商家的嚣张气焰，使得消费环境风险越来越高。

吕萍勇敢拿起法律武器捍卫自身权益，结果却令人失望。消费者的合法权益受到侵犯时，商家应该为自己的欺骗和违法行为负责。多数消费者的诉讼维权以无果或败诉而告终，难以对不法商家形成震慑力，这一方面归咎于相关法律制度的不完善及滞后，另一方面也归咎于法律执行的不到位，相关处罚太轻描淡写，无法引起足够重视。

反观英国、美国、新加坡等国家，其国消费者的维权行动受到足够重视，消费者的维权意识不断增强，在市场中的地位也由弱势变为主导。健全的法律、畅通的渠道、多元化的调解机构，保证了维权诉讼成本不会太高，消费者维权并非难事，这当然值得中国学习和借鉴。

（二）明星代言化妆品广告误区

目前化妆品行业普遍存在"化妆品广告必须请明星做代言，请明星做代言的化妆品广告效果一定更好"的误区，这也是化妆品行业代言人争夺战不断升级的原因。

调查显示，国内90％的化妆品品牌邀请明星代言，影视明星、体育新秀、社会名人都成为行业的品牌代言人，明星代言化妆品广告盛况空前。

2005年，SK-II拥有包括郑秀文、刘嘉玲、琦琦、萧蔷等巨星在内的星光熠彩的代言队伍，将一个品牌多个代言人的模式演绎得淋漓尽致。不可否认，对爱美的女性消费者来说，人气女星白皙的脸庞、完美的形象难以抗拒，明星效应也使SK-II销量大增，在消费者的心目当中占据重要位置。

但必须看到，明星代言化妆品广告也有弊端。明星资源毕竟有限，随着外资品牌也开始启用内地明星代言人，邀请的企业扎堆，明星代言费水涨船高，给企业带来不小的负担。明星代言虚假广告泛滥、消费者越来越成熟和理性，明星的可信度和号召力受到影响。有的明星代言多个品牌，形象混乱，这势必影响明星与产品的匹配度及消费者的品牌认知和品牌联想。明星一旦出现负面新闻，也会累及代言产品。明星代言化妆品广告已经无法屡试不爽、成效显著。①

在化妆品广告同质化严重、缺乏新意的今天，寻求适合自身的广告营销策略才是制胜之道，"重创意，轻代言"的广告理念理应得到化妆品行业广告主的重视。

（三）化妆品广告理性诉求与夸大宣传

中国的化妆品广告倾向于采用单一的理性诉求方式，以此突出卖点，给出产品功效的独特承诺，从而说服消费者。

这种诉求方式本身没错，但有的商家却通过理性诉求做出虚假夸大的承诺，用没有根据的数字或绝对化字眼误导消费者，造成严重后果。刘嘉玲 SK-II "肌肤年轻 12 年"的虚假广告只是一个例子，除此之外，夸大宣传的化妆品违规广告随处可见。据《华西都市报》报道，2005 年 5 月，英国广告检测委员会（ASA）对化妆品行业提出警告，认为这个行业有过分的虚假宣传，宝洁及雅诗兰黛被点名批评，宝洁潘婷洗发水"让头发十倍坚韧"及雅诗兰黛著名减肥化妆品紧肤液"帮助燃烧现有脂肪"的广告词被认为夸大其词。②

虽然《化妆品广告管理办法》（1993）明确要求："化妆品广告内

---

① 刘凤兰：《明星代言广告存在的问题及对策》，《当代经济》2008 年第 8 期。

② 《潘婷与雅诗兰黛广告在英遭警告被指太夸张》，http://news.xinhuanet.com/newmedia/2005-05/13/content_2952998.htm，2012 年 11 月 3 日。

容必须真实、健康、科学、准确,不得以任何形式欺骗和误导消费者。"化妆品广告禁止出现下列内容:"①化妆品名称、制法、成分、效用或者性能有虚假夸大的;②使用他人名义保证或者以暗示方法使人误解其效用的;③宣传医疗作用或者使用医疗术语的;④有贬低同类产品内容的;⑤使用最新创造、最新发明、纯天然制品、无副作用等绝对化语言的;⑥有涉及化妆品性能或者功能、销量等方面的数据的。"①但虚假宣传的化妆品广告依然经常出现,这是惩罚力度不够,"有法可依"但并不"有法必依"的结果,也是广告主打"擦边球",钻法律空子的结果。

另外,消费者对外资化妆品品牌有盲目崇拜的心理。刘嘉玲 SK-II 事件发生前,消费者在潜意识里就把 SK-II 与高质量画上等号,对于 SK-II 广告中的那些数字深信不疑,更不去仔细推敲数字的科学依据。直到事件发生后,SK-II 才被拉下神坛,一些消费者才转变观念,用理性的眼光重新审视和定位 SK-II 等价格昂贵的高端外资化妆品品牌。

虚假化妆品广告严重损害消费者的利益,应该通过多方努力来杜绝虚假化妆品广告,净化化妆品广告市场,确保消费者获取真实可信的广告信息。从法律角度来说,应该完善法律法规,加大对虚假化妆品广告的惩罚力度;广告监管部门应该加强监管,使虚假化妆品广告无处遁形;广告主应该采取情理结合的广告诉求方式,担负起社会责任,诚信为本,为品牌的长远发展做好规划;消费者应该养成理性消费的习惯,不盲听盲信。只有通过多方的共同努力,才能使虚假化妆品广告失去存在的土壤。

(四)宝洁危机公关

在刘嘉玲 SK-II 事件中,宝洁的危机管理体制显得不够成熟、有

---

① 应钧:《我国化妆品广告监管现状》,《中国广告》2007 年第 12 期。

效,危机处理也存在问题。首先,不能尽快确认危机,及时消除不良影响。危机中,宝洁反应迟缓,危机应对杂乱无章,对危机也认识不足,错过了最佳的处理时期,使得不良影响大范围扩散。其次,在态度上,宝洁略显傲慢,损害了消费者的自尊。宝洁未以诚恳的态度向消费者说明情况、澄清问题,也不能对事件给消费者带来的不利影响负责,站在消费者的对立面。最后,宝洁未与政府主管部门、媒体和公众进行及时有效的沟通。危机发生后的 10 天里,宝洁一直未召开新闻发布会,未主动向媒体提供有新闻价值的资料。缺乏有效的媒体沟通,使宝洁在舆论的议题方向控制上完全居于被动。①

宝洁 SK-II 事件只是众多危机事件的一个缩影。在市场经济和经济全球化的大背景下,大至国家、政府,小到企业、个人,都随时面临危机。特别是随着互联网技术的发展,危机传播的速度更加迅猛、影响更加恶劣。企业必须有一套完备的危机应对方法,才能取得生存和长足发展。

当危机事件发生时,企业应如何展开危机公关呢?反观宝洁在刘嘉玲 SK-II 事件中危机应对的不足,特提出以下建议:(1)迅速组成危机公关小组并开展工作;(2)态度诚恳,敢于承担责任;(3)及时与政府主管部门、媒体和公众沟通。②美国管理与公关专家奥古斯丁说过:"每一次危机的本身,既包含着导致失败的根源,也孕育着成功的种子。发现、培育以便收获这个潜在的成功机会,就是危机管理的精髓。"危机肯定会给企业带来负面影响,处理得当,却可以化危机为契机。如写道歉信,与危机受害人密切沟通,拉近企业与消费者之间的距离;适当开展公益或社区活动,强化企业在公众心目中的社会责任,重塑企业的良好形象等。

---

① ② 陶大坤:《从宝洁 SK-II 事件看企业危机公关之道》,《当代经理人》2006 第 21 期。

四、高端化妆品行业发展现状及趋势

(一)高端化妆品行业发展现状

2011年,在高档化妆品品牌关注度排名中,雅诗兰黛、兰蔻、倩碧、迪奥等高居榜首。① 宝洁公司旗下的高端护肤品牌 SK-II 却因为 2005 年刘嘉玲虚假广告事件及 2006 年的"金属门"事件,销售额一路遭遇滑铁卢,丢掉了在高端化妆品行业的领先地位,要重塑辉煌还有很长的一段路要走。《北京商报》记者查询某美妆杂志发布的《2012 年 1 月美妆排行榜》发现,SK-II 护肤精华露是 SK-II 品牌唯一上榜单品,在所有一线护肤品单品中销量排名第五。截至 2012 年 3 月 14 日,SK-II 在北京共有 13 个专柜,全国专柜数量为 78 个,但这远远落后于其主要竞争对手雅诗兰黛和兰蔻。据《北京商报》记者统计,雅诗兰黛在全国共有 111 个实体专柜,兰蔻的实体专柜数量更是达到 135 个,且二者都拥有自建网上商城。雅诗兰黛集团和欧莱雅集团不断向中国引入新品牌,发展迅速,而 SK-II 却仍因质量问题让不少顾客望而却步,销售额处于中游,缺乏亮眼表现。② 这也足见产品质量及消费者信任对一个品牌的重要程度。

在广告诉求方面,高端化妆品品牌依然热衷于理性诉求方式。大量的专有名词和数字数据暗示出产品的高科技含量与先进水平,能够造就与提升产品档次。理性诉求方式过多运用,也容易触发消费者的抵触情绪,可能引发不信任感。另外,高端化妆品广告依然秉承"请大牌明星做代言"的一贯思路,用明星的姣好脸庞吸引和说

---

① 中国电子商务研究中心:《2011 年中国化妆品牌等级用户搜索情况》,http://b2b.toocle.com/detail—6036158.html,2012 年 11 月 3 日。

② 崇晓萌:《"金属门"风波飘散时光中》,http://www.bbtnews.com.cn/special/2012-03/15000000654.shtml,2012 年 10 月 25 日。

服广大女性消费者。

(二)高端化妆品行业发展趋势

一直以来,外资品牌在高端化妆品市场占有绝对优势,本土品牌在中低端市场占有较大份额。但随着市场竞争的日益激烈,跨国品牌开始对中低端市场发起进攻,本土品牌也开始发力高端市场。从一线城市逐步向二三线城市辐射,成为高端品牌的重要工作。伴随着社会生活的急剧变革,在快速发展的中国化妆品市场里,男性意识也开始崛起。在女性化妆品市场竞争白热化之际,男士化妆品市场的巨大潜力被一点点挖掘出来。在高端护肤品市场里,兰蔻、迪奥、资生堂、碧欧泉和娇韵诗等几乎所有的一线品牌都陆续开发了男士产品;在大众护肤品市场里,巴黎欧莱雅、妮维雅、碧柔和曼秀雷敦等品牌的男士产品也在超市等终端占据了一席之地,以巴黎欧莱雅、妮维雅为代表的男士产品牢牢占据着中档市场;此外,丁家宜、卡尼尔、吉列、曼秀雷敦、花王碧柔,还有一批国内男士产品品牌基本上在中档以下层面较量。①

随着网络技术和电子商务的发展,网上购买化妆品也越来越受欢迎。很多化妆品的大品牌都开始拓宽销售渠道,优化销售模式,在网上开设直属售卖网站,或通过网上促销、在网站上做广告等方式不断为消费者带来新的惊喜,保持品牌活力和销售力。

---

① 邱宁:《我国男士护肤品市场的竞争》,《日用化妆品科学》2011 年第 2
期。

麦当劳下跪广告事件

2005 年 6 月份,麦当劳"下跪"广告先后在成都、西安、郑州、上海等地引发轩然大波,引发此事件的缘由是一则不足 5 秒钟的广告画面。

一、事件概述

(一)事件回顾

这则引发争议的广告主要情节如下:广告中一位青年男子跪在一位黑衣男子面前哀求:"一个星期就好了,一个星期……三天时间,三天时间好不好?"被称为老板的黑衣男子边摇头便说:"我说了多少遍了,我们的优惠期已经过了!"当青年男子继续跪地拉着老板的裤管乞求:"大哥,大哥啊……"旁边另外两名男子正在挪走"折扣最后一天"的广告牌,旁白响起:"幸好麦当劳了解我错失良机的心痛,给我 365 天的优惠……"广告想通过中国市井式幽默说明,与黑衣老板在优惠问题上的不通融相比,麦当劳 365 天都给消费者优惠。但广告播出后,观众的反应却出乎麦当劳的意料。

大部分看过此电视广告的市民都认为,广告中尽管未直接出现侮辱消费者的镜头,却让人感到麦当劳的打折商品是施舍给消费者的。有消费者认为:"为求得折扣商品竟然用下跪的方法,难道中国的消费者都是些没有骨气的人?"这则广告引起消费者的误会。

图 1　消费者向商家下跪镜头

2005年6月16日,这则麦当劳广告在成都一家电视台播出后,立刻有市民向成都市工商局投诉。当日,成都市工商局广告监督管理处工作人员表示,将仔细查看这则广告,然后再根据实际内容判断是否有"侮辱消费者"之嫌疑。三天后,在西安,这则广告在101路23辆公交车和西安市3家麦当劳快餐店里循环播出,同样遭到消费者投诉。在接到市民投诉后,6月20日起,西安市所有的麦当劳餐厅全部停放这段广告,同时,西安工商部门要求101公交车上的广告最迟于20日停止播出。西安市工商局碑林分局商标广告科初步推断,麦当劳广告《讨债篇》涉嫌违反《中华人民共和国广告法》第7条的规定"广告内容应当有利于人民的身心健康,保护消费者的合法权益"。因此,工商人员向西安麦当劳餐厅食品有限公司下发了"询问通知书"。

与此同时,该广告在河南也引起争议。河南省工商局广告处处长郝立勋在接受新华社采访的时候称,最近几天连续接到消费者的电话投诉,反映这则广告有侮辱消费者之嫌,与生活常理不相符合。

20日,河南省工商局通知郑州市工商局介入调查,河南省消费者协会也已向中消协反映此事,郑州麦当劳餐厅食品有限公司已经进行了纠正。

与成都、西安等地相比,这则广告在上海引起的风波并不大。6月21日,上海电视台电视剧频道广告经营中心表示,麦当劳广告《讨债篇》是从6月14日开始在电视剧频道播出的,同时播出的还有同系列的《分手篇》,电视剧频道21日起停止播放《讨债篇》。《讨债篇》广告送到电视剧频道广告编审部门审批的时候,编审部认为广告场景中出现的'跪乞'镜头不符合精神文明建设的要求,而让广告公司对其进行修改。所以,上海的电视观众之前看到的麦当劳《讨债篇》是修改过的。

这则广告在各地被禁播引发进一步关注和讨论。6月22日,来自新华网的报道称,麦当劳下跪广告含有损害、侮辱人格尊严、违背社会风尚、虚假失实等"倾向",与我国《消费者权益保护法》《广告法》等法规相违背。浙江省工商局提出,该类广告违反相关法规——《消费者权益保护法》第14条明确规定:"消费者在购买、使用商品和接受服务时,享有其人格尊严、民族风俗习惯得到尊重的权利。"第25条规定:"经营者不得对消费者进行侮辱、诽谤。"跟其他城市不同的是,浙江麦当劳公司在其下属餐厅外面设置播放广告的户外电视广告,未经批准,属擅自设立,也涉嫌违反《户外广告登记管理规定》第4条的规定:"未经工商行政管理机关登记,任何单位不得发布户外广告。"随后,浙江工商局对这则广告进行正式立案调查,要求当地的所有媒体和麦当劳餐厅立即停止播出这则广告,将进一步调查后作出处罚决定。

6月21日,迫于各方压力,麦当劳停播该广告。23日,麦当劳中国公司在发给《人民日报》华东分社的一份声明中对引发广泛争议的"下跪"广告表示歉意。声明称:由于广告代理商李奥贝纳公司的失误,使得麦当劳误认为《讨债篇》广告已通过有关部门审批。在声明中,麦当劳表示对此表示遗憾,再次向社会各界人士表示歉意。

麦当劳下跪广告事件最终以工商部门禁播结束,其原因是广告中的下跪情节不仅引起消费者的反感,而且涉及触犯《消费者权益法》等相关法律法规。2006 年 3 月 15 日,中国消费者协会首次发布《3·15 年度报告》,麦当劳下跪广告入选最令人厌恶的不良和非法营销现象,排名第七位。

(二)围绕"下跪"镜头,人们观点不一

在整个事件过程中,很多市民反映广告中出现的消费者向商家下跪镜头有辱消费者人格。有媒体报道称,有市民误认为广告中消费者是向麦当劳下跪,国人向一个"洋品牌"下跪有辱国民尊严,伤害了民族自尊心。

在业界,有人认为,此广告采用轻松搞笑的表现手法和产品的属性相吻合,更易于消费者接受;也人有提出,广告制作应该顾及消费者心理,企业也应该顾及消费群体的文化观念。中国传媒大学广告学院院长黄升民教授则认为:"从一个创意者的角度,希望搞笑,希望找到好的创意点,这种想法是完全正常的,广告要达到刺激别人情绪的目的,常会涉入一些比较敏感的题材。拿下跪广告来说,如果说伤害了民族感情则太过头了,充其量是贬低消费者,提升厂家的地位。这种错误是创意人员要警醒的,但对于广告的内涵的理解不应该泛政治化。"①中国传媒大学广告学院何辉副教授也认为,这与创意人对中国传统文化没有深入的体会有关。只想着设计"下跪求优惠"的情节很搞笑,却忘了传统的文化的内在要求,大多数国人对"不食嗟来之食","男儿膝下有黄金","贫贱不能移"等古语并不陌生,这些古语中蕴藏着中国传统文化的精神内核。不合适的创

---

① 董毅然:《麦当劳下跪广告忽视中国文化》,《北京科技报》,http://bjy-outh. ynet. com/article. jsp? oid=5715897&pageno=1,2012 年 6 月 11 日。

意片面追求冲击的效果,却忽视这些传统文化的精神内核,结果引发众怒。他还指出,从创意上讲也不是非常成功的一种表现方式。这则广告违背了"情理之中,意料之外"、"巧诠真实"等成功广告理念。①

对此,麦当劳总部的解释是,将此广告片命名为"追债篇"(麦当劳此广告片为《追债篇》,和前文中的《讨债篇》是同一则广告,说法不同),是考虑到许多商家都会打折和开展促销活动,但真正的打折时间都比较短,而麦当劳了解顾客天天都想拿到物美价廉商品的需求,因而设计这个故事情节。设计下跪的细节,其目的是为了让广告显得轻松和幽默,并不是故意诋毁消费者。

在舆论压力下,麦当劳(中国)餐饮食品有限公司公共事务部最终发出如下通告:"该广告以多条故事主线、运用幽默、引人入胜的手法,想传达的主要信息是:深受顾客欢迎的麦当劳的优惠系列,每一天都在为顾客提供美味的食品。《讨债篇》广告播出后,接到了一些顾客的反映,认为'下跪恳求'欠妥。不过这则广告的创意没有任何潜台词,但其表现手法让一些顾客产生联想和误解,对此只能表示遗憾。"

广告的制作者李奥贝纳广告公司是全球著名的广告公司,在中国为国际及国内的知名客户提供全方位广告服务。李奥贝纳广告公司一直以创意为核心,麦当劳是其重要的客户。2003年,麦当劳新品牌形象"我就喜欢"运动也由李奥贝纳广告公司操盘。本次事件中,麦当劳将责任归咎于李奥贝纳的失误,李奥贝纳并未针对此事件做出任何声明。

由上可知,麦当劳广告《讨债篇》非但未起到良好的促销作用,反而引起轩然大波。争论的焦点在于广告的创意符不符合我们传

---

① 董毅然:《麦当劳下跪广告忽视中国文化》,《北京科技报》,http://bjy-outh.ynet.com/article.jsp?oid=5715897&pageno=1,2012年6月11日。

统文化,广告运用的幽默表现手法是否被消费接受。黄升民分析认为,近十年来中国经济持续增长,消费者主体意识觉醒,自信心也不断提升,更多强调民族自尊心的重要,广告也正在以前所未有的广度深度影响中国人的生活。但是如果在理解广告内容时,总是刻意从民族情感的角度认识分析,那就是非理性的。他还指出,媒体不能过分地渲染夸大类似广告事件,不能将一些广告创意同民族性挂钩片面指责,应该营造宽松的环境,鼓励多元表达①。

二、事件发生的背景

麦当劳"下跪"广告发生在 2005 年。那时麦当劳和肯德基在中国大陆竞争激烈,都在抢占中国的市场份额。另一方面,2005 年前后也是"问题广告"不断发生的时代。本文从事件发生的市场环境等几个方面分析其背景。

(一)麦当劳和肯德基竞争激烈

1990 年,麦当劳进入中国市场,发展势头强劲。尽管如此,相比于全球第二大快餐品牌肯德基,麦当劳在中国市场的业绩无法和其全球的业绩相匹配。麦当劳比肯德基晚进入中国市场三年,在中国市场的表现也比肯德基逊色。自进入中国市场以来,麦当劳并未将中国市场单独区隔,而是将其纳入亚洲市场,直到 2005 年,才将总部由香港迁往上海。相反,肯德基将中国市场作为全球市场的重心,将广告作为促销的重要手段。在广告事件发生的 2005 年前三个月,从广告投放总额来看,麦当劳远不及肯德基。

---

① 董毅然:《麦当劳下跪广告忽视中国文化》,《北京科技报》,http://bjy-outh. ynet. com/article. jsp? oid=5715897&pageno=1,2011 年 6 月 11 日。

表 1　麦当劳和肯德基在 2005 年前三个月的广告投放总额

单位(千元)

	2005 年 1 月	2005 年 2 月	2005 年 3 月
麦当劳	3721	3443	3320
肯德基	3048	8101	4845

数据来自《2008 奥运赞助商广告投放调研——麦当劳篇》,北京中天星河. 2012 年 6 月 11 日,[EB/OL]http://www.codc.com.cn/excellencereport/3115.htm。

截至 2005 年 10 月,肯德基在中国的连锁店突破 1500 家,麦当劳达到 700 家,比 2000 年分别增长了 1100 家和 400 家左右,年均开店达到 220 家和 80 家,年规模分别达到 110 亿和 60 亿元。按照中国快餐业 1500 亿的营业额计算,肯德基和麦当劳分别占 7.3% 和 4% 的市场份额,两者共同占有中国西式快餐 50% 以上的市场份额。2002—2004 年,麦当劳在中国餐厅扩张速度以及餐厅数量远远低于肯德基。截至 2004 年,麦当劳中国市场的餐厅数量仅有 600 家,远远低于肯德基的 1200 家。①

表 2　麦当劳和肯德基在中国市场的发展情况(2002—2004 年)

比照	中国市场	
项目	麦当劳	肯德基
营业收入(2002 年)	＞人民币 30 亿	＞人民币 60 亿
餐厅数量(2004 年)	约 600 家	1200 家
单店平均营收(2002 年)	约人民币 600 万	约人民币 800 万
年均扩张速度	25% 左右 (2002—2004)	＞70% (1997—2004)

数据来源:黄云生:《麦当劳 VS 肯德基:速度与质量的争锋》,《连锁与特许》2005 年第 5 期。

---

① 黄云生:《麦当劳 VS 肯德基:速度与质量的争锋》,《连锁与特许》2005 年第 5 期。

2003 年 9 月，麦当劳更新品牌形象，在全球同步推出"我就喜欢"营销活动，把目标人群瞄向年轻有活力的年轻人群。这是麦当劳有史以来首次在全球范围内在同时期，以同一组广告、同一种诉求进行的品牌推广活动。活动第二年，麦当劳每天服务新增顾客达 160 万人，销售额和经营盈余都实现两位数的增长。2005 年，麦当劳的经营业绩增长强劲，继续保持两位数的增长速度，仅第一季度稀释后每股盈余为 0.56 美元，比 2004 年同期增长 40%。[1] 通过更新品牌形象及其一系列的广告运动，麦当劳的品牌价值再次得以增大。

表 3　到 2005 年，麦当劳在中国市场的发展情况

时间	市场发展
1990 年 10 月 8 日	中国大陆第一家麦当劳餐厅在繁华的深圳东门正式开业
1992 年 4 月	北京王府井麦当劳餐厅开张，成为麦当劳在全世界面积最大的餐厅
1999 年	济南、合肥、成都、长春第一家麦当劳餐厅开业
2000 年	哈尔滨、南宁、郑州第一家麦当劳餐厅开业
2001 年	西安第一家麦当劳餐厅正式营业
2004 年 12 月	麦当劳在全国开设 600 家分店
2005 年 10 月	麦当劳在中国共开设 700 家分店

数据来自：李耀、何佳讯：《品牌活化的全球化和本土化——以麦当劳和肯德基的比较为例》，《广告大观》（理论版）2006 年第 2 期。

麦当劳在 2004 年和 2005 年取得不凡业绩，跟它的广告策略分不开。麦当劳在中国推行本土化的广告策略，比如 2003 年春节推出"福气满满麦当劳"活动，从 1 月 15 日至 2 月 11 日，所有中国大陆

---

[1]　李耀、何佳讯：《品牌活化的全球化和本土化——以麦当劳和肯德基的比较为例》，《广告大观》（理论版）2006 年第 2 期。

的麦当劳餐厅都呈现出一派新春景象,麦当劳为顾客提供了新年吉祥饰品——福饰。新年福饰由麦当劳传统的明星产品巨无霸、薯条、苹果派和可乐等四款产品的模型组成,顾客只需在麦当劳餐厅消费15元,就可以3元换购任意一款新年福饰。所有换购新年福饰的顾客可免费得到麦当劳只在新年活动期间赠送的2003年特惠卡一张,顾客持此卡在中国大陆的任何一家麦当劳餐厅都可享受卡中提供的多种优惠。除此之外,麦当劳的产品、价格、服务等均实行"本土化"策略。由于实施了一系列成功的本土化策略,麦当劳在中国市场取得不凡的业绩。但与麦当劳的本土化相比,肯德基更胜一筹。

沈志莉在《麦当劳:"营"在文化,"赢"在本土化》一文中指出,麦当劳在全球看作单一、完整的并销售标准化的产品,具有统一的品牌名称、产品特征和包装等,而在营销策略上却是本土化的。具体表现在四个方面:(1)产品标准化与本土化融合——在中国,麦当劳就考虑到消费者的饮食习惯、消费水平等因素,推出麦乐鸡、麦乐鱼、麦辣鸡腿汉堡、麦香猪柳蛋餐等符合中国消费者饮食习惯的快餐食品。(2)促销本土化——麦当劳在中国通常采用价格折扣、优惠券和赠品为消费者送去额外惊喜和愉悦。(3)价格本土化——2004年5月28日,麦当劳公司抓住六一儿童节进行促销,武汉市场上的汉堡和奶类制品平均涨价3‰,由于促销成功,流量并未受到影响。(4)服务本土化——麦当劳采用的是7P营销策略。在传统的4P(即产品、价格、地点、促销)的基础上,加上参与者(Participants)、实体设施(Physical Evidence)和服务过程(Process of Service Assembly)。很明显,这则电视广告是麦当劳进行促销"本土化"的手段之一。

(二)"问题广告"不断发生的时代

麦当劳下跪广告发生于2005年6月,此类广告事件不是个案。在这之前,也有很多"问题广告",比如"丰田霸道"事件、"立邦漆滑落"事件、耐克"恐惧斗士"事件。这些问题广告的产生跟我国当时的经济社会环境有着深刻的联系。一方面,2003 年,中国 GDP 首次突破 11 万亿元,人均 GDP 超过 1000 美元,标志着经济增长进入重要的阶段,消费结构向发展型、享受型升级。消费者广告意识不断增强,问题广告增多。2004 年,"我就喜欢"成为当年的流行语。2005 年,全面开放广告市场,允许外资在中国成立独资广告公司。消费者的个体意识增强,广告辨识意识也随之提高,自然会主动分析电视广告的人物和广告台词。所以,电视广告中"下跪"画面以及广告人物苦苦哀求的台词引起消费者的不快。正如黄升民的看法,随着我国经济的发展以及广告业的繁荣,我国消费者的主体意识不断提升,广告创意人员不能恰当地洞察消费者的心理,了解消费者的心理意识,出现这样的问题广告也就不足为奇。

另一方面,2004 年问题广告的增多也反映出我国广告审查机制的不完善。麦当劳下跪广告事件发生之后,媒体报道称,该广告未经审查就被播出,可见监管漏洞之多。广告播出之前,内容都是由广告经营者根据相关法律法规对广告内容予以把关,工商部门在广告播出或刊登后发现问题,才对其进行查处。对此,广告业内人士认为,监管环节,部门分工、协调和配合需要进一步加强,监管的力度需要切实加大,监管人员素质需要进一步提高。只有这样,才能规范和引导广告行业在法律框架下合理有序健康的发展。从 2005 年开始,广电总局也开始着手制定电视广告的审查标准,以杜绝有不良内容、不良含意的广告出现在电视屏幕上。

三、事件思考

这次广告事件已经过去八年,透过这次广告事件,我们可以观察出当时跨国品牌的广告策略以及电视广告的创意表达等,这次事件也反映了我国广告审查机制的漏洞。

(一)跨国品牌的"本土化"广告策略要洞察消费者心理

麦当劳在上世纪 90 年代进入中国市场攻城略地,不论是产品生产还是服务都执行"本土化"的策略。而在跨文化广告中,标准化和本土化是跨国公司遵循的两种广告策略。获得 1996 年法国戛纳国际广告金奖的《麦当劳婴儿篇》便是佐证。广告中呈现如下画面:婴儿坐在秋千椅上。秋千上升时,小孩笑;秋千下降时,小孩哭,如此反复循环。接着镜头转向小孩面对的窗户,窗外有个木牌,顶部是麦当劳金色的"M"标志。最后小孩自己调整秋千,以便接近"M"。这是美国播出的广告画面。而在中国大陆播放时,广告模特换成中国小孩,广告的末尾是母亲而非小孩调整秋千。霍夫斯泰德认为,美国是个人主义国家,更加强调个体的力量,中国是集体主义国家,强调相互依赖。所以,中国大陆的《麦当劳婴儿篇》的末尾是母亲帮助小孩调整秋千,这样才显得合情合理。

学者曾莉研究了麦当劳在中国的广告策略,将麦当劳的广告分为促销广告和品牌广告。她依据广告向消费者传递的理念和价值,将麦当劳在中国的品牌广告分为四类——社会地位篇、浪漫情怀篇、传统习俗与价值篇和儿童欢乐篇。她认为,社会地位篇迎合了成功白领追求与众不同的现代生活方式的需求,浪漫情怀篇迎合了都市男女追求浪漫的情怀,传统习俗与价值篇则充分运用了春节和尊敬老人的中国传统文化诉求。孩子一直是中国家庭的核心,儿童欢乐篇则充分运用了这一元素。她分析这些电视广告指出,麦当劳试图在中国市场上树立本土化的形象,这一点通过其广告包含的价值和文化表现了出来。以上四类广告源自对中国 20 世纪以来社会变化的敏锐洞察,对中国传统文化和价值的深刻理解,显示出麦当劳尊重并关注中国民族文化的重要性,重视中国人民在消费和文化交流中所起的积极作用。①

伴随着经济全球化，不同文化之间也逐渐交流和碰撞。不同文化背景的消费者，对广告信息的解读和沟通方式也不尽相同。因此跨文化广告应该遵循"本土化"策略，在充分了解当地文化的基础上进行消费者洞察，这样才能获得良好的广告效果。比如麦当劳全球统一的口号"I'm lovin' it"，简单直白，朗朗上口。李奥贝纳的中国创意人员翻译成"我就喜欢"，更加凸显年轻消费群体特立独行的个性。但是，这则电视广告从创意到执行都是"本土化"的。李奥贝纳广告公司的中方创意人员运用中国式的幽默表达诉求，但其背后服务的广告主确是美国的麦当劳，因而触动了国人敏感的民族自尊心。因此，这是当时麦当劳广告策略的败笔，不但有损自身的品牌形象，也影响李奥贝纳广告公司的声誉。

这则麦当劳电视广告是麦当劳促销广告的一种形式，采用夸张式的创意方式，是麦当劳在中国市场常用的促销折扣策略，却忽视了对中国消费者的尊重。广告创意人员制作广告的时候意图迎合中国消费者，却取得适得其反的效果，这告诉我们，广告创意需要尊重消费者。

（二）广告创意要尊重消费者

国人对这则广告反应如此强烈，原因有以下两点：

一方面是违法。广告中出现消费者向商家下跪乞求折扣的镜头，是对消费者人格的侮辱。浙江省工商部门的声明是：该类广告违反相关法规——《消费者权益保护法》第 14 条明确规定："消费者在购买、使用商品和接受服务时，享有其人格尊严、民族风俗习惯得到尊重的权利。"第 25 条规定："经营者不得对消费者进行侮辱、诽谤。"

另一方面是，广告创意人员不熟悉传统文化。此次事件中，也

① 曾莉：《麦当劳在中国的广告策略》，《开放时代》2004 年第 3 期。

有媒体过度渲染，报道广告中消费者向麦当劳下跪，忽视中国文化的"禁忌"。中国传统乡土社会秩序的生成，主要依"礼"和依"习惯"。韦伯认为，在中国传统社会中，法律与宗教、伦理规范和风俗习惯等含混不分，道德劝诫和法律命令未被形式化的界定清楚，因而导致了一种特殊类型的非形式的法律，即中国传统法律是一种"实质的伦理法"，它更多依赖于民间的认同与遵从。无论时代如何改变，价值观如何被消解与重构，民间文化的禁忌传递规律一直被保存，有些禁忌习俗表面上看不存在，实际上变换形态挤进新的生活中来。触犯这些禁忌，等于破坏禁忌的"社会契约"，自然为国人所不容。此一问题广告最大的错误就是忽视中国民俗文化中的"禁忌力量"：下跪在中国文化中表现为尊卑之间不可逾越的分野，突破这一礼数就是越轨，中国男子为了一个麦当劳下跪的镜头反复播放，广告做得越精致，受众就越会觉得：这是把中国人矮化为乞食的乞儿。①

不管是不是向麦当劳下跪，"下跪"已经涉嫌违法且不尊重消费者。在我国，"男儿膝下有黄金"，下跪是对人的侮辱。广告创意人员可能认为这是一种幽默搞笑，向消费者传递这样一种信息：麦当劳超值优惠，全年 365 天打折。无论是广告内容，还是广告表现形式，广告创意人员不熟悉目标消费群体的文化习惯，非但未起到促销的效果，反而有损麦当劳的品牌形象。

（三）电视广告的创意表达

按照麦当劳的官方解释，这则电视广告运用下跪求折扣的故事情节，本意是想让广告显得轻松和幽默，幽默是广告创意人员常用的技巧。广告大师波迪斯认为："巧妙地运用幽默，就没有卖不出去的东西。"幽默广告以其内庄而外谐的表现，将深刻的寓意包含在轻

松、风趣、机智和戏谑中，使消费者完全放松对广告传播的本能警惕与排斥，在兴奋、愉快的情绪体验中，实现广告传播在"AIDMA"上的心理跨越与实现。

但是广告创意人员在幽默诉求的时候应该注意分寸，不可幽默过度。这则电视广告中呈现的下跪求折扣而不得，麦当劳的365天的优惠缓解了消费者错失良机的心痛。将这两个画面结合起来分析，广告中折射出的中国消费者没有主体意识。麦当劳的优惠固然可以了解消费者错失良机的心痛，但消费者认为自己不会因为一个促销折扣而去下跪。蔡之国和陈雪娇指出，中国电视广告多以表现商品本身的实用性能和商品本身的价值为诉求内容向消费者进行利益承诺，告诉消费者使用商品会获得的实质性的利益和好处。他们在分析西方电视广告的时候说，西方广告的画面、声音和广告语的运用则具有震撼性和冲击力，每个广告的广告语言具有差异性，较能吸引消费者的关注。① 从这个角度分析，李奥贝纳制作的这则电视广告确实有点中西结合的味道，从广告诉求方式来看，符合中国人的特点，运用了中国人常用的幽默夸张方式。具体的广告表达上，其语言的夸张以及"下跪"的广告画面却被中国的消费者在选择性注意和理解后，将焦点集中于"下跪"镜头，因而产生了如此大的风波。因此，电视广告创意表达应该综合考虑电视广告的特殊性，使得消费者真正接受广告传播的信息。麦当劳认为中国人制造的中国式幽默应该会获得国人的认同，没想到弄巧成拙。

(四)广告管理审查机制

此次广告事件还折射出我国广告审查存在的问题。据笔者分析网上的新闻报道，河南麦当劳食品有限公司政关部督导王云呈交的一

① 蔡之国、陈雪娇:《论中西电视广告创意的差异性》,《现代视听》2007年第6期。

份广告咨询认证书说:"中国广告协会咨询部接受李奥贝纳广告有限公司委托,对麦当劳《讨债篇》30秒电视广告进行发布前咨询,并提出认证意见。"麦当劳方面认为广告发布符合程序,而中国广告协会称,该广告在第一次提请咨询认证时,下跪情节就未通过,广告协会曾要求广告公司剪掉这一有损消费者尊严的情节。而河南省工商部门的说法是麦当劳所发布的这类广告在法律规定中,不需经过工商部门审批就可发布,如果广告内容违背了《广告法》,工商部门有权进行查处。他还说,中国广告协会是一个民间组织,其提供的咨询认证意见具有参考价值,但作为发布广告的依据是没有任何法律效力的。

我国自90年代中期建立的广告审查"双轨"制,对防止和有效遏止虚假、违法广告的蔓延,保证正常的广告经营和管理秩序,曾发挥过积极的作用。但是,随着我国广告业的发展和加入WTO后,现行广告审查制度的弊端越来越显露出来。

2005年6月29日,安徽财经大学高等教育研究所所长陈宏军在接受媒体采访时建言,我国的广告审查制度可以借鉴西方的发达国家。在西方发达国家,广告审查机构一般都是半官方的,具有相对的独立性,如美国广告联合会下属的全国广告审查委员会等。这里必须特别强调独立性,新建立的广告审查制度中的广告审查机构及其审查工作的定位服务,即向广告审查对象提供广告审查服务。可以改变目前广告管理机关对广告单一、被动的事后监督变为对其包括事前、事中和事后全过程运行机制的管理。他还建议,政府必须赋予广告审查机构权威性,规定在中国境内所有刊播的广告,都必须由相应的广告审查机构审查,并出具具有法律效力的证明文件,才能够刊播。

四、现状及发展趋势

(一)麦当劳在中国的发展现状

麦当劳广告事件风波已经过去八年。如今的麦当劳在中国的发展现状又是如何呢？据麦当劳公司2012年5月8日公布的数据显示，4月份全球同店销售额增长3.3%，其中，美国同店销售额增长3.3%，欧洲增长3.5%，亚太、中东与非洲地区同店销售额增长1.1%。现在，麦当劳在中国拥有超过1400家连锁餐厅，中国已成为麦当劳全球第三大市场。2011年，麦当劳在中国开设了200家分店，创造了一项记录。麦当劳公司计划在2012年新开225~250家分店。而在华通明略（Millward Brown）2012年5月22日发布的2012年BrandZ最具价值全球品牌百强榜中，麦当劳的品牌价值951.88亿美元，位居第四。

尽管麦当劳在全球市场超过百胜集团旗下的肯德基，但是在中国市场，在餐厅数量等方面还是不及百盛集团。百胜集团当前全国的餐厅数量已经达到4000多家，其中包括3400多家肯德基餐厅、550多家必胜宅急送和20多家东方既白餐厅。

（二）麦当劳在中国的广告创意趋势

我们可以预测，一方面，未来中国市场的洋快餐品牌竞争将更加激烈；另一方面，随着麦当劳越来越重视中国市场以及改进对中国市场的经营策略和广告策略，同时借助其全球快餐第一品牌的影响力，其中国市场的业绩也将逐渐提升。不管是麦当劳还是百盛集团，如果在中国市场长远发展，都必须了解中国的国情，了解中国人的饮食特点以及消费特点，对中国消费者进行准确的洞察，满足中国消费者的需求。因而未来的跨国品牌广告策略应该将广告创意和消费者需求完美结合。

传统意义上，广告都被认为是促销的手段。八年前，李奥贝纳为麦当劳制作了《讨债篇》，追求广告创意，却忽视了消费者的心理，损害了麦当劳的品牌形象。2010年，麦当劳广告代理商TBWA为麦当劳推出新的品牌主题活动"为快乐腾出点空间"则迎合现代年轻人在紧张压力下寻求快乐的心理需求。麦当劳的广告代理商

TBWA,在调研中发现,在竞争日趋激烈的现代社会,很多都市年轻人在为实现自我价值努力奋斗的同时,快乐指数在下降,与家人、朋友甚至同时快乐相处的时间越来越少,人们其实更需要一个可以让他们放松和感受快乐的地方。正是准确洞察了年轻消费者的心理需求,TBWA 提出了"为快乐腾点空间",将麦当劳品牌和消费者的需求完美结合,传递出这样一种信息:在麦当劳的餐厅中,能让消费者感受到日常生活的点滴快乐片段,找回孩童时代的快乐,我们的快乐就在身边。麦当劳将自身的品牌融入消费者生活,不仅满足了消费者的需求,还改善了麦当劳的品牌形象。

在 2011 年,麦当劳还运用社会化媒体平台新浪微博发起"舔着圆筒看世界"主题活动。"舔着圆筒看世界"吸引了那些渴望找回童心的网友们的热切关注,巧妙地用"小孩"带动"大孩子"去麦当劳餐厅,提高了消费者的参与程度和对麦当劳品牌的认知度。如今的广告,是将创意融于生活中,让消费者真正参与其中,由消费者参与广告活动中,提升品牌和广告的互动性,这不仅仅是对消费者的尊重,也是消费者追求个性化的要求。

全国牙防组风波

2004 年的全国牙防组风波最早缘起于消费者对牙膏虚假宣传的举报,随着事件进展,全国牙防组成为舆论关注的焦点。全国牙防组的认证在数年间被使用在众多国内外品牌的证言式广告中,以增加消费者对产品的信任,多家牙膏品牌的外包装和广告也以标注"全国牙防组"的认证标志为高品质象征。但人们最终发现全国牙防组不过是一家民间组织,并没有权力为牙膏品质进行背书。

一、全国牙防组风波

(一)消费者举报药物牙膏广告违法

最早引发媒体和社会关注牙防组问题的,是北京一位"打假专业户"杨连弟,2004 年,他状告佳洁士等四款牙膏在包装上进行虚假宣传,宣传称产品具有治疗牙龈出血的功能,但实际上根本没有效果,[①]而其中一款佳洁士舒敏灵牙膏上赫然印有全国牙防组认证标识。

杨连弟起诉的四家牙膏企业分别为"美洁洗必太牙膏"、"佳洁

---

① 毛寿龙、周晓丽:《政府政策应具开放性——以牙防组事件为例》,《中国改革》2007 年第 7 期。

士舒敏灵牙膏"、"田七特效中药牙膏"和"高露洁草本牙膏"的生产厂家,理由是使用了这四家企业的牙膏感到毫无效果。也许普通消费者会就此作罢,但杨连弟凭借"打假专业户"的职业敏感向西城工商分局举报:四种药物牙膏违反了《广告法》,要求给予行政查处。①

根据国家工商总局 1996 年 10 月 7 日下发的一个文件规定,在产品包装物上直接或间接宣传、介绍产品,是广告的一种形式。杨连弟起诉的理由是,药物牙膏宣传一不真实,二违反《药品管理法》"非药品不得在包装和标识上宣传其有药物治疗功能"的规定,三是违反了《广告法》。② 根据市工商局工作人员的说法,目前没有关于药物牙膏包装说明的管理规定。药物牙膏有多大的效果,应该由全国牙防组、质量技术监督局等部门认证。③其中高露洁草本牙膏的外包装上印有"高露洁牙膏在世界上受到超过 40 个牙医学会承认"字样,同时印有中华预防医学会的标志;在佳洁士舒敏灵牙膏外包装上,印有全国牙防组标志,④有权威机构认证的产品最后却被判为虚假宣传? 媒体和有关学者至此把目光聚焦到牙防组身上。

(二)牙防组认证资格被质疑

牙防组此前一直被视为致力于口腔保健的权威机构。佳洁士广告上全国牙防组权威认证的印章盖下来的一幕,相信大部分消费者至今记忆犹新。牙防组权威认证的标识还被广泛使用于各类口腔保健品的包装上,登康、乐天、两面针等知名品牌都在产品广告和企业广告中大力传播这一认证信息。"全国"的头衔,再结合大规模的广告宣传,牙防组不难构建自己的权威形象,赢得老百姓的信任。

---

①③　赵中鹏:《牙膏包装说明监管部门,谁管广告没人说得清?》,新浪网 http://news.sina.com.cn/c/2004-09-10/07513635241s.shtml,2013 年 6 月 18 日。

②④　理达:《职业打假人欲点药物牙膏死穴》,《中国质量万里行》2004 年第 10 期

虽然并没有多少人知道"牙防组"代表着什么,也不清楚它作为一个组织机构的真正身份和职能,但是老百姓相信一个拥有"全国"头衔,为众多知名品牌提供认证,在广告中扮演专家的组织,一定是权威机构,有了它的认证,意味着产品品质和功效的保证。因此,牙防组内幕一经曝光,在社会上掀起一片哗然。

2005 年 4 月 10 日,新华网的报道《全国牙防组:只有两个人,两张办公桌》一下子将全国牙病防治指导组(牙防组)推上风口浪尖,公益律师李刚的介入,则让人们意识到牙防组不仅是认证过程不规范,接受企业捐赠,甚至根本不具备认证资格,它为产品所做的认证荐言,只不过是精心包装的广告宣传。

最初,新华网的报道主要围绕牙防组的认证活动展开,并对牙防组提出了四个主要的质疑:牙防组究竟是一个什么样的组织;它是如何对口腔保健产品进行认证的;它由谁管理,由谁监督;其认证对消费者有什么样的影响。

调查显示,牙防组位于北京大学口腔医院的一栋旧宿舍楼内,只有一间办公室,两个人两张办公桌,简陋的办公环境是大众对牙防组产生疑问的起点,牙防组对牙膏的认证方式则更令人讶异。牙膏认证不仅没有统一标准,检测样本也全凭厂家选送,负责人称:"我们只对送检的样本负责。"机构对牙膏的检验过程也扑朔迷离,在哪里实验,有多少人参加,实验结果是什么,皆语焉不详。但是牙防组的认证收费却一点也不含糊,牙防组主任张博学表示:"认证本身是不要钱的,只是做一些实验时付些费用。这些费用由企业来负担,少的几千元,多的要十几万。"但媒体随后爆出,找牙防组认证,不仅要交实验费,还要交赞助费,费用在百万、千万级别。

对于牙防组开展的认证业务,卫生部表示:"对他们开展的认证、临床试验等具体业务,我们从来都不参加。"牙防组的张博学主任也表示:"我们的认证不需要批准和监督。"这表明,牙防组实际上处在无管理、无监督的真空地带,却借着和卫生部之间千丝万缕的联系为多家企业认证。这一"权威认证"抓住我国消费者相信权威的心理,经由广告大规模传播后,成功地误导了消费者,成为他们购买产品时的重要参考。①

但是,尽管初期媒体曝光了牙防组的内幕,却忽略了一个最核心的问题——牙防组是否具备认证资格,这是牙防组是否有权力为牙膏品质背书问题的关键。

清华大学法律博士李刚凭借职业敏感首先注意到了这一点。经过调查后,李刚发现,民政部网站上并没有"牙防组"登记注册的身影,这表明它不是卫生部的内设机构,而只是卫生部设立的非在编的临时性机构。同时,"牙防组"也并未出现在国家认证监督管理委员会名单上,这说明它没有取得认证资格,其口腔保健品认证是非法的。

2005年7月11日,李刚首先向认证管理部门——"认监委"提交了投诉申请书,请求认监委实施具体的行政行为,对牙防组非法开展牙膏认证活动,扰乱认证程序,侵害消费者利益的行为尽快立案进行调查、处罚,但是认监委一直没有回应。2005年9月26日,李刚以消费者的身份起诉乐天食品有限公司、北京家和物美商业有限公司和卫生部,要求法院认定三被告使用、准许他人使用和销售有非法认证标志的乐天木糖醇口香糖商品,违反了《消费者权益保障法》和《产品质量法》的规定,构成欺诈消费者。但法院以卫生部不能作为民事诉讼的被告为由,不予立案。第二天,李刚将卫生部替换为牙防组,虽然得以立案却又在11月被驳回,理由是"全国牙防组不具有独立法人资格,不能独立承担民事权利和义务"。非民

---

① 以上综合自何晔:《全国牙防组:只有两个人两张办公桌》,新华网,http://news.xinhuanet.com/mrdx/2005-04/10/content_2809676.htm。新浪网:《卫生部撤销牙防组》专题,http://news.sina.com.cn/z/cxyfz。姜志:《看一个权威机构的倒掉》,南方网,http://www.southcn.com/news/community/shzt06/teeth,2012年11月11日。

非官的模糊身份不仅成了牙防组认证的幌子,也成了它躲避法律责任的保护伞。

案件几经波折,终于在 2006 年出现转机,李刚联合上海律师陈江在京沪两地对牙防组进行诉讼,希望形成多点的"子母弹诉讼",重新造成媒体效应。连环诉讼再次唤起舆论的热情,也推动了案件的进展。2007 年 1 月 5 日,朝阳法院认定乐天包装的"认证"标志是虚假宣传,判决乐天公司和北京家和物美商业有限公司连带赔偿李刚购买乐天口香糖所花费的 8.9 元。① 然而,牙防组始终不用负任何法律上的责任。

(三)牙防组的回应及各方观点

2006 年李刚等发起连环诉讼后,牙防组面临着巨大的舆论压力。2006 年 3 月 21 日,牙防组副组长兼办公室主任、北京大学口腔医学院预防教研室主任张博学召开了"记者说明会"。

他称:"全国牙防组的认证工作不属于违法行为。这也是国家认证认可监督管理委员会有关领导的意见。这个'认证',与国家出台认证认可条例后的'认证'意义不同。并不是企业给我们钱,我们就给他们合格认证。我们认证在先。合格企业的捐赠我们接受,不合格企业的捐赠不会接受。牙防组开展的工作完全是为了老百姓,是一种责任驱使,卫生部对我们的工作是给予高度评价的。我们都是无私奉献的。中国有了牙防组是中国老百姓的荣幸……"②

作为事件的另一主角,李刚指出,牙防组是卫生部通过其行政行为产生出的临时组织,又利用了行政机关的公信力,长期参加市

---

① 贾冬婷、葛维樱:《"牙防组"现形记》,《三联生活周刊》,http://blog.sina.com.cn/s/blog_470bf25701000905.html,2013 年 5 月 25 日。

② 王淑军:《全国牙防组:认证工作不违法 宝洁捐赠 1000 万》,http://www.southcn.com/news/community/shzt06/teeth/explain/200603220583.htm,2012 年 11 月 11 日。

场活动。它的两个主管——行业主管卫生部和业务主管"认监委"都不管，监督机制休眠了。这一事件触及制度和法律层面的空白。①

作为事件的第三方，首先曝光牙防组内幕，其后又不断推进事件进程的各大媒体也纷纷撰写评论发表看法，如《南方都市报》发表评论《牙防组应成为民间组织的前车之鉴》，《北京晨报》发表评论《别让伪认证成了真蛀牙》。

牙膏行业的权威人士，牙膏工业协会会长焦玉峰也不相信牙防组的"权威认证"。牙防组成立之时，他曾予以大力支持："我当初支持牙防组进行保健宣传，是为了提高群众对牙齿的保护意识、保健意识，而不是宣传产品。"②

北京大学的陈刚教授，则从品牌营销的角度入手，评论说，中国消费者对于广告公信度判别在 39％～40％，而在美国这一比例是 12％，民众对于广告公信度判别越高，就表明消费者的消费心理越不成熟，越容易轻信广告内容。证言式的广告语言也是宝洁公司全球宣传营销的惯用手法，这一方式迎合了消费者信任专家说法的消费心理，而且它的效果在中国更为明显。宝洁在这一事件中利用牙防组的伪官方身份打了"擦边球"："广告就是用传播技巧去影响消费者，但如果这种影响存在误导和欺骗消费者，便是一种不良的营销手段了。"③

普通网友也纷纷表示对事件的看法。一位新华网友说："如果全国牙防组涉嫌和企业一起诬骗消费者，而且还能逃脱制裁，那公理在何处，那法之尊严又在何处？虽然'全国牙防组'稀里糊涂地存在了 18 年，但是我们没有理由再让它不了了之。希望有关部门有

---

① 吕娟：《法学博士　我为何状告牙防组》，《法律与生活》2006 年 6 月。

②③　贾冬婷、葛维樱：《"牙防组"现形记》，《三联生活周刊》，http://blog.sina. com. cn/s/blog_470bf25701000905. html，2013 年 5 月 25 日。

所作为,为消费者'拿'出公道。"①

(四)事件结果

在朝阳法院判定宣布三个月后,2007 年 4 月 30 日,卫生部正式宣布撤销全国牙防组。② 这个一度享誉全国的牙膏认证"权威机构"终于告别历史舞台。此时,距 1988 年牙防组正式宣告成立已经过去 20 年。中国的牙膏行业在这 20 年中发生了翻天覆地的变化,原本由本土品牌占据的牙膏行业被高露洁、宝洁等这样的外资企业反超,失去了约 2/3 的市场。

牙防组风波虽然暂告段落,但风波扬起的喧嚣却未就此消散,对于社会公众而言,牙防组成了虚假认证的代名词,对于政府机构而言,它引发了如何应对解决中国式认证乱象的思考,对于本土的口腔护理品牌而言,它促使本土品牌对盲目认证以及这场风波带来的损失进行深刻的反思。

二、风波事件的背后

(一)牙防组的由来与定位

牙防组全称"全国牙病防治指导组",它的成立有特殊的社会背景。在上世纪 80 年代,国人的口腔问题非常严峻。据 1988 年全国口腔专家座谈会公布的对 14 万人口腔流行病学的调查显示,中国 13 亿人口中有 40 亿颗蛀牙,60 岁以上的老人人均掉牙 11 颗。此

---

① 发展论坛:《牙防组是个什么组 我们被忽悠了?》,新华网,http://news. xinhuanet. com/forum/2006-03/23/content_4331720. htm,2012 年 11 月 11 日。

② 新浪网:《卫生部撤销牙防组》专题,http://news. sina. com. cn/z/cxy-fz,2012 年 11 月 11 日。

外,发达国家的口腔科医生占人口的千分之一,中国则是十万分之一。这一结果令当时的口腔专家倍感震惊。提高全国人民的口腔卫生和保健意识成为当务之急。但与此同时,国家不仅没有主管此问题的行政机构,且在当时精简机构的背景下,也难以为此增设一个新的机构。

卫生部医政司司长想出一个变通的方法:成立一个组织,挂靠在一个医疗单位里,由卫生部来进行政策领导,但编制又不在卫生部里。不要国家编制,不要经费,不要基本设备。人员则为"三结合":一是来自在职的卫生行政官员;二是来自口腔界的专家;三是来自牙防工作者。

1988年12月16日,卫生部正式下发文件,批准成立"全国牙病防治指导组"。办公地点就设在当时的北京医科大学口腔医学院。时任卫生部医政司的司长担任第一届组长,北京医科大学、上海医科大学、四川口腔医学院等一些学院的院长担任副组长,成员均是来自各口腔医学院的专家和牙防工作者。

全国牙防组虽然成立了,却面临着没钱运作的艰难境遇。没有国家拨款,牙防组只能通过"赞助"解决问题,最初提供赞助的是牙膏工业协会。在牙膏工业协会的赞助下,牙防组除了展开日常工作外,还开展了防治牙病的宣传。在全国牙防组进行了第一年的宣传后,当年各个牙膏厂的牙膏就脱销了。而在一年前,据牙膏工业协会的会长焦玉峰所说:"当时中国一半以上人不刷牙,牙膏卖不出去。"

可见,牙防组成立之初确实为防治牙病、宣传健康的口腔护理知识做出了贡献,推动了全国牙膏工业的发展。①

1994年,随着牙防组基金会的建立,牙防组的工作日益"变味",

---

① 贾冬婷、葛维樱:《"牙防组"现形记》,《三联生活周刊》,http://blog.si-na.com.cn/s/blog_470bf25701000905.html,2013年5月26日。

从半官方的牙病防治公益机构转变为以认证牟利的商业组织。

根据牙防基金会公开的资料,该组织成立于 1994 年 4 月 1 日,为全国性公募基金会。据牙防组副组长兼办公室主任张博学说,因为牙防组不是独立法人,没有账号,相关企业的认证费用,如检测资金和实验资金,由企业打入中国牙防基金会的账号,然后由全国牙防组统一使用。①

张博学承认,牙防基金会的成员构成和牙防组的成员构成有交叉:"因为它的目标是一样的,基金会只是通过筹集资金来支持牙防组实现我们的目标,因此基金会跟牙防组我们甚至可以认为是一个双胞胎,基金会就是在牙防组的基础上成立的,而反过来基金会获得的资金又去支持牙防组进行这些公益的活动。"他本人既是全国牙防组的副组长、办公室主任,又兼任着牙防基金会的秘书长。牙防基金会的法定代表人卞金有教授,也是全国牙防组的副组长。同一个账户,既有牙防组试验费用,也有企业的捐赠金,而使用这个账户的也是同样的一群人。②

在接受记者采访时,张博学提及乐天木糖醇进行的标准测试,言明乐天公司支付了几千元。乐天公司在向法院提交证据时,拿出与牙防组的协议表明,乐天每年固定资助牙防组 10 万元,而乐天给牙防组支付的实验费数额以百万计。③ 几千元与百万元,其间的悬殊实在是耐人寻味。

根据牙防基金会 2005 年度向民政部提交的年度工作报告,牙防基金会原始基本金额为 800 万元,2004 年募集捐款 70 万元。2005 年,该基金会总支出 456 211.72 元,其中用于公益事业的支出为 121 259.61 元,用于工资福利支出为 134 148 元,行政办公支出为

---

① 徐皓:《牙防组事件余波未了》,《中国经济周刊》,http://news. sohu. com/20070528/n250258049. shtml,2012 年 11 月 11 日。

② 许皓:《后牙防组时代,谁来认证》,《中国经济周刊》2007 年第 20 期。

③ 吕娟:《法学博士 我为何状告牙防组》,《法律与生活》2006 年 6 月。

200 804.11元。公益事业支出占上年度总收入的 17.32%;工作人员工资福利和行政办公支出占总支出的 73.42%。《基金会管理条例》规定,公募性基金会公益事业支出占上年度总收入的 70%以上,工作人员工资福利和行政办公支出占总支出 10%以下。牙防基金会支出比例与法规规定的比例,呈严重倒挂。①

2006—2007 年,张博学先后退回他从牙防组领取的近 12 万元的补贴。②

(二)牙防组事件背景探究

1. 市场环境

牙防组认证风波不仅对牙防组本身产生了巨大的冲击,对当时的牙膏行业,尤其是对已经丢掉了大片江山的民族品牌而言,则是雪上加霜。

2004 年,当时牙膏行业内排名前 6 的品牌市场占有率情况大致为:高露洁 26%、佳洁士 19%、两面针 13%、田七 11%、中华 10%、黑妹 8%③,市场高度集中,进入寡头竞争阶段,被大企业所垄断。此外还有 LG、安利等国外新兴品牌虎视眈眈,本土品牌几乎难有立锥之地。

但是在 1992 年,其时是外资品牌刚刚进入中国市场的第三年,情况刚好相反。在这一阶段,由于外资品牌的价格过高(为国产品牌的 3 倍左右),外国品牌仅仅进入沿海大中城市的高端市场。④

逆转发生在 1996—2000 年,外资品牌完全改变了中国牙膏市场格局:一方面通过收购国产品牌来取得市场份额和渠道,如联合利华从上海牙膏厂取得"中华"和"美加净"的品牌经营权;另一方面

---

① 许皓:《后牙防组时代,谁来认证》,《中国经济周刊》2007 年第 20 期。

② 徐一龙、田乾峰:《牙防组财务审计初步结果　违规认证收入 218 万》,《京华时报》,http://society.people.com.cn/GB/8217/5761636.html,2012 年 11 月 11 日。

③④ 罗琛、王卓:《牙膏市场分析报告》,《成功营销》2004 年第 1 期。

通过出色的营销手段及价格调整,让消费者接受自己。1996 年,国内牙膏 10 强品牌内,中外合资品牌仅占 2 席,到 1998 年已增至 4 席,而 2000 年更是增加到 6 席,"蓝天六必治"、"芳草"、"两面针"等昔日国产名牌整体陷入颓势。①

以蓝天六必治为例。作为百年老字号,蓝天在 1957 年生产出我国第一支含氟牙膏。上世纪 70 年代末开始实施的名牌战略将"蓝天"品牌牙膏推上历史舞台。1992 年,蓝天六必治在广告效应的带动下,市场份额大幅提升。据统计,1996 年,蓝天企业的销售额达 4.5 亿元,在国内牙膏的市场份额达到 15.9%。那时的蓝天可谓家喻户晓。事实上,国产品牌牙膏在 20 世纪 90 年代也是战绩骄人。有资料显示,1998 年,中国十大民族品牌牙膏的产量为 21.16 亿支,占全年总产量的 75%,绝大部分市场份额为民族品牌牙膏所占。然而,这种状况随着高露洁和佳洁士的到来发生翻天覆地的变化。

2001—2003 年,蓝天销量一路下滑,仅 2003 年一年,蓝天集团的销售收入就比上一年下降 30%! 2004 年,蓝天的市场份额跌落到 2%不到。②

2. 广告竞赛

本土品牌之所以在有领先优势的情况下被外资品牌反超,企业的营销战略,尤其是广告传播,在其中发挥了至关重要的作用,而牙防组则在这场广告战役中扮演了重要角色,成为宝洁赢得这场广告战役的一大法宝。

牙防组在对佳洁士的认证报告中称:经实验室监测认证,广州宝洁公司生产的含氟牙膏具有抗龋作用和较明显的再矿化作用。这一为期两年的试验是在幼儿园中进行的,两年后,使用佳洁士的儿童新生龋齿减少了 21%。这一研究数据被宝洁公司原封不动平移

---

① 罗琛、王卓:《牙膏市场分析报告》,《成功营销》2004 年第 1 期。
② 舒兰:《"吃嘛嘛香"的蓝天六必治》,《广告主市场观察》2008 年第 12 期。

到佳洁士的电视广告之中,之后在广州的一次调查中,54%的家长表示他们肯定会买佳洁士;全国另外 13 个城市,这一数据是 69%。①

佳洁士取得了牙防组的认证推荐后,几乎每条电视广告之后都不忘盖上"牙防组权威认证",以此一次又一次强化受众认知,自己的产品是由国家权威机构认证的,值得信赖。可以说,牙防组在佳洁士的广告中扮演权威专家的形象,经由佳洁士的大规模广告传播活动,牙防组的权威形象深入人心。

《牙膏工业》的主编丁恺说,"面对宝洁那则权威认证广告的冲击,迫使代表民族产业利益的中国牙膏工业协会发起反击,联合两面针、芳草、草珊瑚、蓝天等六大国产品牌也搞了个认证——中国牙膏工业协会认证,也做了电视广告,但却没什么影响,消费者不认,或许,一个行业协会听上去不像冠以'全国'字样的牙防组有权威吧。"②

于是,本土品牌放弃了中国牙膏工业协会认证,转而向牙防组寻求认证。2001 年,江苏雪豹日化公司开发出"FE 牙膏",为"验明正身",他们也找到牙防组"认证"。雪豹公司董事长童渝说,认证后的广告一经播出,雪豹牙膏的产量马上增长 20%。2003 年,一直扛着民族品牌大旗的"两面针"也找到牙防组认证。两面针董事长梁英奇说:"我们不去认证,意味着我们主动放弃一部分消费者。"③

但是没多久牙防组风波就愈演愈盛,民族品牌还未品尝到销量增长的甜头,就不得不面对工商部门开具的罚单及重新更改包装带来的损失。相对应的是,随着《认证认可条例》一颁布,佳洁士就已经悄然改换包装,及时撤销认证标识,成功规避了"认证风波"将损失降至最低。④

---

①②③ 贾冬婷、葛维樱:《"牙防组"现形记》,《三联生活周刊》,http://blog.sina.com.cn/s/blog_470bf25701000905.html,2013 年 5 月 25 日。

④ 杨平:《宝洁飞跃"认证门"》,《国际公关》2007 年第 4 期。

三、牙防组风波反思

(一)"权利的游戏"——公信力寻租

2007 年 6 月 11 日,卫生部公布,牙防组违规收取"认证"费208.5万元;牙防组主要负责人两年中多领取职务补贴 4.6 万元、违规一次性领取住房未达标补贴 7.4 万余元。① 牙防组基金会存在违规收取认证费用,违规领取补贴,财务管理混乱等问题。

牙防组本身并非政府机构,也非行业组织,为何能够吸引多家企业赞助? 在当下商业信誉评价体系缺失、民众高度信赖官方机构的情况下,②牙防组利用自己和卫生部之间的暧昧关系为企业提供认证,实际上是用牙防组的公信力去交换经济利益。

但是牙防组并非个案,在国务院认证认可监督委员会处理牙防组的公告中,还有着中国绿色环保产业认证委员会、中国绿色市场认证监督管理委员会、中国质量安全监管认证中心、中国质量认证标准协会、中国产品质量认证中心的名字。这些挂着"中国"字样的违规机构都和职能部委有着千丝万缕的联系,但却没有一个违规者付出代价。③

这就像是一场权利的游戏,类似牙防组的行业组织、协会,运用自己手中的公信力、威信,为企业颁发各项奖项,企业也随之起舞,只要花少许金钱,有名有利,投资回报率可观,又何乐而不为呢。回报从哪里来,无非还是不明真相的消费者,但他们并不会永远被蒙在鼓里,这颗"蛀牙"一旦被发现,必然会被拔掉。

---

① 赵健:《牙防组"黑洞"大白天下》,新华网,http://news. sohu. com/20070612/n250514437. shtml,2012 年 6 月 12 日。
②③ 钱飞鸣:《牙防组"烂账"根在权利寻租》,《深圳商报》,http://news. sznews. com/content/2007-05/23/content_1152484. htm,2012 年 11 月 11 日。

作为政府与企业之外的"第三方",社团组织既是沟通社会的桥梁和纽带,又是社会多元利益的协调者,但社团组织的健康发展,仅靠自律是不够的,还必须有政府监督、舆论监督、群众监督等一套外部监督和制约机制,例如,定期向社会公布财务报告、接受公众和媒体的质询。阳光是最好的"消毒剂",只有推行阳光操作,才能避免公权滥用。①

(二)"中国式认证"——盖章认证

在牙防组被取消之前,它一共认证了 9 款产品,分别是"Crest (佳洁士)"为商标的系列含氟牙膏和牙刷、雪豹 FE 牙膏、登康三面牙刷、狮王细丝特磨牙刷、两面针中药牙膏、乐天木糖醇口香糖、冷酸灵牙膏、华艾康无糖香口胶和魄力无糖香口胶。② 认证时间长短不一,有三年,有五年;认证品类也包含牙刷、牙膏和口香糖;企业所交的实验费和赞助费也不同。

根据 2003 年国家颁布的《认证认可条例》,"认证"指"由认证机构证明产品、服务、管理体系符合相关技术规范、相关技术规范的强制性要求或者标准的评定活动","认可"指"由认可机构对认证机构、检查机构、实验室以及从事评审、审核等认证活动人员的能力和执业资格,予以承认的合格评定活动"。

由于认证认可工作具有公共利益性,《认证认可条例》规定了认证认可机构的资格条件和工作禁令。比如,认证认可机构必须有 300 万元以上的注册资金和 10 人以上的具备资质的人员,认证认可机构不得接受对认证认可活动客观公正性产生影响的任何资助、不得参与任何可能影响认证认可公正客观性的产品开发和营销。这些

---

① 钱飞鸣:《牙防组"烂账"根在权利寻租》,《深圳商报》,http://news. sznews. com/content/2007-05/23/content_1152484. htm2012 年 11 月 11 日。

② 姜志:《看一个权威机构的倒掉》专题,南方网,http://www. southcn. com/news/community/shzt06/teeth,2012 年 11 月 11 日。

规定,正是从维护公共利益的角度制定的,目的是从程序上确保认证认可机构的合法性、有效性和权威性,从而间接维护公共利益。①

由此可见,牙防组首先并不具备认证资质,它接受企业的捐赠,影响了认证的公正客观。深入了解牙防组认证的具体过程,其认证过程的科学性、严谨性就更无从谈起,牙防组负责人张博学甚至在采访中说,"这个'认证',与国家出台认证认可条例后的'认证'意义不同","企业怎么宣传是企业的事"。

我们必须承认,企业不是不可以通过认证来提高产品的可信度且在广告宣传中加以运用从而说服消费者。认证不仅能够为产品提供有力的说服证据,也能帮助消费者实施购买决策,帮助其降低决策风险。但是,所有的广告宣传必须遵循一项前提,就是这项认证必须是合法有效、公正客观、科学严谨的,唯有如此,它才可以被视为认证式广告而非虚假宣传。而在牙防组风波中,牙膏企业只是需要牙防组的名气,需要牙防组的权威形象,需要广告宣传的卖点,于是付钱交易,盖章认证,拿着牙防组的认证,忽悠不明真相的消费者。

虽然牙防组在 2007 年被卫生部正式宣布取消,但畸形的认证之风并未停止。中华中医药学会、中国口腔医学会等官方的、民间的、身份暧昧的组织依旧凭借着自身的影响力为企业进行认证。这种现象也不仅仅局限于牙膏行业,在家具、服装、食品行业,类似的组织层出不穷。②

对于这些违规的认证行为,缺乏相应的惩戒措施。2006 年 8 月 22 日,北京市朝阳法院分别向国家认监委和卫生部发出两份司法建议书,建议两部门对牙防组的认证进行调查并做出相应处罚。但是

---

① 陈杰人:《认证认可工作事关公共利益》,南方网,http://www.south-cn.com/news/community/shzt06/teeth/opinion/200603230115.htm,2012 年 11 月 11 日。
② 张丽红:《从牙防组事件解析我国质量认证市场乱象及对策》,《商场现代化》2007 年 12 月。

依据《认证认可条例》,处罚幅度仅为 10 万元到 50 万元之间。司法建议书只是"建议",直到牙防组撤销,也没有对牙防组的法律处罚。[①]

由此可见,缺乏有效的监督管理,有力的惩罚措施,法律条例不过是一纸空文,长此以为,我国的认证产业也将不再有信誉可言。

(三)荆棘之路——本土品牌如何发展

牙防组风波,对于我国的牙膏行业来说,可以说是一个标志性事件,而以宝洁为代表的国外品牌给民族企业上了生动的一课。

宝洁是最早请牙防组做"权威"认证的品牌之一。1998 年,宝洁(佳洁士)开始搭载牙防组认证标识对抗其主流竞争对手联合利华(高露洁),掀起了牙膏界的"认证革命"。2003 年《认可认证条例》颁布后,宝洁立刻凭借其敏感的市场触觉,悄然更换包装,在风波到来前抽身,将损失降到最低。这绝非侥幸,这体现了宝洁严谨的经营态度,对规则和法律的尊重,在利益面前保持清醒,在市场行走始终谨慎,这不是朝夕之间就能拥有的秉性,而是品牌在百年经营过程中受到重挫而吸取教训、积累经验后,才逐渐雕琢而成。

首先,反观本土品牌,本来处在市场的优势地位,有多年的经营基础。但是看到宝洁借证言广告取得成功,就自乱阵脚,盲目跟风。众多本土品牌被国外品牌的成功之处所吸引,却看不到它们在背后的努力,导致跟风而出的证言广告不过是东施效颦、邯郸学步。

其次,本土品牌也极度缺乏对市场环境的敏感性。2003 年,两面针打算找牙防组进行认证之时,正是宝洁改换包装,不再使用牙防组认证标志之际。两者之间的对比充分暴露出本土品牌不仅对政府政策颁布缺乏应用的重视,对市场变动反应也十分迟钝。

最后,社会责任的履行也是本土品牌应该学习的重点。佳洁士

---

① 张丽红:《从牙防组事件解析我国质量认证市场乱象及对策》,《商场现代化》2007 年 12 月。

和高露洁都通过和政府部门合作,开展公益活动,推广口腔保健意识。例如,佳洁士分别和国家教育部及卫生部合作,在 1997 年推出"佳洁士学校口腔健康教育计划",开展"牙防新长征"活动,2003 年,又推出"佳洁士爱牙车"口腔宣传活动。[①] 高露洁也于 1995 年推广"甜美的微笑,光明的未来"口腔保健教育计划,并迅速在 31 个省市自治区 500 多个市(县)5 万多间小学实施。[②] 相信许多八九十年代出生的人,也都在小学的课堂上听过这两个品牌的爱牙讲座,领过它们的免费牙膏和牙刷。

高露洁和宝洁先后进入市场,它们的市场目标非常明确——主导和占领中国的市场。为此,它们通过不断传播口腔、牙防知识来引导品牌;将产品准确定位占领高端市场,借证言广告强势宣传。再通过价格调整,不断扩大市场份额。可见,国外品牌在进行市场营销时,是从战略的角度出发,广告只是其中的一环。

而当时的本土品牌,是否有注意到外资品牌进行市场营销时的战略性呢?本土品牌对于外资品牌见招拆招式的反应,看到外资品牌通过什么方式取得成效,然后模仿跟进,已经成为常态。这种模仿往往只考虑回报,不考虑付出,只考虑冒险,不考虑风险,只模仿策略,忽略了企业所应具有的社会责任。

四、国内牙膏行业的现状和发展

(一)牙膏行业发展现状

据中国口腔清洁护理用品工业协会预计,我国的牙膏行业仍将

---

① 《佳洁士品牌大事记》,佳洁士官网,http://www.crest.com.cn/Crest/EventDetail.aspx,2013 年 5 月 26 日。

② 《甜美的微笑,光明的未来》,高露洁官网,http://www.colgate.com.cn/app/Colgate/CN/Corp/CommunityPrograms/Bsbf.cvsp,2013 年 5 月 26 日。

继续以较快的速度稳定发展。跨国公司也将进一步加大在中国的投入，高端产品竞争程度会逐渐加剧。2011 年的中国牙膏市场仍然由宝洁、高露洁、联合利华三家外资巨头旗下佳洁士、高露洁、黑人和中华品牌占主导地位，约占 60％市场份额，其次是云南白药、两面针、冷酸灵、蓝天六必治、纳爱斯等本土企业依据传统优势占据约 25％的市场份额，众多的非主流品牌瓜分其他 15％的市场份额，其中也包括一些 OEM 品牌和直销品牌。①

牙膏市场的走势将向高度专业化、高度细分化和高度科技化发展。② 高度专业化体现在口腔产品的功能的专业化程度上。除了牙膏等基础口腔护理产品外，二次口腔护理产品，主要包括漱口水（牙医漂洗）、口气清新剂、牙线、假牙护理及牙齿增白剂，它们都有明显的发展。③ 高度细分化主要体现在对目标消费群体的细分上，包括区分儿童、中老年群体、青少年、上班族、口腔敏感族等等，这些群体对牙膏的需求有显著的区别，因此越来越多的品牌针对特定的消费群体推出细分品牌，从而多方位地满足不同消费群体的需求。例如高露洁推出三种高度细分的儿童牙膏，定位为 0～2 岁，2～6 岁及 6岁以上三个儿童群体。高度科技化主要体现在口腔护理产品的科技含量越来越高，以电动牙刷为代表。

除此之外，随着食品药品安全问题不断爆出，消费者越来越青睐自然和纯天然的产品，中草药成分运用到牙膏中也越来越多，几乎各大品牌都有中草药成分牙膏。在和外资品牌的长期博弈中，我们发现，无论是洗发水类的霸王、牙膏类的云南白药、护肤品类的相宜本草，甚至是饮料类中的王老吉，都借传统的中草药概念而获得成功，可见，对于本土的牙膏品牌而言，抓住这一市场发展趋势是品

---

① ② 金霞芳、盛赛红：《中国牙膏市场现状及发展》，《口腔护理用品工业》2011 年 12 月。

③ 中国行业研究网：《全球口腔护理品市场发展状况盘点》，http://cn.made-in-china.com/info/article-2736584.html，2012 年 11 月 11 日。

牌在市场上打翻身仗的关键。

云南白药牙膏可谓牙膏行业的"奇迹"，在外资品牌一统天下的今天，凭借独树一帜的产品内涵，借中药牙膏的身份将自己定位于牙膏中的奢侈品，实现超过 50% 的年增长率，跻身牙膏十大品牌之一。①

(二)日化行业的广告投放

就近年来日化行业的广告投放而言，虽然日化业仍然是广告投放的主力，但总体广告花费份额日益缩减。② 同时，外资品牌和本土品牌在广告投放方面也呈现出较大的差异。

作为世界最大的广告主之一，虽然 2012 年宝洁仍然占据27.2% 的广告份额，但广告花费呈现明显下降趋势。③本土品牌则纷纷逆市突围，在浙江卫视《中国好声音》招标会上，国内老牌日化企业上海百雀羚日用化学公司力压国内其他企业，以 7 000 万元拿下《中国好声音》第二季独家特约。在此之前，百雀羚已经在江苏卫视《非诚勿扰》有过大手笔的广告投放。④ 湖南卫视 2012 年广告中标的日化企业也超过 10 家，自然堂仍居榜首，总标额达 2.7 亿元；珀莱雅位居第二，至少 1.3 亿元。⑤

外资品牌和本土品牌除了在传统媒介的投放力度呈现出不同外，在新媒体的运用方面也呈现出较大差异。借 2012 年伦敦奥运

① 李强：《牙膏市场的发展及趋势》，《口腔护理用品工业》2011 年 4 月。

②③ 荣昌传播：《媒介研究周刊》《2012 年初广告市场投放分析》，中国广播广告网，http://www.cnr.cn/advertising/gnggxx/201205/t20120507_509565445.html，2012 年 11 月 11 日。

④ 南方都市报：《宝洁压缩电视广告 本土日化逆势突围？》，21 世纪网，http://www.21cbh.com/HTML/2012-11-6/5MNDE5XzU1NTY5MA.html，2012 年 11 月 11 日。

⑤ 汪玮：《限娱令下日化广告竞标热捧"剧场"》，化妆品财经在线，http://www.cbo.cn/bencandy.php?fid=2&id=11972，2012 年 11 月 11 日。

会之际,宝洁在全世界范围掀起一场 174 年来最大的品牌营销活动"感谢妈妈,为母亲喝彩!",对数字媒体给予了前所未有的重视。欧莱雅、联合利华等跨国日化巨头也早就重视并布局数字媒体。但大部分本土日化品牌还停留在传统营销层面,对此,营销专家表示:外资品牌注重的是传播品牌,与消费者进行更好的沟通;本土品牌注重的是创造销量,牢牢绑住经销商代理商;目前日化行业进入消费者创造市场的时代,作为与广大消费者沟通最具创新性和革命性的手段,数字媒体的开发利用将是大势所趋。①

就牙膏行业而言,自 2011 年 6 月至 2012 年 5 月,据浩顿英菲在其监测评审的 574 则日化类电视广告中,宝洁公司的广告就占 104 则,占比 18.1%,口腔护理产品的广告有 10 则,占宝洁公司广告的 9.6%。除了在传统的媒体上投放广告之外,在新媒体方面,佳洁士借助网站大力传播,例如与视频网站酷 6 合作,借助人人网展开社交营销。此外,佳洁士更开通官方微博,借力微博进行营销。② 与之相对应的是,本土品牌则缺乏这方面的作为。

洞察市场先机一直是品牌发展的制胜点,尽管本土品牌凭借传统的中草药优势扳回一局,但失掉了全新的"新媒体战役",也就意味着本土品牌在未来失去和消费者,尤其是年轻族群,沟通的最佳途径。

(三)牙膏行业发展建议

1. 树立特色,明确产品定位
在本土品牌和外资品牌最初的竞争阶段,除了打价格战和模

---

① 王晓梅:《日化巨头布局数字营销 本土品牌加速与新媒体对话》,中国化妆品网,http://news.c2cc.cn/rihua/data/201205/548670.htm,2012 年 11 月 11 日。
② 《佳洁士广告营销的启示》,中国洗涤化妆品周报网,http://www.360xh.com/weekly/show-htm-itemid-2722.tml,2012 年 11 月 11 日。

仿，本土品牌几乎缺乏有效应对策略。看到佳洁士进行认证，于是联合起来进行认证，没有意识到"认证"只是佳洁士营销策略中的一环，反而将"认证"作为提高销售业绩的法宝，因而一再陷入被动局面中。

向牙防组捐赠了 1 200 万元的雪豹牙膏，本是国内唯一含有活性生物蛋白酶的牙膏，和其他品牌相比，具有清晰的品牌优势，活性生物蛋白酶对于杀死细菌，保护口腔，防止刷牙时牙齿出血都有很好的效果。但是雪豹却盲目模仿佳洁士，以为有"证"就万事大吉。

2010 年，云南白药牙膏销售额突破 10 亿元，创造了牙膏行业的销售奇迹，甚至引发牙膏业的重新洗牌，而它们所运用的营销策略都是结合企业自身的特色，寻求差异化的发展方式，更重要的是，他们把握了消费者潜在的消费需求，从而找准了自身的市场定位。

由此可见，寻求差异化，根据品牌自身的特色找到市场定位，才是本土牙膏企业成功最重要的法宝。

2. 纵横捭阖，建立行业标准

本土牙膏企业想要发展，不完全被外资企业所吞并，还应该树立合作共赢的观念。就目前的市场情况来看，单一品牌想要和实力强劲的外资品牌抗衡几乎是天方夜谭，因此，本土品牌要崛起，就必须互相联合，发挥本土品牌的优势，建立行业标准，提高准入门槛。

正如蓝天集团总经理梁玉树所言："从销售理念、市场投入和经济实力各方面都来势汹汹的国外品牌实力雄厚。为了培育品牌，他们敢于赔钱，铺天盖地的广告投放更是为品牌形象的树立打下了坚实的基础。国产品牌大部分为地域性的企业，根本就没有这种能力去投入。"基于这种现实状况，蓝天于 2005 年 10 月完成了与国产日化品牌立白的整合，欲形成合力与国外品牌抗衡。[①]

就目前的市场情况来看，本土企业的竞争优势体现在中药草本

① 舒兰：《"吃嘛嘛香"的蓝天六必治》，《广告主市场观察》2008 年第 12 期。

方面,但是由于每家企业都在消耗这一概念,行业内缺乏统一的标准,导致竞争混乱,反而给中草药牙膏带来负面的影响。外资企业凭借先进的科研技术,雄厚的研发资金也不断推出中草药牙膏,凭借强劲的广告攻势力图抢占这一市场。

因此,本土企业应该尽快携手合作,为中草药牙膏制定严格的行业标准,从而规范竞争。

3. 把脉市场,瞄准消费需求

首先,就消费者需求而言,据调研报告指出,中国口腔护理市场最大的特点是喜欢用带有草药味的产品。天然、草药牙膏在中国是主打类型,在2008年的销量比为30%。包括高露洁在内的主导品牌也推出带有莲叶和金银花这类充满异域风情材料香味的草药牙膏。

其次,就市场已有品牌而言,主流品牌都各自有其清晰的市场定位,例如黑人牙膏——洁白牙齿、清新口气,LG竹盐牙膏——天然、健康,云南白药牙膏——百年国药等等。大部分品牌都瞄准受众的特定需求来定位产品。

再次,就市场区域而言,目前各大品牌都在下沉渠道,向三四线城市和农村地区进军,这一片广阔的市场蕴含无限的机遇,了解这一市场中消费者的需求,抢先占据这一片市场也许是本土品牌未来发展的决胜点。

最后,也是最关键的一点,把握消费者的消费心理。对消费者消费心理的研究一直是中国民族日化品牌的"死穴",很多企业家都没有认识到消费者心理研究的重要性。[①] 企业应当重视市场调研,锁定目标消费者,深入沟通,从而洞察消费者的消费心理,为品牌发展做出精准的规划。

4. 诚信经营,履行社会责任

牙防组风波也为本土品牌上了诚信经营的一课。如果说普通

----

① 史亚娟:《民族日化:美丽行业夹缝中求生存》,《创新时代》2012年第1期。

消费者不了解牙防组的性质,这些和牙防组渊源颇深的牙膏企业则不可能不了解。说到底,这些牙膏企业不过是要一张"全国牙防组权威认证"的皮,只要能忽悠住消费者,里面是什么,他们并不太关心。

缺乏社会责任感也是本土牙膏企业在和外资品牌竞争中败下阵来的原因。在20世纪90年代,当中华、两面针和黑妹三大国产品牌还具有绝对优势的时候,高露洁和佳洁士已经开展了大量宣传维护口腔健康的公益活动,为儿童和农村地区的口腔保健做出了诸多贡献。

2011年,蓝天六必治成为了我国牙膏行业第一个百年老字号的品牌,但是这样的百年老字号,却鲜有传递企业社会责任的公益活动,甚少主动回报社会。

缺乏诚信经营观念,缺乏社会责任感的企业在市场的竞争中又如何能赢得消费者的青睐呢。面对外资品牌的竞争,本土品牌犹如逆水行舟,不进则退。

娃哈哈爽歪歪广告语事件

2006 年,随着娃哈哈集团的新品"乳娃娃"和"爽歪歪"上市,其电视广告迅速登陆央视与各地方台。一时间,"我要乳娃娃,我要爽歪歪"的广告语响彻大江南北。但这则广告一经播出,立刻在网络上掀起层层热浪,讨论的重点主要集中在"爽歪歪"一词的闽南语语意,众家各执一词,在论坛、贴吧里展开论战。大众舆论多数倒向反对的一方,专家学者们也纷纷表示此广告语不妥,娃哈哈集团则认为有人恶意中伤,广告语创意人表示并不知道该词汇的闽南语语意。

一、事件回放

2006 年年初,娃哈哈集团研发出新型的发酵型益生菌含乳饮料,定名"乳娃娃"和"爽歪歪"。3 月,爽歪歪面市,娃哈哈集团开始在央视少儿频道和各地地方台(如湖南台)以及公交、地铁车载电视投放爽歪歪广告。

"爽歪歪"的电视广告内容大致如下:在俏皮欢快的音乐声中,几个衣着鲜亮的孩子围着和自己一般高的爽歪歪饮料瓶,一个饮料瓶说:我叫乳娃娃,另一个饮料瓶说:我叫爽歪歪,画外音是:装满酸奶维生素,百亿活性益生菌。然后每个小朋友一边亲吻爽歪歪,嘴里一边抑扬顿挫地重复喊着"爽歪歪!"三个字。

整个广告的气氛十分欢乐，"爽歪歪"的饮料外包装被拟人化，与可爱的孩子们共同构成整个画面。儿童广告气氛欢快本无可厚非，但问题出在广告用词上。爽歪歪①，在普通话中主要指快乐、畅快的感觉。而在闽南语（福建、台湾地区主要讲闽南语）中，"爽歪歪"却有其特殊含义。

（一）论坛热帖引发全民讨论

"爽歪歪"的广告语一出，立刻就有人敏感地察觉到该广告用语可能存在问题。天涯论坛可查的最早的反对声音来自"猪也爱美"于 2006 年 3 月 14 日发布的帖子《有没有人觉得娃哈哈那个爽歪歪的广告很恐怖》。此贴一石激起千层浪，陆续有帖子跟进。

在 2006 年 5 月 18 至 21 日，关于爽歪歪广告的帖子数量最为密集，达到讨论的高峰。这些帖子的浏览量从几十到几万不等，帖子累计回复最多达到 211 条。此外，爽歪歪广告语事件的帖子还一度登在天涯论坛首页。百度可以搜索到的相关的新闻报道也主要集中在这几天。至此，爽歪歪广告引起全民热议。在这场论战中，重点主要集中在"爽歪歪"的闽南语语义上，各家观点不尽相同。

众多网友较为鲜明地分为两派，一派网友认为爽歪歪广告用语粗俗，污染儿童，企业无德只看利益。一位孩子的母亲在天涯发贴说"恶心至极的广告创作者，请别再荼毒我们的孩子"，她表示："作为一个母亲，希望孩子能在一个健康的环境下成长，希望国家的监管部门在审批广告的时候，想一想，这样的广告对孩子会不会有影响。"网友"人群中的眼神"在天涯发表文章《娃哈哈"爽歪歪"——2006 有望的作呕广告之首》，批判广告创意者的无脑，该文被评为

---

① 爽歪歪：《现代汉语词典》中并无该词，其主要存在于闽台地区，意指男欢女爱之后的快感，常被视为下流的话，平时使用较少；现在运用时多单取"爽"字义，指很畅快、舒爽的感觉。

《天涯杂谈》的"一周要闻"。

另一派则为娃哈哈集团申冤，认为许多人小题大做，网友"南方列车"发帖《谁把"爽歪歪"关进现代文字狱》，累计点击达到 11 733 次，累计评论为 211 条，其主要观点是"我们想太多"，认为不该用成人眼光去评价这则儿童广告，在普通话中爽歪歪已经褪去了闽南语义。

部分网友持反思的态度，思维并不局限于这个广告，而是站在更高的角度，呼吁商家与广告商的社会责任感，呼唤社会对儿童权利的关注。

与此同时，纸质媒体和网络媒体纷纷转载《江南时报》的报道《"爽歪歪"被指用语淫秽，广告创意要有底线》①和《娃哈哈广告语"爽歪歪"被指属淫秽用语》②。这两篇报道简单回顾了爽歪歪广告语事件，陈述了网友及专家的观点，媒体批判色彩浓厚，反对态度倾向明显。

在《江南时报》的报道中，北京大学中文系的王福堂教授指出："爽"字本身在闽南语中出现的语境就是男女性生活后。在普通话中，"爽"字只是表达比较高兴、痛快，并无特别的语境要求。他认为让几个天真的娃娃在荧屏上大喊"爽歪歪"实在不妥。

凤凰时评阮次山也指出："爽歪歪"是台湾特有的词语，指男人射精时的快感，是粗话。近年来，"爽"在大陆流行，谁都不知道它的最初含义，"娃哈哈"广告让一群小孩喊"爽歪歪"！非常不合适。③他为此呼吁大陆停止使用此广告宣传语。

① 赵学勤：《"爽歪歪"被指用语淫秽，广告创意要有底线》，《江南时报》2006 年 5 月 21 日。

② 新华网：《娃哈哈广告语"爽歪歪"被指属淫秽用语》，http://news. qq. com/a/20060703/002007. htm，2012 年 10 月 23 日。

③ 邰海巍：《性暗示广告遭禁 蚁力神、爽歪歪暗示了啥？》，《青年周末》，http://finance. ce. cn/law/home/fzsp/200708/09/t20070809_12449184_1. shtml，2012 年 11 月 24 日。

(二)有人恶意操纵还是广告确实欠妥

爽歪歪广告引发舆论关注之际,娃哈哈集团对此又作何反应呢?2006 年 5 月 19 日,《北京晨报》记者刘春蕾曾致电杭州娃哈哈总公司了解态度,娃哈哈市场部陈部长表示,他们早就注意到网上的讨论,虽无证据,但怀疑有人恶意操纵。"爽歪歪"这个词到底从何而来,具体释义有哪些,陈部长本人表示并不清楚。

与此同时,爽歪歪广告的创意人俞建成专门发博客,声明其并不知道"爽歪歪"一词的方言意义:"试问,偌大的中国,知道闽南话的人有多少? 知道闽南话方言的人又有多少? 可以说微乎其微。再退一步说,'爽歪歪'这个词被用在性爱后,也是没法考证的。是不是每个广告人在策划广告语前都要翻翻字典,看看是不是触犯了'性爱'这个禁区,还要极力地去避免? 何况,全世界又有多少种语言,多少种方言? 字典上又岂能查到方言?"他认为爽歪歪广告是一个成功的广告,将爽歪歪与性爱联系在一起是大家想歪了,而不是词歪。

关于这则引发争议的广告得以在央视播放的原因,央视广告部工作人员称:目前在电视台播出的生活用品类广告一般都是播出媒体的广告部按国家《广告法》审查,只要不违章、不违纪都可以播出。不过,也有些广告播出后受到观众质疑或不被大多数观众接受,电视台会停播重审。目前娃哈哈"爽歪歪"的广告还没有到这个地步。

尽管爽歪歪广告在新闻报道和论坛上被炒得沸沸扬扬,最终却不了了之。爽歪歪广告并未停播,只是进行了微小的调整,"爽歪歪"的广告语也被保留。至 2006 年 7 月,爽歪歪销售额达到近 5 亿。娃哈哈集团制作了另外几只爽歪歪广告,其中包括谢娜主演的爽歪歪广告,除了强调口味和营养之外,更是大喊将"爽歪歪"进行到底。

二、爽歪歪广告语事件背景分析

(一)爽歪歪的产品属性以及市场定位

爽歪歪是娃哈哈集团于 2006 年年初开发的发酵型益生菌含乳饮料,①含乳饮料还可称为乳(奶)饮料、乳(奶)饮品,②分为配制型含乳饮料、发酵型含乳饮料和乳酸菌饮料三类。爽歪歪属于发酵型含乳饮料。

在中国,含乳饮料兴起于上个世纪 80 年代,因其风味独特、口感清爽、品种丰富,近年来迅速受到青少年的欢迎,每年的增长速度几乎都在 20% 以上。娃哈哈、乐百氏等都是含乳饮料的知名品牌。

娃哈哈集团将爽歪歪定位为儿童饮料,宣传此饮料含有钾、钙、锌等多种矿物质及维生素 A、D 和维生素 B3、B6、B12,其宣传中还说该饮品中添加了牛磺酸,经过优质益生菌发酵后,口感更滑爽、营养更易吸收。爽歪歪的目标消费群体为几岁到十几岁的儿童,一如爽歪歪广告中的儿童形象。

(二)2006 年国内含乳饮料市场概况

1. 含乳饮料市场竞争激烈

截至 2006 年,国内的含乳饮料产品主要包括伊利的优酸乳系列、双果奇缘系列、儿童乳饮料系列,蒙牛的酸酸乳、酸甜爽、完达山的酸牛奶饮品、可可牛奶饮品、咖啡牛奶饮品、加锌牛奶饮品,龙丹的可可奶、椰奶、巧克力奶、CCP 活力钙乳饮料,娃哈哈的 AD 钙奶

---

① 2008 年 11 月 1 日开始实施的含乳饮料国家标准 GB/T 21732—2008 中,将含乳饮料定义为:以乳或乳制品为原料,加入水及适量辅料经配制或发酵而成的饮料制品。

② 翟光超:《含乳饮料概述》,《农产品加工学刊》2011 年第 12 期。

饮料、果奶,乐百氏的 AD 钙奶饮料,美乐多的全发酵型乳酸菌饮品,金星的酸奶含乳饮料,"露露"杏仁露、"双歧王"非凝固型酸奶饮料、"得乐多"乳酸菌饮料、"米奥渴"果汁奶。[①]

以上提到的这些产品,除配制型含乳饮料会因为果汁或咖啡等特殊添加使得产品口感上差异相对大一些,大多数含乳饮料的口感大同小异。商家无不希望自己的产品有独特卖点,尽管产品之间的实际差异并不明显,但他们还是绞尽脑汁使用独特的名字与包装,以期脱颖而出。消费者对商家的良苦用心似乎并不敏感,他们很难讲清楚 AD 钙奶和酸酸乳的差别。

2001 年年底中国加入 WTO,我国从国外进口奶粉及乳制品的比例随之呈上升趋势,这也势必对国内含乳饮料市场造成冲击。

2. 中国含乳饮料市场发展空间巨大

虽然国内含乳饮料市场竞争激烈,但仍旧存在巨大的市场空间,中国的人均乳制品消费水平还远低于发达国家。含乳饮料大多以儿童为主要的消费者,成年消费群体尚未得到开发。娃哈哈集团一直就是儿童含乳饮料市场的领军力量,自然不会放弃"儿童"市场这块大蛋糕。娃哈哈集团选择在 2006 年推出"爽歪歪"儿童益生菌含乳饮料,亦是固本夯基之举,希望巩固在儿童含乳饮料市场中的地位。

儿童含乳饮料众多,同质化严重,这是危机,也是挑战。

(三)儿童广告行业背景分析

1. 儿童广告创作水平不高

根据美国广告自律性组织儿童广告审查机构的定义,儿童广告是"在所有媒体上发布的以儿童群众为受众的广告"。我国《广告审

---

① 李娜、李兴民、刘毅:《含乳饮料的发展及产品介绍》,*Global Food Industry* 2006 年第 2 期。

查标准》第 37 条规定,"儿童广告,是指儿童使用的产品或有儿童参加演示内容的广告"。儿童广告"主要包括三种形式:(1)面向儿童的广告或对儿童的广告:主要指广告发布者用以宣传儿童专用商品与服务意图使儿童接收(看到或听到)的广告;(2)有儿童参与演示的广告:即有儿童表演、表达,包含儿童形象或声音的广告;(3)一切可能影响儿童的广告:主要指可能为儿童所接收并对其思想行为产生影响的广告,而不论其宣传何种产品,适合成年人抑或儿童。[1]

我国并未就儿童广告的创作提出明确的规范,加之法律法规的不健全,使得广告人在进行广告创作的时候并无参考依据。儿童广告创作尚无明显边界,这为创作者提供了更大的创意空间,但创意失误的几率也增加了。儿童广告直接面向儿童,其背后是为产品买单的父母,广告对象的双重性本身就是儿童广告创作的难题。不论是广告文案还是创意,中国的儿童广告的整体创作水平相对较低。

2. 国内儿童广告相关法律法规不健全

儿童消费群体隐藏着巨大商机,许多商家将希望寄托在广告上,娃哈哈集团自然不甘落后。但我国在儿童广告方面的管理现状却不容乐观,很多专家指出,我国儿童广告立法滞后,《广告法》中只有"广告不得损害未成年人和残疾人的身心健康"此一条原则性规定,《烟草广告管理暂行办法》中规定烟草广告中"不得有未成年人形象"。我国的广告行业自律性组织主要是中国广告协会及各级广告协会,中国广告协会行业规范《广告宣传精神文明自律规则》第 8条明确就儿童广告进行规定,大致与《广告审查标准》中的规定相同,[2]内容宽泛,对于儿童广告的切实管理并无实质意义。

---

① 马浩丹:《论对儿童广告的法律规制》,《法学研究》2010 年第 9 期。

② 欧树芳、李红梅:《借鉴国外经验 规范儿童管理》,《工商行政管理》2004 年第 7 期。

正是这些宽泛而模糊的法律与规范,给了商家打擦边球的机会。出现问题的时候,相关部门即使进行管理,也将一头雾水,因为他们难以从法规制度中寻找到界定儿童广告的具体规范以及惩罚标准。

三、爽歪歪广告语事件反思

儿童广告是值得全社会关注的严肃话题,"爽歪歪"被定位为儿童含乳饮料,儿童作为特殊的目标消费群体,其广告因为广告语的多重含义备受争论。爽歪歪广告语事件展现给我们的,不是简单的广告用语不当,还有中国广告法律的不健全,企业与广告人社会责任的缺失以及文化意识的淡薄。

(一)儿童广告用语要重规范、讲伦理

笔者曾经分别找到几位台湾朋友和福建闽南居民进行了随机咨访,他们对爽歪歪一词的解释,多为"很开心,很爽"的意思,对于其所含男欢女爱的快感一义,在被提醒时才想到,他们表示这个词有些下流,平时很少使用。对于孩子喊"爽歪歪"一词,他们较为宽容,认为孩子说这个词汇很可爱,"只要不往成人方向考虑就好了"。由此可见,"爽歪歪"一词虽含隐晦之义,但使用频率相对较低,人们更愿意接受其"爽快、痛快、开心"的含义。

广告具有经济和文化的双重属性,广告语言不可能脱离社会文化背景而存在。所以广告策划者在进行广告创作时,要充分考虑其文化属性,不能单凭主观臆想去判定广告用语的意义。因在闽南语语境中具有特殊含义,"爽歪歪"的广告用语的确欠妥,但是全国大多数地方并没有这一类用语禁忌。很大程度上,爽歪歪的广告效果还是值得肯定的。但我们并不能因此而忽略爽歪歪在广告创作过程中存在的问题以及娃哈哈集团在整个广告事件中难以让人满意

的表现。儿童广告用语的选择,既要充分考虑儿童的接受特点,又要顾及语言的文化属性,切不可简单因为"朗朗上口"、"简单易记"就马虎定夺。广告人和企业主应该努力为了儿童广告的健康成长而在语词上多加斟酌。

学者长期对儿童心理进行的研究显示:儿童对外界信息认知具有低辨别性和高模仿性的特点。对北京市小学生的一项调查显示,儿童对电视广告的反应顺序为:(1)模仿广告词,占49.4%;(2)无明显反应,占27.5%;(3)求购行为,占19.6%;(4)不相信,占11.4%;(5)其他,占8%。这项调查表明,儿童观看广告的文化因素动因占到49.4%,而购物指南因素动因只占19.6%①。

儿童的心理表现比任何的人生阶段都要低控制、低识别、高情绪化。爽歪歪广告音乐欢快,色彩艳丽,爽歪歪ABB式句型的广告语在广告中反复出现,简单易记,符合儿童的记忆与接受特点,这可能是其广告深受儿童喜爱的主要原因。

儿童广告受众特殊,要格外注意道德、伦理、价值观等问题,不能单纯地利用儿童的心理弱点来追求广告利益。广告人要以职业道德为标杆,创意时应充分了解广告语的文化背景,以免广告投放后造成不良的社会文化影响。爽歪歪广告的创意人在未进行语言文化背景调查的情况下而直接使用"爽歪歪"这个词汇,这种凭借主观臆断进行广告创作的行为是非常不专业的表现。

(二)加快儿童广告法律规范进程,发挥民间组织的力量

1. 风波非乍起,法律规范应被重视

2006年,蔡自兴、王克英、侯希贵等11名委员就曾经联名提案要求禁止儿童广告。就社会环境来看,禁止儿童广告的可能性

---

① 杨桦:《儿童广告 盼望一阵绿色的风》,《人民政协报》2006年10月16日。

相对较小。我们所能做的就是做好儿童广告,将可能发生的伤害降到最低。

世界上许多国家都对儿童广告做了明确的法律规定,他们不但具体规定了广告内容,甚至对广告的播放时间也进行了规范。英国政府在《独立广播局法规》中指出:"任何产品或服务的广告或任何广告方式都不能与针对儿童的节目或许多儿童可能收看的节目联系起来,这样做有可能危害儿童的身心健康。不得利用儿童易轻信和忠诚的天性以广告进行诱骗。"美国联邦传播委员会在《儿童电视报告与政策声明》中规定:"儿童电视节目可播出的广告数量必须减少,周末每小时广告数量最多为 9.5 分钟,周日每小时最多为 12 分钟。"荷兰禁止用 14 岁以下的儿童作糖果广告,在任何情况下,糖果广告只能在晚上 7 点 55 分以后才可播放,且要提醒食后刷牙。

严格的法律规范正是一个国家对儿童权利保护的最重要体现,对商家以及广告商来说,这也是最主要的约束手段。

日本《报纸广告伦理纲领》在针对儿童的广告表现上有如下规定:"广告应该切实重视儿童的想象力,不应使儿童产生不切实际的幻想;广告应高水平、真实地宣传介绍商品;广告应努力促进友爱与亲善,改善人类之间的关系,以此向儿童传播知识;广告不应有轻视儿童双亲之类的内容;在所有的广告中,都不希望引导孩子们进行商品交易。"从这则规定我们可以清晰地感受到一个国家对儿童成长与发展的关注与重视。

广告审查与监管制度的建立,将可以有效地过滤掉不合格的儿童广告,尽可能阻止类似"爽歪歪"广告的再现。经济要发展,法律也要进步。没有规矩不成方圆,脱离了约束与规范的经济的快速发展,对社会来说可能是潜藏的灾难。

2. 发展民间组织监管儿童广告

关于儿童广告的监管,不能单纯依靠国家制定法律法规来规范以及行业自律，更要发展民间组织，借助社会、网络的力量来规范商家的行为，保障孩子们的利益。

民间组织是人类进入 20 世纪后，为解决社会发展的新问题而进行的一项重大组织创新。在社会学的视角上，民间组织"不是关注利益冲突、权力抗衡，而是关注人们本原的生活，关注社会纽带的建设、信任与互惠基础的产生，关注对需要者提供服务的慈善行为与自己的事情自己治理的自信"。[①]

当今社会网络媒体发展迅速，许多社会事件都是从网络上一点引燃，然后扩散凝聚力量，最终促进事件的公开与解决。我们可以利用网络反应速度快、受众范围广等特点建立儿童广告网络监管协会，团结一部分关注儿童广告发展的专业人士与民间力量。这个协会应该具备一定的广告专业素质，能够准确地评定儿童广告的优劣，这个协会还应该拥有快速的舆论反应机制，以保证当出现违规的儿童广告时能够迅速做出反应。

同时，作为孩子的直接监护人以及最关心孩子成长与健康的人，父母们也可以通过社会网络建立起儿童广告监管组织，这样的组织因为利益的直接相关，将极大地提高监管的积极性与责任感。

儿童广告的立法及监管机制的建立与完善，将是一条漫漫长路，布满荆棘，但这不足以成为我们停止前进的理由。信息爆炸时代，妄图将孩子与各种广告隔离开来是不现实的，我们能做的只能是尽力保护孩子们稚嫩的心灵。

（三）媒体和企业要善于在自身利益与社会利益之间寻找平衡

爽歪歪广告语事件中，娃哈哈集团只是简单回应了记者的问题，以不了解"爽歪歪"原意搪塞，并未认真反省事件背后存在的漏洞。作为中国饮料市场的龙头老大，娃哈哈集团有责任有义务为身

---

① 王名、刘培峰等：《民间组织通论》，时事出版社 2004 年版，第 25 页。

后的其他企业做好榜样。一个优秀的民族企业不应只谈利润与效益,而应更多地关注社会效益与民族责任。中国的企业应该注重培养自己的文化内涵以及行业品德,为自己的品牌打有担当、负责任的标签。投放广告时,企业要充分考虑到广告的社会影响,单纯追求利益而不考虑社会影响的广告始终难逃消费者的责难。

此外,媒体应当担起责任,尤其是像央视这样的民族品牌,全国的电视台都在注意着它的一举一动。央视广告投标动辄几亿,商家之所以愿意花大价钱,就是看重央视巨大的影响力。而这些影响力的来源追根到底还是人民大众,媒体要对得起百姓的信任,牢记住群众的利益。媒体倘若认真建立严格、完善的审查体系并自觉遵守,就可以形成坚固的屏障,保护了儿童的利益,也保住了媒体的尊严。

四、行业现状分析与展望

(一)爽歪歪现状以及含乳饮料行业现状分析

2006年3月,爽歪歪面市,至今已经7年有余,爽歪歪广告语事件对娃哈哈集团以及爽歪歪含乳饮料并未产生明显的影响。娃哈哈集团7年来一直使用"爽歪歪"的品名,广告中没有停止过"爽歪歪"的口号。

爽歪歪在2011年顺利完成220亿瓶的销量目标,成为中国儿童含乳饮料市场的最大赢家。2012年,娃哈哈集团推出"新(锌)爽歪歪",开启孩子吃饭香时代,意欲打造以营养与健康为诉求的儿童含乳饮料品牌。儿童饮料市场依旧是娃哈哈集团的主战场。

表 1　2011 年 1—12 月全国含乳饮料与植物蛋白饮料产销总值①

指标名称	12 月	12 月与上年同比增长（%）	1—12 月累计	本期与上年同比增长（%）
工业总产值（万元）	666 993	32.72	6 550 669	37.53
工业销售值（万元）	705 290	37.69	6 464 825	37.70
产销率（%）	105.74	—	98.69	—
出口交货值（万元）	2 262	0.32	23 081	1.90
出口占销售份额（%）	0.32	—	0.36	—

　　2011 年全国含乳饮料与植物蛋白饮料总产值比 2010 年同比增长 37.53%，是全国含乳饮料行业中增长最快的分支。公开资料显示，含乳饮品，特别是乳酸饮料，是乳制品企业的重要产品种类，有的企业占其营销额的 30%，甚至更高，含乳饮料已经成为乳制品行业中的支柱产业。

　　从品牌结构看，含乳饮料市场品牌比较集中，主流品牌主要包括娃哈哈营养快线、小洋人妙恋果乳、伊利优酸乳、银鹭花生牛奶等。另外，后起之秀香飘飘也通过对含乳饮料市场的细分，成功实施了差异化切入。②品牌众多的含乳饮料市场竞争愈演愈烈，产品的同质化现象依旧严重。

　　从行业标准看，含乳饮料生产目前所沿用的标准是由中国饮料工业协会及蒙牛乳业、娃哈哈等企业参与起草并于 2008 年 11 月 1 日实施的《含乳饮料国家标准》。其中对含乳饮料的规定标准与我

①　2011 年 1—12 月全国含乳饮料与植物蛋白饮料产销总值，《饮料工业》2012 年第 3 期。

②　戚海军：《含乳饮料市场将发生三大裂变》，《中国牧业通讯》2008 第 16 期。

国含乳饮料行业的发展已经"不匹配"了。

从产品质量看,含乳饮料市场存在营养成分含量过低、卫生指标严重超标、添加剂过多等问题。"三聚氰胺"食品安全事件及2011年底娃哈哈营养快线"乳胶门"事件都暴露了中国乳品行业的弊端。

(二)含乳饮料市场前景展望

在经历了乳制品安全风波之后,含乳饮料行业已经渐渐回温,继续呈快速增长趋势,含乳饮料行业的整体发展前景良好。至2011年,这一品类共有高达1 500亿的市场份额,未来将保持15%～20%的高速增长。中国人均用奶量明显低于发达国家水平,乳品市场尚存在生长空间;含乳饮料口感独特,具有一定的营养价值,符合现代人的消费需求;整个乳品行业的环境的进一步升级,为含乳饮料行业的发展提供了良好的环境基础。

中国市场环境特殊,企业急需产品的研发与创新,在激烈的同质化竞争中脱颖而出。将来的含乳饮料市场将逐渐细化,其针对性与指向性将更加强烈。消费者的可选择项会越来越多,理性消费意识也将日益增强。在市场总份额既定的情况下,买方市场被细分,可能导致企业可得利益空间紧缩。

国内含乳饮料企业要能够准确地判断市场动向,了解消费者的需求,不断创新,开发新产品来吸引消费者的注意。对于品牌影响力、知名度较大的企业,可以利用品牌的号召力,中小型企业可针对区域性市场有的放矢,做好区域市场。

儿童含乳饮料市场鱼龙混杂,超市的儿童饮品专柜上的饮料产品名目众多,而其产品标准存在很多模糊不清的地方,行业内部亟待标准规范,需要国家的大力监管。

儿童广告是值得全民关注的严肃话题,它面向的是我们的孩子,影响的却是整个社会。广告不仅仅是商业行为,它具有文化属性,企业做广告的时候若只看到利益,是对行业责任的漠视以及群众信任的践踏。儿童广告在创作的时候不但要考虑儿童的用语习惯,更要考虑用语规范和伦理道德,切不可打文化擦边球。不管是制定法律,还是建立准则,都是为了孩子的健康成长与社会的和谐发展。

长沙半裸公益广告风波

2006 年 6 月 8 日，一幅为"粉红丝带"活动代言的公益广告，出现在长沙市区主要公交站台广告牌上。紫红色的背景映衬下，三名妙龄女子侧身而立，裸露上半身，一条飘逸的粉红丝带置于三者之前。广告中三位女主角分别是长沙电视台女性频道当家花旦陈丹、湖南教育电视台当红女主持许静和湖南涉外经济学院大三学生 Lisa。为配合粉红丝带，广告打出"聪明女人，多爱自己"的口号。画面右上方的"××妇科医院全程赞助"字样十分醒目，下方则是一系列支持媒体的 logo 和聪明女人热线电话。

这则广告虽是宣传公益，但惹人眼球的宣传照，女主角的特殊身份，争议颇多的赞助商，一时间引来长沙城里街谈巷议，闹得沸沸扬扬。

一、公益广告惹风波

面对公众的异议，6 月 10 日，长沙电视台在其网站上刊出暂停陈丹主持工作的声明。陈丹所在的长沙女性频道相关负责人表态称："我们坚决不同意主持人半裸代言。她是公众人物，就要为她的一切言行负责。"①对于医院的行为，该负责人表示，频道将会采取法

---

① 桑琴：《湖南女主持半裸拍广告续 当事人悔过返岗位》，《长沙晚报》，http://news.sohu.com/20060614/n243717716.shtml,2012 年 11 月 11 日。

律途径进行解决。① 当晚，长沙电视台新闻频道推出关于大学生 Lisa 半裸出镜问题的争议新闻，此举无疑给青春年少的女大学生 Lisa 带来强大的舆论压力。

6 月 12 日，陈丹发表道歉声明。众人一片哗然，口水战再度升级。各大门户网站也纷纷报道此事件，论战蔓延到全国。

6 月 20 日，许静和 Lisa 在接受《公益时报》特约记者采访时表示"无悔"，希望自己的行为能促进关爱女性乳房健康事业的发展。

策划此次公益广告的长沙某医院策划部主任莫凡表示，当初拍广告仅仅是这三个女孩子的个人行为。接下来，"粉红丝带"活动还会开展拍卖、讲座等一系列活动，医院将会继续开展此类公益活动。

二、"半裸"激起千层浪

这场广告风波中，"裸"无疑是关键词，围绕着这一中心点，公众各执一词，互不相让。

支持者认为，"粉红丝带"公益广告旨在通过展示女性身体的曼妙曲线，唤起人们对女性健康的关爱，其出发点是为了公益，不应被批判。有网友指出，既然是"防乳腺癌"的公益广告，怎么能把目光从乳房移开。如果一切女体的裸露都被视为对人性、道德的挑战，这道德公审方式就过于简单了。一位姓余的网友留言：在我们的生活空间，从雕塑、绘画、摄影到电影，从芭蕾到体操游泳等各种运动，都是在用不同的艺术语言展示人体美。是美的，就可以合理地展示，而且很有展示的价值，现在早已不再是非要用裹脚布把一切深深包起来的时代了。②

---

① 桑琴：《湖南女主持半裸拍广告续 当事人悔过返岗位》，《长沙晚报》，http://news.sohu.com/20060614/n243717716.shtml，2012 年 11 月 11 日。
② 桑琴：《湖南女主持半裸拍广告续 当事人悔过返岗位》，《长沙晚报》，http://news.sohu.com/20060614/n243717716.shtml，2012 年 11 月 11 日。

但也有很多观众并不买账。他们认为,不裸也能做公益,过于裸露让大家的视线都集中在裸体上,反而忘记了广告的主旨。一位网友评论到:我实在没看出关注女性健康和赤身裸体有什么必然的联系? 难道非要靠裸体美女才能让人们来关注女性健康吗? 难道女性除了这样就没办法关爱自己了? 这么多人赤身裸体出现在公共空间里,更像是一场闹剧,一次无聊的炒作,商业拙劣的包装。因为裸体之于目光,好比磁铁之于铁屑,裸体与艺术合谋吸引了眼球,美其名曰注意力经济。① 还有人指出,广告中使用的代言人是主持人和大学生,会对社会尤其是儿童带来不利影响。河南电视台公共频道主持人李雨璐认为:"三位女性有两位毕竟是电视台的主持,算得上是公众人物,她们的行为对公众会产生一定的影响。她们毕竟不仅仅是一般的艺人和演员而是主持人,代表了电视台的形象,主持人有义务维护这种形象。"②

从专业的角度分析,长沙市商管处的有关专家表示,根据广告法要求,广告内容不得出现违反社会主义精神文明的内容。这则广告拍得比较唯美、巧妙,从艺术的角度看,它传递的是美的信息。从广告法的角度看,它并未"触礁"相关法律规定。③

此外很多人批评这则广告的商业气息太浓,医院和媒体支持太过明显,整个广告主旨不明确,像是在为医院背书。北京大学新闻传播学院副院长、广告系主任陈刚认为:"目前,很多公益广告都贴上了商业标签,这是广告发展过程中不可避免的小插曲,随着市场

---

① 曾革楠:《公益广告半裸合适吗?》,《新华网》,http://news. sohu. com/20060614/n243735432. shtml,2012 年 11 月 7 日。

② 李枚、梁晨:《主持人半裸公益广告引风波 听一听各界人士怎么说》,《郑州晚报》2006 年 6 月 15 号。

③ 桑琴:《湖南女主持半裸拍广告续 当事人悔过返岗位》,《长沙晚报》,http://news. sohu. com/20060614/n243717716. shtml,2012 年 11 月 11 日。

的成熟会逐渐规范。"①

　　这次风波的出现并非偶然,有其背景。粉红丝带活动在中国迅速开展,女性对自己乳房健康有了新的认识,渴望得到更多的健康的关爱。由于名人代言广告具有较强的号召力,粉红丝带活动希望能借此让更多的人了解和支持乳腺癌防治活动。但是我国公益广告令人担忧的现状为这次风波埋下了伏笔。

三、风波发生的背景

(一)粉红丝带活动

　　粉红丝带运动,即于 1992 年 10 月由雅诗兰黛集团资深副总裁伊芙琳·兰黛和美国《自我》杂志主编彭尼女士共同首创的以佩戴"粉红丝带"为标志的全球性乳腺癌防治运动。当年美国各地成千上万名妇女自豪地在胸前佩戴上粉红丝带,在她们的倡导下,"粉红丝带"成为全球乳腺癌防治运动的标志,每年 10 月为世界乳腺癌防治月或警示月,每年 10 月 18 日为防乳癌宣传日,10 月的第三个星期五定为粉红丝带关爱日。"及早预防、及早发现、及早治疗"是粉红丝带乳癌防治运动的宗旨

　　2003 年 10 月,上海黄浦江上一艘镶满粉红色彩灯的游轮让中国人第一次领略到"粉红丝带"的风采,"粉红丝带乳癌防治运动"正式进入中国。2004 年,粉红丝带从淡粉红换成热力粉红,粉红丝带乳腺癌防治运动在中国热力升温。"粉红丝带"迈出国界,飘出始创领域,为全球所共有。

---

　　① 新浪网:《女主播半裸公益广告惹争议　明星专家上阵支招》,《新闻午报》,http://ent.sina.com.cn/v/m/2006-07-20/11201165152.tml,2012 年 10 月 20 日。

2005年《时尚健康》杂志刊登了邬君梅、钟丽缇、李冰冰全裸代言的"粉红丝带运动"公益大片引起很大的震撼。此后每年的10月,《时尚健康》都会邀请三位当红女星担任粉红公益大使,推出宣传乳房保护的裸体公益广告。越来越多的演艺界的明星、体育名人、政界人士、社会名人投身这个活动。女明星全裸代言"粉红丝带活动",成功唤起了人们对粉红丝带公益活动的关注,成为让更多女性感受到温暖与关怀的有力形式。

（二）我国公益广告的尴尬现状

相对于西方国家,我国公益广告起步较晚,且不成熟。自1986年贵阳电视台摄制播出的"节约用水"公益广告以来,经过几十年的发展,中国电视公益广告呈现出政府和相关部门的组织管理力度加强,媒体搭台、企业唱戏、新闻栏目插播公益广告、公益广告大赛如火如荼进行、公益广告与重大历史事件同行等特点。①

在取得某些成就的同时,我国公益广告陷入与为民服务的初衷相悖的尴尬境地。

1. 公益广告运行机制缺失

我国的公益广告是以政府为主导,行政色彩浓厚,其他主体无法明确其职,缺乏义务与参与意识。行政调控容易造成广告投放的盲目性和季风性,也影响广告的创意,很难出精品。第三方组织不能发挥应有的作用,公益广告监管机制混乱。这些问题导致我国公益广告市场混乱,作品良莠不齐,受众对公益广告的尊重程度非常低。

2. 公益广告资金的缺乏

公益广告缺乏明确的资金来源,只靠政府的投入远远不能满足社会对公益广告的需求。充足的资金是公益广告制作和投放的最

---

① 李振寰:《新世纪以来我国公益广告传播者思考》,《广告大观》(理论版)2010年第2期。

基本要求。资金匮乏同样会影响到公益广告的创意水平、制作品质以及投放载体和强度,鼓励企业投入公益广告则导致商业化公益广告和公益化商业广告大行其道。"公益广告在传播过程中打上了深深的商业烙印,影响了公益广告的纯粹性,一定程度上欺骗了受众的感情,很有可能使人们对公益广告所宣扬的伦理价值观产生怀疑和不确定"。① 如此一来,公益广告的社会职能便会削弱,甚至沦为企业的谋利工具。

3. 受众意识淡薄

目前,我国的公益广告创意和制作的总体水平不高,同质化严重。随着我国受众的自我意识、审美意识不断的提高,目前的公益广告水平并不能满足其"期待视野"和审美需求。为了吸引眼球,产生注意力,许多公益广告开始打擦边球,挑战舆论和社会公德的极限。饱受"摧残"的受众对这些公益广告越来越冷淡,甚至发展到漠视的程度。

四、风波背后的思考

(一)"裸"与公益广告的"商业化"

基于我国公益广告整体发展水平低的现状,国家积极鼓励企业参与公益广告的制作、投放、发布,一来可以增加公益广告的资金来源,提高公益广告的质量,增加数量;二来可以增强企业的社会责任感,促使其履行相应的社会义务。对于企业来讲,市场日益复杂,抛弃硬性广告,采用软性营销方式来树立形象增强受众好感度,也是大势所趋。

从1994年《广而告之》栏目邀请企业进行冠名后,更多的企业

---

① 段新洒:《中国公益广告二十年历程回顾与未来展望》,南京师范大学硕士论文2008年,第25~26页。

以多样的方式投入公益广告事业。企业的加入,虽然繁荣了公益广告市场,制作出不少精品,但"商业化公益广告"和"公益化商业广告"混杂的现象也日趋严重。

"公益化的商业广告",是企业的软广告,指在广告市场同质化越来越严重的情况下,企业通过对社会热点问题、现象、传统情感美德及基本价值观的折射获得受众的认同,不动声色地传播产品或服务。①"商业化的公益广告"指为了获取更长远的发展,公益广告出售一定的权益给利益主体从而获得更高的创作水平、更广的传播范围的广告形式。②二者的共性是集"公益性"和"商业性"于一体。"商业性"和"公益性"的博弈影响着受众对公益广告的感知,影响着公益广告社会功能的实现。

1. 影响公益广告的纯粹性

公益广告商业性过多会影响公益广告的公信力,使受众产生抵触情绪。长沙半裸粉红丝带广告中吸引人眼球的裸体照片与时下某些明星为博出名的炒作套路类似。发起者又是长沙市某医院,"××妇科医院"、"支持媒体"等字样占据了显眼的位置,浓厚的商业气息不由得让人怀疑广告的真实目的。

粉红丝带活动一般会在每年的 10 月份开展,长沙的这次广告投放在 6 月份,因此,难免会有受众认为这是医院和明星为了出名和获利而联手炮制的一场事件营销。北京大学新闻传播学院副院长、广告系主任陈刚认为这则广告打了一个擦边球:"第一眼看这个广告,我以为是洗发水或者洗浴广告;第二眼,我觉得是个为女性服务的医院广告;第三眼,看了广告词,我才觉得它像公益广告,可惜广告词还很隐晦,更偏向医院方面。"面对商业气息如此浓厚的公益广告,受众很难产生共鸣,对其所宣扬的观念和价值观恐怕也很难苟同。

---

①②　段新洒:《中国公益广告二十年历程回顾与未来展望》,南京师范大学硕士论文 2008 年,第 20～21 页。

2. 占有公益传播资源,不能谋利于民

公益传播资源被占用,媒体和企业合谋从中牟利,本该受益的社会和公众反而成为受害者。公共资源是有限的,要合理利用才能将公益广告的效应发挥好。长沙半裸公益广告画面中,"××妇科医院"、"支持媒体"等占据了很大的空间,观看者的注意力首先被半裸的广告人物吸引,其次,是某某医院和支持媒体,本来应该受到关注的粉红丝带却因为所占空间小和不显著而被忽视。这样一来,广告的公益效果便大打折扣。受众记住了医院,却不记得粉红丝带倡导的关爱乳房健康。人民网特约评论员徐启建认为:"就整个'女主持人半裸广告事件'来说,时尚、前卫、肤浅的花哨显然是代言不了严肃深沉的公益文化的,它们代言的只能是在某个角落里'偷着乐'的商家。"长此以往,公益广告成为商家的"顺风车",而社会和受众却要为此买单,最后公益广告也会变得不受欢迎。

我国公益广告发展本来就困难重重,再失信于民,前途更加堪忧。政府、广告主、广告公司在公益广告的制作、审批等方面应该慎重处理好"商业性"和"公益性"的关系,促进公益广告的发展而不是阻碍。

(二)"裸"与受众的期待视野

任何一部作品,不论先前创作得多么生动活泼、多么完美,总会有很多"空缺"或"空白点"。受众并非铁板一块,而具有特定的文化心理结构、实践能力和主观能动性。接受作品时,受众都有期待视野。读者原先的经验、趣味、素养、理想等因素综合促成对作品的欣赏期待和欣赏水平,表现为潜在的审美期待。[①] 阅读文本时,人们总是从期待视野出发,这就影响甚至决定了受众对作品的选择、理解和阐释。作为审美客体,广告作品内在的意义通过读者接受活动中

---

① 吴定勇:《接受美学视野中的都市报新闻传播策略》,四川大学博士论文 2005 年,第 28 页。

"视界的改变"来实现。广告作品与受众的期待视野一致,受众会理解广告传达的真实意图,与受众的期待视野不一致,受众会调动主观能动性,用期待视野重新解读该广告作品。

　　网易财经关于长沙公交车站的粉红丝带半裸公益广告事件进行的调查结果显示,该广告并不尽如人意。28.34%的人认为此广告"太猛了吧",17.27%的人表示"这是在中国吗?"将近一半的人对此广告表示惊讶,说明该广告在第一印象中已经出现与受众"期待视野"不同的征兆(图1)。对该广告持反对意见的人占56.75%,这说明大部分人不认可该广告(图2)。该公益广告本来宣传爱护乳房,但公众却认为此广告对儿童不宜,且未宣扬应有的公益主题,反而像某些人为了博出名而策划的事件营销。很多媒体指出,该广告商业成分浓厚,更像是一场"商业秀"。

当你在大街上,看到裸体公益广告,你第一反应是什么?(得票数:741)		
哇,太猛了吧?	28.34%	210票
改革开放的春风真舒服!	21.46%	159票
这是哪里?中国吗?	17.27%	128票
广告创意不错呀	24.7%	183票
摄影师水平太次了	8.23%	61票
投票起止时间:2006-06-12至2006-08-19		

图1　半裸公益广告反应调查

(来源:网易财经 http://money.163.com/special/00251UV3/ltad.html)

你如何看待裸体公益广告?(得票数:652)		
很健康,很唯美,它也是一种艺术	23.31%	152票
广告本来就是要吸引眼球,这也是一种吸引的方式	15.34%	100票
儿童不宜,能叫公益?	22.39%	146票
给美丽的城市锦上添花	4.6%	30票
公益主题不出名,我倒是出名了	34.36%	224票
投票起止时间:2006-06-12至2006-08-19		

图2　半裸公益广告态度调查

(来源:网易财经,http://money.163.com/special/00251UV3/ltad.html)

公益广告要想赢得受众,获得预期的传播效果,必须做到三点:

1. 要以受众为中心

读者的民族、性别、年龄、性格、气质、职业、社会地位、经济收入、价值观念、立场观点、生活体验、人生阅历、兴趣爱好、文化程度、文学修养、阅读习惯、审美情趣等不尽相同,形成不同的期待视野。公益广告,不论是创意、表现形式还是发布载体,都要考虑这些因素,才不致出现 56.75% 的受访者不认可的情形。裸体可以用,但使用的时候应巧妙和艺术。粉红和裸体的搭配,很难不让人联系到情色、俗气。国内外许多成功的裸体广告,多以黑白或者比较厚重的颜色为主色调,以减少情色的意味。

此外,长沙半裸公益广告刊载在人流量大、年龄层次丰富的公交站牌上。与其他受众相对细分的媒体不同,户外广告的受众中有许多青少年儿童,广告模特中有两名主持人,其中一名更是少儿频道的主持人。在网易财经的调查中,确实有 22.39% 的人担忧心智尚未成熟的儿童会盲目模仿追随广告明星的做法,对其今后的健康发展产生不利影响。

公益广告要体现以人为本的特质,展现更多的人文关怀,充分考虑受众的多样性,照顾弱势群体的发展需求,只有这样才能赢得受众的好感和共鸣。

2. 要增加与受众的互动性

广告文本需要读者的接受和参与,只有融入读者的认识、理解,才是完整意义上的作品;也只有通过读者对文本的再创造,作品才能有价值。① 公益广告创作时要保留适当的"空缺"或"空白点"以调动受众主观能动性,促使其对作品进行进一步的理解和阐释,使公益广告获得再创造。长沙半裸公益广告的表现并非非裸女不可,完全可以采用更含蓄的方式,让受众去认知和理解,过分的赤裸裸,反

---

① 周姗姗:《从接受美学看公益广告创作》,《新闻知识》2010 年第 3 期。

而引来反感。

（三）"裸"与公益广告的创意和表现

索绪尔认为，一个符号由关联的两个部分组成，即能指和所指。能指和所指之间的关系便是符号的意指作用，符号的意义由此产生。由于符号的能指和所指之间并不存在绝对的关系，所以每个国家和民族基于其历史、文化、习俗等的不同会对同一个能指做出不同的理解，获得不同的意义。比如"龙"在中国是吉祥的象征，在西方则是邪恶的代表；再比如"裸体"在西方被看作美的体现，而含蓄的东方人认为"裸体"有伤风化，败坏道德。广告是一个符号的集合体，美国著名广告人乔治·路易斯说："广告人的使命就是运用各种符号、想象以及创意去拓展生命的意义。"广告在创意和表现时不能不考虑符号在特定受众群体中的特定含义。

图 3 是长沙公交站牌的"粉红丝带"公益广告，图 4 是《时尚健康》杂志的粉红丝带公益广告。同样都是关于粉红丝带活动的公益广告，前者引起巨大争议，饱受诟病，后者却引来赞美一片。分析发现，二者在符号的运用方面存在很大的差异。

图 3　长沙粉红丝带半裸公益广告

1. 色彩

色彩本身就有多重的象征意义，广告色彩的象征性依附于色彩本身的象征性上，借助于内容强化象征意义而具有强大的视觉冲击力。

图 4 《时尚健康》粉红丝带公益广告

图 3 使用粉红色的背景和彩色的主色调，红色刺激肾上腺激素的分泌，粉红色代表"似水柔情"，往往含有情色意味。主色调是彩色，显得活泼、不够稳重。广告看上去不够大气严肃和真诚，受众很难接受用稍显轻浮的方式展现严肃的话题。

图 4 使用近白色的背景和黑灰色的主色调，图背景近于白色，白色象征圣洁、单纯；主色调是黑灰色，沉稳大气。白色与黑色都可以表达对死亡的恐惧与悲哀，都具有不可超越的虚幻和无限的精神。① 受众往往会用严肃真诚的态度去面对，很难产生不好的联想。

色彩有不同的象征意味，广告表现除了应该注意颜色搭配的协调，还应考虑各种颜色在民族文化中的象征意义，做出美观且能引

---

① 韩婷婷:《广告色彩的情感分析》,《太原城市职业技术学院学报》2012年第 5 期。

起情感共鸣的广告。

2. 广告人物符号

人物符号指广告中借助在某方面有代表性或具有突出特点的人作为载体所传递的各种信息符号,包括广告人物的社会形象、社会角色、手势、面部表情、眼神、音调、体态、动作、姿态、容貌、行为等人体符号。① 人物符号是广告中最活跃也是最具形象吸引力的传播符号,它具有强烈说服力,它的每一方面都会影响受众的认知和情感。

图 3 中的人物特征是:浓妆＋时尚的发型＋不够认真的面目表情。作为公益广告且以裸体的形式展现,务必要排除情色、低俗的联想。图 3 中的广告人物,不论是浓妆还是发型和表情,都给人拍摄写真的感觉,与目前市面上泛滥的整容医院、妇科医院的广告很类似。受众会根据先期经验认为这也是商业广告,感觉其低俗甚至艳俗。

图 4 的人物特征则是:黑白色处理的妆容＋端庄且统一的发型＋圣洁的表情。端庄的人物形象让人肃然起敬,整体的画质感觉很有品味,神圣且不流于低俗。

人物符号的选择要以能够表现广告主旨为目的,单纯追求注意力和噱头,往往会适得其反。

3. 广告人物真实的社会角色

社会角色实际上就是社会对拥有某一社会地位的社会个人规定的相应权利义务规范,可以被称为社会对该个人所扮演的社会角色的期待和要求。每个人都在这个社会上扮演特定的角色,社会公众期待那些被认可的角色做出被期望的举止。一旦个人的角色出现失调,受众会有不适反应。

图 3 中的广告人物,有两名是主持人,其中一名更是因为主持

---

① 纪华强、陈晓明:《广告人物符号传播功能及运用趋势探讨》,《厦门大学学报》2000 年第 2 期。

少儿频道而广受欢迎，还有一名是在校大学生。公众认为她们职业和身份的特殊性应该注意自己的形象，而不是随便裸露。有网友指出："电视媒介的主持人，本身就是最好的形象大使，是社会行为准则的代言人。他们（她们）如果不洁身自好，不注意个人的言行和形象，不当的衣着和言行很可能为青少年所模仿。"

图4中出现的三个人均为知名的演艺明星。受众并不认为演员全裸有什么不妥之处，反而钦佩她们敢于为艺术为公益献身的举动。这是社会角色在人们认知中的差异的体现。

广告在选择广告人物时应该考虑其本身的社会角色，考虑公众对这种角色的认知，这样才能顺应民意，而不为民众所抵触。

4. 广告语

图3中的广告语是"聪明女人多爱自己"，广告语含糊不清，容易误导受众，未突出粉红丝带活动保护乳房的主旨。这样的广告语实在太像电视、杂志上常见的女性化妆品广告，像整形医院和妇科医院的广告。羽西的"未来掌握在我手中"，资生堂的"你本来就很美"等都站在呵护女性的角度，大打情感牌。含混的广告语与画面配合得不是很紧密，有很多人质疑"爱自己多一点"为什么要"裸"？广告语不仅误导受众，也影响了主旨的表达。

图4的广告语是"我们爱乳房"，简明扼要，一语中的。广告语与图片的配合也很好，裸的目的是为了让大家关心乳房的健康，不是哗众取宠，博得眼球。受众也不会产生与广告主旨无关的联想。

广告语是广告的点睛之笔，一定要简明扼要，主题明确，否则就容易产生歧义，无法突出宣传的重点。广告语如若不能引起受众的兴趣，使其在第一次理解的过程中出现偏差，解读广告时就容易产生误解。广告语不能孤芳自赏，应该与画面相辅相成。广告语说东，画面表现西，广告注定失败。公益广告本身的教化性质更是要求广告语的制作不能出现使受众误解的状况，简明扼要，一语中的尤其重要。

5. 赞助商的形象

图 3 中赞助商为"××妇科医院",会使受众产生许多不美好的联想,比如"疾病"、"厄运"。我国的妇科医院多为民营医院,实力和口碑都无法与公立医院相比,再加上大众媒体的负面报道,人们对妇科医院的看法多为负面。受众看到公益广告的赞助商为某某妇科医院,难免会产生不良的联想。

图 4 广告的赞助商十分隐蔽,受众不仔细思考文本,便很难发现。《时尚健康》杂志是公益广告的载体,实则是赞助商。该杂志诞生于 2000 年 7 月,是国内第一本面对成熟、快乐、健康的现代女性,提供全方位的心理及生理健康资讯的女性杂志。受众对其印象一直良好,"时尚"会产生"潮流"的联想,"健康"又能让人感觉"温暖"、"贴心"。众多女星免费为粉红丝带做公益广告,这样的广告既宣传了健康理念,又打造了自己的知名度、美誉度,可谓双赢。

公益广告的赞助商选择最忌讳"有奶便是娘",好的赞助商的形象可以使宣传事半功倍,不恰当的赞助商形象可能毁掉一锅粥。Gwinner 提出"品牌形象转移"理念,他认为,消费者会将被赞助者与某种"意义"联系在一起,然后再将该意义与赞助商品牌联系起来,最终被赞助事件的形象将转移到赞助商形象之上。[①] 反过来,受众也会将赞助商的品牌形象转移到被赞助者身上。长沙粉红丝带的半裸公益广告中形象并不理想的赞助商势必会影响该广告的公益性和被接受度。

通过上述分析和总结,建议长沙公交站牌的半裸公益广告有必要增加更多的文化因素,在广告中添加公益符号,减少色情、商业的象征意义。比如,把背景色改为大气稳重的黑白色,广告人物的妆容不应太时尚,应该朴素庄重些;强化粉红丝带符号的作用;压缩

---

① 卢长宝:《体育赞助营销策略研究——基于品牌形象转移理论》,《北京体育大学学报》2011 年第 4 期。

"××妇科医院"、"支持媒体"等的空间,使其处于更为不起眼的位置;广告语的创作要简明扼要,不能含糊不清。如此一来,这则广告就不会如此饱受诟病了。

五、粉红丝带公益广告现状及前景

(一)粉红丝带公益广告现状

半裸公益广告事件已过去七年,当事人的生活也已平静。粉红丝带活动在全国开展得卓有成效,《时尚健康》杂志每年仍然继续推出宣传保护乳房的裸体公益广告,至今有近百位明星参与代言。2102 年粉红丝带活动更是举办十年盛典,感谢许多参与代言的明星,得到社会的肯定和认同。

但是,人们的宽容似乎只限于明星。2009 年,重庆也出现半裸的粉红丝带公益广告,一名叫做"猪流"的网友在大渝网健康社区发帖爆料自己的好友"果子"为粉红丝带活动拍摄裸照。[①] 帖子迅速被很多网站转载,引起热议。与长沙粉红丝带公益广告不同,这则广告的载体是杂志,设计的品质也相对较好。但二者的遭遇却十分相似。多数网友将目光聚焦在女孩们的身材上,如网友"℃的浪漫"表示:好看啊! 珍惜那么好的美女,人间仙女。而"蓝色之海"则评价:长得真难看还美女呢? 同时,不少网友质疑广告动机,网友"沐紫"表示:"拍公益广告需要这样子吗? 我感觉意义都变了,有点扭曲了本身的意义,搞得像在拍黄色广告一样。让别人来评头论足她们的身材,还让有些不轨之人动坏心眼。"[②]

---

① 黄文裕:《09 年粉红丝带裸体事件》,中国公益广告网,http://www.cnpad.net/news/v10713.html,2012 年 11 月 5 日。

② 《重庆妹裸体拍公益广告 网友:我 OUT 了》,《重庆商报》,http://cq.qq.com/a/20091102/000423.htm,2012 年 10 月 29 日。

这说明，人们对于公益广告代言人的真实社会身份顾虑太多。虽然距离 2006 年长沙半裸公益广告已有三年之久，人们仍然对普通人裸体代言公益广告存在质疑。2006 年的事件并未使人们脱敏，半裸公益广告仍需慎重。

（二）发展前景

"长沙半裸公益广告风波"揭示出我国公益广告有诸多问题，引发了人们对公益广告的创意与表现与社会伦理观念的冲突、企业如何利用公益广告等问题的思考，对我国公益广告的发展具有借鉴意义。

随着经济的持续发展和环境的相对恶化，公益广告因其独特的社会功能而变得日益重要。虽然我国公益广告的发展现状仍差强人意，但未来以下几方面必定会得到改善：第一，其公益性与商业性的冲突会得到有效改善。目前学界和业界都意识到，不能盲目追求公益广告的商业利益，应该将公益性放在首位。随着政府、企业、第三方组织这方面意识的觉醒，必定会有相关的政策和策略的出现。第二，受众"中心"论受到重视。受众的自我意识、审美水平日益增长，已经不满足于被动接受信息。政府、企业也感觉到这种变化，在日后的公益广告的制作中，应考虑到受众的期待视野，让其更广泛地参与其中。第三，由于符号能指和所指的不确定性，受众会按照自己的思维去理解这些符号，公益广告在创意和表现时会更多地考虑这些问题，以有效的符号传递准确的信息。

"半裸公益广告"风波虽已淡出我们的视野，但"以古为鉴"，接受教训，积极改进，相信日后我国的公益广告会取得更加可喜的成绩。

美加净"乱伦"广告事件

美加净是 20 世纪七八十年代中国人熟知的民族品牌,"蒋雯丽"则一贯以贤妻良母的正面形象赢得大陆公众喜爱,但他们曾在 2006 年成为一场全国性广告风波的主角。

一、事件始末

(一)蒋雯丽与"乱伦"风波

2006 年 10 月,美加净的护肤品广告突然被冠以"乱伦"罪名,引发一系列网络论战与风波,这则广告名为"娶妈妈篇",广告产品为修复系列护肤霜。

广告由著名影星蒋雯丽代言,场景设置在洗手台前,妈妈与 6 岁左右的小儿子说话。

蒋雯丽:(边吹头发边问)宝宝想什么呢?

孩子:(趴在梳妆台边缘)妈妈,长大了我要娶你做老婆。

蒋雯丽:(惊讶地带笑反问)你说什么?

孩子:(认真地重复)我要娶你。

蒋雯丽:(坐下来,微笑提问)那爸爸呢?

孩子:那爸爸……(眼睛一转,思考几秒后回答)我长大了,爸爸就老了。

（孩子扑到妈妈怀里，妈妈笑着拥抱住孩子。）

画外音：年轻肌肤，来自美加净修护系列，丰富的多效修护精华，有效对抗衰老，年轻肌肤看得到。

孩子：妈妈永远也不会老！（画面中孩子亲了妈妈的脸一下，妈妈笑得很开心。）

画外音：美加净修护系列。（提示品牌，画面出现产品图片与广告口号、产品名称、品牌标志。）

图1　美加净修护系列广告《娶妈妈篇》

这则广告由上海同盟广告公司负责创意和制作，创意人员在确定故事脚本前进行了两次市调，第一次市调结果显示《娶妈妈篇》创意最能引起受访对象的记忆和讨论，甚至产生情感共鸣，第二次市调结果建议用蒋雯丽作为广告中的母亲主角形象。① 因此,《娶妈妈篇》的广告创意是经过考虑的,最终呈现出精美、温情、感人的广告画面。

由此可见,美加净在这则广告上花费了很多心血,以此冲击2006年的冬季护肤品市场。② 令人没想到的是,广告播出后的短短几天,就受到网友的质疑,引发争议。

(二)"乱伦嫌疑"引发天涯论坛论战

2006年10月5日,正逢国庆长假的第五天,天涯论坛上出现了一篇名为《炮轰蒋雯丽——"美加净"产品广告真有"乱伦"嫌疑》的帖子,对蒋雯丽代言的美加净广告提出质疑和批评。帖中称:

> 蒋雯丽的特别来自她独特的气质——安静、清澈、淡雅,她的角色……从《牵手》到《刮痧》再到《大宅门》,蒋雯丽塑造的每一个人物形象都深受观众喜爱。一晃十多年过去了,可以说蒋雯丽是中国影视圈里比较成功的一个……这样受人尊敬爱戴的好演员,最近……代言的"美加净"化妆品修护系列产品广告,让人大倒胃口,"美加净"化妆品修护系列产品广告真有"乱伦"的嫌疑。

> 如果我是家长,决不会让自己的孩子看到这样的广告和听到这样的声音。孩子的心灵是很纯洁的,他不知道娶妈妈做老婆的真正含义,可是,广告里孩子的对话让人一听就知道这孩子太明白了,我想问问"美加净",这样忽悠消费者真的不有悖伦理道德吗?……为了净化电视荧屏,为了给孩子一个纯洁的

---

① 《"美加净"与蒋雯丽联姻的台前幕后》,《广告人案例库》,http://www.adcase.org/html/case/pinpailei/2009/0310/1786.html,2012年6月18日。

② 《蒋雯丽广告被指"乱伦"儿子"娶"妈童言有忌》,《上海青年报》,http://eladies.sina.com.cn/s/2006/1013/1707308859.html,2012年6月18日。

收视天地,我想劝劝蒋雯丽,这个钱还是不拿的好,更要请求
"美加净":停播这个广告好吗?①

这篇贴子写得很有技巧,用先扬后抑的手法——先述说蒋雯丽
的好,继而语锋一转谈到该广告,一口断定这个广告是"乱伦"并呼
吁停播,"给孩子们一个纯洁的收视天地"。总而言之,作者"落雪是
花"认定广告中出现"娶妈妈做老婆"的对白有乱伦之嫌,违背社会
伦理。

此帖发出后,立刻有一些网友发帖回应,不乏情绪激动之辞。
这些帖子的时间大部分在 10 月 5 日至 10 月 20 日之间,按照观点可
以分为三派。

1. 反对原帖,支持广告

原帖发出几天后,有网友陆续在天涯发帖,批评对广告的"乱
伦"批判,引用生活中的例子,说明儿童不懂"娶妈妈"的真正意思,
且用弗洛伊德的精神分析理论来解释这个现象。这类帖子认为,对
广告的批判是由于批评者本身的思想龌龊所致,看到蛛丝马迹就举
起道德大旗进行上纲上线的批判,广告本身反映了母子之间温馨的
感情,创意值得肯定,蒋雯丽本人更是无辜。

2. 支持原帖,反对广告

他们认为广告本身的确有乱伦的嫌疑,认为广告误导儿童,将
私下的玩笑话反复播放给公众,违背社会道德底线。这类观点更将
矛头指向蒋雯丽,认为她近年来拍的广告太多,为了钱不惜降低格
调,没有道德。这类帖子中通常有批判社会的声音,如媒体环境被
污染、明星只顾赚钱而无道德责任、生产商唯利是图。

---

① 落雪是花:《炮轰蒋雯丽——"美加净"产品广告真有"乱伦"嫌疑》,《天
涯论坛》,http://www.tianya.cn/publicforum/content/free/1/801879.shtml,
2012 年 4 月 18 日。

3. 对双方都采取批判态度

天涯上也有一些网友发帖，批判前两者观点。他们一方面认为对广告的批判没有意义，广告本身并不能算乱伦，另一方面认为广告本身也做得不好，创意打了隐晦的擦边球。一切都是商业炒作，太关注广告，会让广告商和媒体得逞。

表1 天涯论坛上针对美加净《娶妈妈篇》电视广告的发帖一览

（搜索关键词：蒋雯丽 乱伦）

标题	发帖时间	发帖人 ID	立场	主要观点
炮轰蒋雯丽——"美加净"产品广告真有"乱伦"嫌疑	2006-10-05 14:26	落雪是花	反对广告	广告本身是乱伦，违背伦理道德，谴责蒋雯丽和美加净
童言无忌咋就成乱伦了	2006-10-09 10:20	过河卒子	支持广告	运用弗洛伊德的理论，认为恋母情结是正常的，反对批判广告
蒋雯丽的"乱伦"事件并不简单！！！	2006-10-11 00:17	涯边一石	反对广告	广告违背道德底线，鼓励唯年轻论，审核过程中有不可告人的事
秦尘：支持"妈妈，长大了我要娶你做老婆"	2006-10-11 15:24	秦尘	支持广告	广告不涉及任何伦理道德问题，符合心理学规律，反对上海大学顾俊的观点
是纯真孩子乱伦，还是道德大棒"乱抡"	2006-10-11 18:59	珞珈人	支持广告	对广告的批判是欲加之罪

续表

标题	发帖时间	发帖人 ID	立场	主要观点
到底谁在玷污孩子的童真——蒋雯丽还是美加净？	2006-10-11 20:16	焦点网谈吗	反对广告	该广告反复播放，玷污了孩子的童真
何必把淫者见淫强加给孩子	2006-10-11 23:16	静波观海	批判双方	认为对广告的批判是多余的，但广告也很失败
不乱伦，从娃娃抓起	2006-10-12 14:24	子夜的景	支持广告	认为批判广告的人不懂孩子，讽刺要给孩子灌输正确价值观的人
从"乱伦广告"看某些国人的无知	2006-10-13 09:12	joe9872	支持广告	俄狄浦斯情结
蒋雯丽有什么错？	2006-10-13 10:23	天塌了咋办	支持广告	蒋雯丽是无辜的，孩子的认知其实很纯洁
仅仅是"乱伦"那么简单吗	2006-10-13 20:42	raul_seven	反对广告	认为广告在宣传乱伦，爸爸老了就可以换，儿子可以娶妈妈
蒋雯丽事件证明了部分国人具有丰富的想象力	2006-10-13 23:40	左车春梦	支持广告	认为反对广告的人证据不足，想象力丰富
"乱伦"广告背后的那些"脸"（有视频）	2006-10-14 23:02	鄂郎传说	批判双方	认为一切都是商业炒作

续表

标题	发帖时间	发帖人 ID	立场	主要观点
雯丽,告诉你如何不乱伦	2006-10-16 09:35	优越儿	支持广告	认为蒋雯丽是无辜的,广告商品如果换成男性用品就没有问题
深入讨论蒋雯丽广告事件及所引发的感想	2006-10-16 22:12	fuhu_orc	批判双方	认为蒋雯丽没有错,错在广告商欲吸引眼球,媒体炒作
蒋雯丽广告被炮轰,还有多少明星已陷入"广告门"事件?	2006-10-19 09:14	落雪是花	反对广告	举许多广告门事件为例,说明现在的媒体环境已被严重污染
我写"炮轰蒋雯丽——美加净产品广告真有乱伦嫌疑"的内幕	2006-10-19 20:44	落雪是花	反对广告	说明写贴动机:现实中有孩子在模仿广告语,被老师教训
关于"乱伦"广告的正义声音	2006-10-19 21:00	性感尸体	支持广告	认为广告并无不妥,道德批判令人难以理解
月经能当口红使吗?	2006-10-20 03:58	野面孔	反对广告	认为创意有问题,明星无道德

续表

标题	发帖时间	发帖人 ID	立场	主要观点
否认乱伦何以又停掉"乱伦"广告	2006-10-20 16:05	刘洪波	支持广告	认为广告与乱伦没有关系,品牌的危机公关处理得不错
《新调查周刊》:恶意攻击蒋雯丽广告涉嫌"乱伦"事件深度调查	2006-10-31 20:34	新调查周刊	支持广告	炮轰网友"落雪是花",认为他发布帖子是恶意的

资料来源:天涯论坛①。

整理天涯杂谈中 2006 年 10 月 5 日到 31 日的相关 21 篇帖子可以看出,支持广告创意,认为广告不算乱伦的帖子有 11 篇,占 52%;真正批评广告的帖子只有 7 篇,占 33%,其中 3 篇的作者同是"落雪是花"。在 ID 名为"新调查周刊"的网友发布的帖子中,"落雪是花"被推测为某广电集团的记者,因为其个人简介中写道"供职于某报

落雪是花
❤关注 ●对话他
发短消息
加为好友 赠送礼物
男,浙江杭州,生日1975年10月1日,天秤座
个人介绍:供职于某报业集团,擅长媒体营销。闯荡媒体十多年。网络知名原创写手。习惯一用眼睛观察,用耳朵细听,用脑袋思考。

图 2　网友"落雪是花"在天涯论坛上的个人资料截图
资料来源:天涯论坛。

---

① 天涯社区搜索,http://www.tianya.cn/search/bbs? q＝％E8％92％8B％E9％9B％AF％E4％B8％BD＋％E4％B9％B1％E4％BC％A6,2012 年 4 月 18 日。

业集团,擅长媒体营销……网络知名原创写手"。不论此身份真假,从网络论战的关键发布者和推动者的身份来看,蒋雯丽出演的《婆妈妈篇》受到过度批判和质疑,断定其"乱伦"言过其实。

(三)媒体进一步推动

既然如此,这则广告闹得沸沸扬,媒体的推动起了很重要的作用。从天涯的相关帖子看,一些网友是在看到新闻报道之后才关注该事件。目前网络上存留的最早的新闻资料很少,能找到的最早的新闻报道是 10 月 8 日《成都商报》的文章《蒋雯丽化妆品广告遭质疑 网友认为存在乱伦嫌疑》①,这篇报道的标题尚能客观地反映事实。但 10 月 8 日的另一篇来自星辰在线的报道文章《蒋雯丽新广告涉嫌乱伦 儿子想娶妈妈遭网友讨伐》则有些玩弄噱头,文章中的第一句话就是"蒋雯丽陷入'乱伦门'事件"。② 即使内容客观,标题却有煽动性。几日之内,媒体争相报道,相互转载文章,10 月 10 日,更有报道传说央视六套已经停播该广告,③虽然第二天该信息就被证伪,④但仍然对事件起了放大和推动作用。

根据相关的新闻资料,媒体报道中也有各方观点,基本上与网络观点一致。如人民网的评论文章《童言无忌,乱伦不能不忌》,立

---

① 目前此新闻已不能找到原始版本,但被大量媒体转载的新闻仍然保存在网络上。

② 星辰娱乐:《蒋雯丽新广告涉嫌乱伦 儿子想娶妈妈遭网友讨伐》,星辰在线,http://ent.changsha.cn/yltt/200610/t20061008_523295.htm,2012 年 6 月 18 日。

③ 武汉晨报:《广告昨遭停播蒋雯丽叫屈》,汉网,http://www.cnhan.com/gb/content/2006-10/10/content_676448.htm,2012 年 6 月 18 日。

④ 上海青年报:《专家质疑蒋雯丽广告情节不妥,厂方声明不会停播》,腾讯娱乐,http://ent.qq.com/a/20061011/000044.htm,2012 年 6 月 18 日。

场完全是批判；①《潇湘晨报》的文章《炮轰蒋雯丽，谁的思维在乱伦》则支持广告。② 新浪调查就此事在网上进行了一次简单的调查，结果显示，44.5％的网友建议广告创意进行修改，48.7％的网友表示不需要修改。

如何看待网友讨伐蒋雯丽代言广告里"儿子娶妈妈"的情节？

图3 网友对蒋雯丽代言广告《娶妈妈篇》的看法

资料来源：《如何看待网友讨伐蒋雯丽代言广告里"儿子娶妈妈"的情节》，新浪调查，http://survey. ent. sina. com. cn/result/11857. html？f＝1，2012 年 6 月 18 日。

（四）上海家化与蒋雯丽的回应与结果

10 月 7 日，蒋雯丽就此事接受采访时表示，自己的儿子其实也有"跟妈妈结婚"的说法，但只是童言童语，创意本身无可厚非，希望网友谅解，她说："其实小孩子不懂'娶'的意思，也不知道结婚的真正意义，我最初看到这个广告创意时，还觉得创意很不错。因为我的儿子 5 岁了，大人逗他时都会问他：长大后想找什么样的对象

---

① 人民网：《童言无忌，乱伦不能不忌》，http://media. people. com. cn/GB/40698/4909244. html，2012 年 4 月 18 日。

② 潇湘晨报：《炮轰蒋雯丽，谁的思维在乱伦》，红网，http://zxz. rednet. cn/c/2006/10/09/997064. htm，2012 年 4 月 18 日。

啊?他就会说想跟妈妈结婚,但如果再进一步问他,什么叫结婚,他就不知道了","其实这个广告表现的就是一种母子之爱,所以希望网友们能宽容一点对待"。①

面对突如其来的网络批评和停播谣言,广告主上海家化迅速应对。10月10日,上海家化发布《上海家化关于"美加净修护系列产品广告争议"的回复声明》,把《娶妈妈篇》广告放到网络上,呼吁更多的理性评论。

在这份声明中,上海家化强调了三点:

(1)美加净"宣扬家庭、亲情、温馨的品牌价值",排除了商业炒作的质疑。

(2)广告创意过程经过"严谨的前期访谈和后期广告测试","也经过了相关专业权威部门的审核","创意手法在国际广告界是非常普遍的",排除了创意的失误。

(3)上海家化不会停播该广告。

作为品牌的危机公关,上海家化美加净的回应十分迅速,及时阻断了谣言的滋长。在这份声明发表后的10月13日,美加净对广告创意进行了修改,继续投放。修改时,"关于'儿子想娶妈妈'的对话被完全删除,由蒋雯丽的微笑特写等画面代替,原广告只保留了母子相拥和'妈妈永远年轻'的广告语"。②美加净修改广告创意,算是"乱伦广告"事件的正式结果,议论渐渐平息,2006年10月31日以后,关于此事件的天涯贴和新闻报道很少再出现。

广告创意方上海同盟广告,在事件中始终未透过媒体进行公关声明。但从广告公司留下的案例中可以看出,广告公司在事件发展初期就跟进,与美加净一同召开紧急会议讨论对策,协助公关公司

---

①②　成都商报:《蒋雯丽新广告有争议被指乱伦修改过后继续播出》,新浪网,http://eladies.sina.com.cn/s/2006/1013/1703308858.html,2012年6月18日。

发表最后的关键声明。① 事件过后,同盟广告公司以《娶妈妈篇》作为参赛作品,曾先后获得 2007 年 IAI 年鉴奖、广告人·中国案例奖金奖、中国艾菲奖银奖等。②

《中国影视广告案例年鉴 2006—2007》记录了对《娶妈妈篇》广告的评价:

> 广告片避免了一般护肤品雷同的创作手法,独辟蹊径,把故事定性为温馨家庭生活小插曲,表现出只有本土家庭才有的孩子和妈妈的关系。"妈妈永远不会老",小孩子"娶妈妈"的戏言引出在孩子心目中爸爸会老,妈妈永远不会老的天真想法,借以诠释使用美加净修护系列让妈妈的肌肤得以保持年轻的产品利益点。广告既能找准中国老百姓的味道,贴近生活,让人觉着温馨甜美,意味悠长,更能拨动消费者的心弦,增加对产品的认可和信赖。

虽然"乱伦"广告事件令广告主和代言人都蒙受了负面新闻,但广告本身并未被强制停播,广告创意也受到一致认可。广告主的及时回应和主动修改创意杜绝了更严重的后果。因此,美加净的"乱伦"广告,与其说是事件,不如说是一场风波,为各方添加了不少负面新闻。作为广告主,"乱伦"广告事件虽然令其受到额外的关注,但这种关注并没有明显地转化为销量。③

---

① 《"美加净"与蒋雯丽联姻的台前幕后》,广告人案例库,http://www.ad-case.org/html/case/pinpailei/2009/0310/1786.html,2012 年 6 月 18 日。

② 《同盟广告得奖记录》,同盟广告,http://www.allied-ad.com/work.asp,2012 年 6 月 18 日。

③ 2006 年美加净的年度营业收入总额为 2.1 亿,同比增长 1%;2006 年上海家化的营业收入总额为 22.74 亿,同比增长 17%,可见美加净的修护系列广告和"乱伦"广告事件并没有为美加净和上海家化带来显著的增益。

二、全景扫描

从事件本身看,"乱伦"广告风波似乎只是少数网友和媒体的炒作之故,但广告事件的发生必然不是孤立的。广告事件看似偶然,但仔细考究,就能发现很多问题。"美加净"是个怎样的品牌,为什么是蒋雯丽,为什么被冠以"乱伦",这个事件对美加净有何影响,此广告事件背后的市场环境与社会原因是什么,事件本身是否反映了市场和社会的某些问题,将来要如何面对? 这些都值得研究者深入挖掘和探讨。要理解这样一个看似偶然发生的广告事件,必须先进行全景扫描。

(一)2006 年的中国化妆品市场

中国的护肤品市场开始发展于 20 世纪 70 年代,以美加净、郁美净、皇后等为代表的民族品牌占有全国市场,直到 1982 年外资品牌进入中国市场,才开始真正的市场竞争。跨国品牌纷纷进入中国市场,宝洁、联合利华两大日化巨头进入中国市场,雅芳、欧莱雅也随后加入"圈地运动"。不论是资金还是市场运作,拥有强大实力的跨国企业对本土企业造成沉重的打击。本土日化行业进入竞争异常激烈的艰难发展时期,中高端市场被跨国企业占据,本土品牌只能保住中低端市场。

20 世纪 90 年代中期,本土品牌以专业细分的策略进行市场突围,典型代表是重庆奥妮、沙市日化、大宝。它们抓住了成长性的市场,加大营销传播力度,尤其重视广告作用。21 世纪初,以丝宝、隆力奇、纳爱斯、索芙特、拉芳等为代表的新时期民营企业兴起,它们的进攻更全面,在铺货、促销、广告上都有创新突破。但跨国企业也开始向下发展,收购本土品牌,进攻中低端市场。

在将近 30 年的时间内,中国的护肤品市场发展迅速。数据显

示,从 1982 年到 2000 年,我国国内化妆品的市场规模①增长了
167.5 倍。1982 年仅为 2 亿元,2000 年已增长到 335 亿元。前 15
年化妆品的销售额平均以 23.8% 的速度递增,最高年份达到
41%。② 发展至 2006 年,中国的护肤品市场已达到 254.1 亿元的规
模,③总体来说,有三大特征:

(1)两极的市场格局。2006 年的中国护肤品市场格局依然呈现
两极化:外国进口产品和中外合资企业品牌分别占有中国护肤品市
场的高端和优等产品领域;国产品牌则主要集中在中等和低端产品
部分,利润相对较少但周转较快。

(2)产品功能逐渐细分。2006 年,护肤品市场中的防晒、保湿、
美白三大基础性功能产品占大头。洁肤、护肤、美肤的需求已经基
本得到满足,产品功能不断细分,本土化品牌也在专业概念上寻求
出路——祛痘、香薰、抗衰老、中草药、男性护理等成为 2006 年的市
场热点。

(3)行业风波不断。从"皮肤鸦片"到"铬钕门"事件,2006 年护
肤品市场风波不断,据国家质量监督局统计,2006 年化妆品等日化
产品的消费者投诉同比上升 43.6%,北京地区的增幅最高,超过六
成。一时间,众多消费者"谈美色变",护肤品乃至整个化妆品行业,
在高速发展的同时也面临着信任度下降的问题。④ 在此背景下,强
调产品的绿色、天然、有机成为国内和国际护肤品市场的大潮流。

---

① 仅包括中国大陆,不含港澳台地区,以下同。

② 裴鸿、李向阳:《国内外化妆品市场现状及未来发展趋势(续前)》,《日
用化学品科学》2008 年第 9 期。

③ 2006 年化妆品产业的销售额达到 770 亿元左右。其中护肤品的比例
约为 33%,销售额为 254.1 亿元,美容类产品的比例为 31%,其市场销售额
238.7 亿元,洗护发产品和香水市场比例为 36% 左右。

④ 《2006 年日化行业年终大盘点》,慧典市场研究报告网,http://www.
hdcmr.com/bgfree8742.tml,2012 年 11 月 20 日。

在 2006 年市场大背景下,美加净显得有些力不从心,既无外资品牌的时尚风光,也无本土品牌的东方特色。为什么美加净的定位如此不尴不尬,这要从美加净的发展历程说起。

(二)中国民族日化品牌的缩影——美加净发展历程

即使没有这次广告风波,对于美加净来说,2006 年也不是普通的一年。虽然对于许多消费者来说,美加净是个沉寂已久的国产品牌,但美加净仍然有很高的消费者的认知基础和市场基础,享有95%以上的品牌认知。除了中年消费者以外,美加净还是 70 后、80后消费者成长中的伴随者。对普通消费者来说,美加净似乎是个曾经辉煌又突然沉默多年的品牌。

1. 辉煌的民族第一品牌

1898 年,上海家化的前身——香港广生行创立,借助曾获巴拿马奖的花露水品牌"双妹",广生行迅速成为民族化妆品业的领头羊。建国后,在新中国公私合营改革的浪潮下,香港广生行上海分公司,历史悠久的中华协记化妆品厂,内地最早的花露水生产商上海明星香水厂以及东方化学工业社合并为"上海明星家用化学品制造厂",这是"家化"最早的由来。此间推出的"友谊"、"雅霜"两大品牌,成为新中国人最早的护肤品。美加净品牌于 1962 年诞生。[①]

十一届三中全会以后,上海家化进入快速发展时期。1978—1990年,美加净逐渐发展为中国化妆品第一品牌。美加净在中国化妆品市场历史上占据数个"第一",1978 年推出第一款定型摩斯,1990 年推出第一支护手霜,此外还有第一支防晒霜、第一瓶香水……到 1990年,美加净的发展进入巅峰期,"美加净"品牌曾一度占有全国护肤品市场份额的 1/3,占洗发精市场近 20%,总销售额近 3 亿元,总的

---

① 上海家化:《关于家化—百年家化》,http://www. jahwa. com. cn/a-bout/about. php? categoryID=3&navi=23,2012 年 6 月 19 日。

市场占有率达到 10%,成为名副其实的行业第一品牌。①

2. 外资收购惨遭雪藏

也许锋芒太露,就在 1990 年,为了配合特殊历史时期吸引外商的政策,正处于巅峰的美加净和上海家化的另一个品牌——露美一起被政府主管部门选中,为"顾全大局",美加净无奈"外嫁",1990 年与庄臣合资,"美加净"商标被美国庄臣以合资的方式收购,作价 1 200 万。然而,不知道是庄臣公司在化妆品市场的经验不足,还是有意雪藏,美加净在被庄臣接收后业绩一落千丈。1991 年,美加净的年销售额一落千丈,从前一年的 3 亿多元一下子降至 600 万元,这个曾经的第一品牌一夜之间蒸发了。

1994 年,庄臣在全球范围内进行了产品战线的调整,上海家化借此机会,历经一年半的艰难谈判,耗费巨资收回了已经没落的美加净。1997 年,美加净在被收回三年后,重新被评为上海市著名商标;1998 年,美加净又获得"中国驰名商标"称号。② 然而,这一品牌的风光不再,直到 2003 年,美加净的销售额才重新回到 1990 年的 3 亿,2004 年,美加净正式确定复兴计划。

3. 寂静的十四年

作为中国民族老字号的日化品牌,美加净见证了中国日化市场,尤其是化妆品中的护肤品市场的发展历程。可惜的是,在 80 年代短暂的辉煌后,美加净不仅成为外资收购的牺牲者,也未能在 21 世纪市场发展的大潮中及时跟进。

美加净还面临着内外夹击的围攻形势。90 年代,宝洁和联合利华大举占据中国日用品中高端市场,上海家化的洗护发用品市场滑落明显,美加净、百爱神涉足的洗护发市场被迅速蚕食。上海家化

---

① 郝倩:《美加净:本土化妆品牌的复兴与梦想》,《中国品牌》2009 年第 6 期。

② 鲁周煌:《上海家化:复兴老品牌的艰难道路》,《中国知识产权杂志》,http.//www.chinaipmagazine.com/journal-show.asp? id=591,2012 年 6 月 18 日。

还在中低端市场受到新兴本土企业的冲击,在"同胞们"的频频进攻面前,上海家化鲜有新招,市场地位更加岌岌可危。至 2002 年,上海家化增长陷入最低谷。①

面对这种情况,上海家化却未重点经营美加净。上海家化运作着六神、美加净、清妃、佰草集、舒欣、家安、cocool、高夫等品牌,在这些子品牌中,六神的定位很明确,以"清爽"诉求紧紧抓住花露水细分市场,成为上海家化贡献最大的品牌;佰草集走中高端化妆品路线,定位于中草药个人护理品。2004 年的美加净,虽然在销售上排在六神与佰草集之间,但其品牌形象却远不如六神或佰草集清晰。

美加净自身的品牌定位模糊,与它诞生在计划经济时代有很大关系。在发展历史上,美加净的产品除了护肤霜,还有护手霜、洗发香波、定型摩丝,甚至牙膏。② "美加净"品牌有一个缺陷——4 家不同企业共用该品牌,上海白猫股份有限公司生产洗衣粉类产品,上海牙膏厂有限公司生产牙膏类产品,上海制皂有限公司生产香皂类产品,上海家化负责化妆品。每个企业只能生产特定的美加净产品,不能跨类运作。

4. 美加净的复出计划

虽然上海家化对于美加净的感情更多来自合资失败的愧疚,但美加净本身的确拥有复兴的优势——高品牌认知度和大众化妆品市场定位。美加净在消费者心目中有"安全、踏实、质朴"的品牌认知。同时,美加净定位于 30 元以下的大众清洁用品和护肤品市场,

---

① 王逸凡:《上海家化:风雨之后见彩虹》,《现代营销》(学苑版)2005 年第 10 期。

② 上海牙膏厂生产美加净牙膏和中华牙膏,两者在 90 年代初是市场占有率很高的本土品牌。美加净牙膏在 1994 年曾被联合利华以合资建厂的形式收购,但从此之后遭到 7 年雪藏。联合利华不仅擅自对美加净提价,破坏原有的产品定位,且在品牌传播上将其让位于旗下品牌洁诺,以牺牲美加净牙膏的方式占有中国牙膏市场。

而这个价位占据着中国 70％的零售市场。① 2004 年,上海家化宣布了美加净的复出计划,突然高调地在央视 1-6 频道上频频亮相,上海家化为其投入 4 000 多万资金。紧接着,在 11 月 18 日央视招标会上,美加净又以近 5 000 万元打败竞争对手联合利华、宝洁,拿下央视新闻联播后和焦点访谈前两个 A 特标段。②

2006 年,美加净与上海同盟广告公司合作,其产品有了新的定位:真情、真美、美加净。据上海家化的市场部总监秦奋华介绍,为了保留原有的品牌资产,美加净舍弃了时尚定位的年轻消费者,瞄准 30 岁以上有家庭和孩子的中青年女性,试图以真实感和真情打动她们。美加净的广告《娶妈妈篇》就是在这种情况下诞生的,对广告代言人的选择,也是源自品牌定位:"在传播上我们找的代言人也都是那些不隐瞒自己的家庭,更追求事业的提升的真实感更强的女性演员,比如蒋雯丽和蒋勤勤,她们都有一个美满的家庭,刚刚有孩子不久,她们在事业上不追求炒作出来的名气,对待媒体对待观众都更真诚。在创意表现上,我们也注重发掘代言人作为普通人的一面,故事聚焦在母子关系上而不是她们的明星身份上。"③

就品牌形象传播来说,美加净的想法是好的,但是他们忽略了一点,"有一个美满的家庭"且又事业有成的女明星并不多,所谓僧多肉少,请蒋雯丽这样的女明星代言实际上有着一定的风险。根据央视 CTR 发布的《2006 年明星广告代言市场调查报告》,蒋雯丽 2006 年共代言了 10 个品牌,成为当年代言广告最多的女明星。美加净挑选蒋雯丽作为代言人,却降低了广告的独特性,观众的审美疲劳也加剧。加上网络舆论,使得 2006 年"乱伦"风波瞬间爆发。

---

① 牛力、广丰:《美加净:品牌突围的另一条路》,《中国化妆品(行业)》2006 年第 6 期。

② 鲁周煌:《上海家化:复兴老品牌的艰难道路》,中国知识产权杂志,http://www.chinaipmagazine.com/journal-show.asp?id=591,2012 年 6 月 18 日。

③ 秦奋华:《修炼内功　稳步成长　抓住机会》,《广告人》2008 年第 4 期。

三、深度思考

虽然蒋雯丽的"乱伦"广告风波更像是一场事与愿违的误会,但事件却反映出许多问题,需要从社会的、经济的角度进行解读。

(一)广告高曝光率下的蒋雯丽

正如"落雪是花"在《炮轰蒋雯丽——"美加净"产品广告真有"乱伦"嫌疑》中所说,蒋雯丽是一位气质清雅、认真于演艺事业的演员。蒋雯丽出生于 1969 年,作为国内著名的女演员,她塑造了许多经典的女性形象,其中很多都是母亲。1994 年日中合拍的电视剧《大地之子》在日本播出后,蒋雯丽还被评为"日本公众最喜欢的女人"和"最好的妻子",这更奠定了她"贤妻良母"式的风格。

身为国内一线女演员,蒋雯丽有稳定的家庭生活,相比其他女明星,几乎没有绯闻,相反,媒体经常报道其与丈夫的美满婚姻。这样一位声誉良好又有家庭、孩子的热门女明星,被诸多品牌请作代言人也就不足为怪。从表 2 中可以看出蒋雯丽所代言的产品大部分针对中青年女性或母亲,广告基调温馨、可信,宣扬亲情。

表 2　蒋雯丽代言广告产品一览表

产品所属行业	代言产品
化妆品、护肤品	芭特尔芙莱化妆品 美加净护肤品 安必信眼胶 美深胶原蛋白
即食食品	三全水饺和汤圆 盼盼法式软面 银鹭八宝粥

续表

产品所属行业	代言产品
饮料	雅士利奶粉 君乐宝乳业 汪氏蜂蜜
厨房调料	太太乐鸡精 多力3益葵花油
保健品与药品	博会科技深海鱼油 江中健儿消食片 瑞莱宝颈椎枕
家用电器	百丽安特照明 好太太速热水壶
家用日化产品	鹏锦洗衣粉
服装	爱恩贝尔亲情服饰 笑雪服饰保暖内衣 三利服饰 恺诗依羽绒服 米兰登时尚女装
通讯、科技	亿通手机 中脉科技
家居、建材	美涂士漆 欧派橱柜 欧贝尔家私

数据来源:百度百科。

2006 年,蒋雯丽共代言了 10 个品牌,包括雅士利、太太乐、三全、美加净、拉芳汉诗、盼盼、欧派、汪氏、好太太、恺诗依,成为当年代言广告最多的女明星(同年代言广告最多的男明星是濮存昕,共代言了 13 个品牌),其曝光度超过濮存昕,位居电视曝光明星中的第一位。①

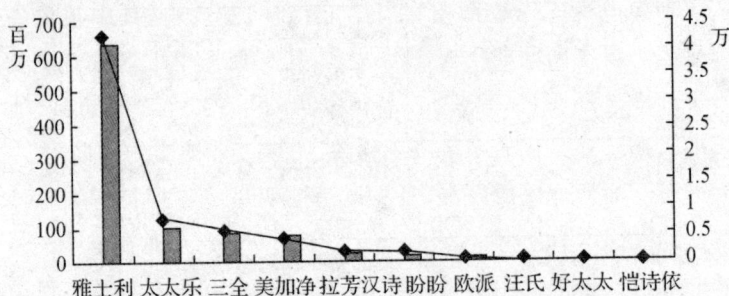

图 4 2006 年蒋雯丽代言广告花费及曝光情况

数据来源:央视 CTR。

然而高曝光率并不一定带来高美誉度,在网友质疑蒋雯丽代言的美加净广告的过程中,批评蒋雯丽代言过多的声音不在少数。如2006 年 10 月 9 日《重庆晚报》的报道:

> 观众普遍反映蒋雯丽广告做得太多,吃喝穿用全包括,电视上到处都是她推荐这个试尝那个,俨然广告女皇。据记者不完全统计,蒋雯丽一年来代言的广告近二十个:吃的有钙片、口服液、蜂王浆、鸡精、奶粉、饺子、汤圆;用的有家具、橱柜;健身的有凉席、脂肪机;护肤品有洗面奶、护肤霜、沐浴乳等等。有观众抱怨说:"荧幕全被她霸占了,以前很喜欢她的,现在觉得她在自毁形象。"

> ……更让很多观众无法忍受的是,蒋雯丽为化妆品代言皆称用了该品会变漂亮,"代言了四五种,也不知道是哪种让她变漂亮了";婴儿食品也代言了好几种,"每种都说宝宝爱吃,吃了健康,到底她的孩子在吃哪种?"对同一明星是否能代言相近产

---

① 侯明廷:《2006 年明星广告代言市场调查报告》,《大市场(广告导报)》2007 年第 6 期。

品,律师告诉记者:"国家法律没禁止,但触犯了行内潜规则"。①

美加净电视广告被指控"乱伦",遭到网友攻击,其中很大一个原因是因为蒋雯丽同期代言产品太多,其高曝光率下潜藏着美誉危机。美加净选择明星代言助阵品牌复出,但美加净没有想到,他们复出的时期已经是优质明星资源稀缺、明星广告泛滥的时期了。

但蒋雯丽所遭受的抨击,只不过是被明星广告拥挤得喘不过气的观众们发出的真实呼声。2006 年,有 1 139 个企业在其 1 252 个品牌的电视广告中使用明星为其代言,共有 1 449 位明星出现在播出的电视广告中,加上平面广告、户外广告等其他广告形式,担当广告代言的明星还要翻番。② 明星本是稀缺资源,但如此多的商业广告采用明星代言方式,必然造成大众审美疲劳,进行产生稀释效应。品牌辛苦拍摄的广告,最终观众只记得明星,不记得品牌。明星的突发事件和负面新闻,都可能对品牌造成重大打击。

相比世界其他国家市场,中国的品牌和消费者对明星的钟爱过度。据资料显示,中国品牌所耗费的广告费用中,明星代言费用平均占 20%,而这个数字在其他国家一般只有 13%。③ 众多营销教材中也将明星代言视作品牌一飞冲天的关键跳板,仿佛只要找对明星就能让品牌起死回生,就能四两拨千斤。在关于明星代言的研究或网络文章中,不乏对品牌选择明星代言的指导。如明星要与产品或品牌相符,要与品牌定位相符,要有持续的发展潜力,要有良好的公

---

① 重庆晚报:《蒋雯丽被指自毁形象,缺乏代表作滥接广告》,中国经济网,http://www. ce. cn/xwzx/xwrwzhk/peoplemore/200610/09/t20061009_8881913. shtml,2012 年 4 月 18 日。

② 张萍、郭俊、肖军:《明星代言是与非》,《中国化妆品(行业)》2007 年第 8 期。

③ 侯明廷:《2006 年明星广告代言市场调查报告》,《大市场(广告导报)》2007 年第 6 期。

众形象。这些"专家意见"带来的后果就是,需要明星代言的品牌越来越多,符合代言条件的明星却总是那么少,一旦演艺圈或体育界出现具有热度的闪亮新星,众多品牌就一拥而上,将明星的身价炒至天价——当然,这些费用最终都需要消费者来买单。

如今,在明星代言中,一位明星或名人同时为多个品牌或产品代言已经成为趋势。但学者研究发现,品牌组合代言具有一定的负面溢出效应,特别在代言规模超出一定水平之后,明星的代言效应逐渐回落。① 这就可以解释为什么2006年的美加净广告会招致众多网友对蒋雯丽的批评和攻击,因为蒋雯丽正是这样一位"身兼数职"的多品牌多产品的明星代言人。

如果要避免类似广告事件的再次发生,中国的品牌需要冷静地选择广告策略。

(二)道德大旗与网络暴力下的网络舆论平台

虽然网络进入中国人的生活是在20世纪末,但网络真正普及,彰显其作为舆论平台和公共空间的力量,是从21世纪初开始。随着互联网公信力的提高,人们越来越愿意选择互联网作为表达个人意见的场所,创立于1999年的天涯论坛就是其中最大的公共社区。

在互联网实验室2004年发布的研究报告中,天涯是中国唯一上榜的世界500强综合社区类网站。此时天涯社区开始从线上影响线下:2004年12月,CCTV"2004感动中国"年度人物评选揭晓,天涯社区《两所乡村小学和一个支教者》的主人公徐本禹脱颖而出。2005年5月起,天涯社区先后涌现流氓燕、芙蓉姐姐等网络人物,被

---

① 何浏、王海忠、朱帮助:《名人多品牌/产品组合代言溢出效应探析——一项基于网络外部性视角的研究》,《管理世界》2011年第4期。

国内外媒体广泛关注。①

2006 年是国内网络公共舆论平台正式形成、网络开始引导舆论走向的一年,正是从这一年开始,"社会事件首先在网络空间传播"成为普遍现象,传统媒体开始对"年度十大网络事件"进行梳理。②《南方都市》报整理的 2006 年的十大网络事件中,除了道德批判、人肉搜索、公共追杀令以外,还有大量的人身攻击与嘲讽谩骂。③ 最令人注意的是,一种"由草根力量组织的网络法庭"已经形成,这种网络法庭除了关注政府和国家的不法行为以外,还对违背伦理道德的事件尤其敏感。网络事件一般都会爆发成公共事件,如果没有在现实中引起人群聚集,就是以"广大网友情绪的排泄"为后果。④ 美加净的"乱伦"广告事件就是属于后者。

一篇批判时下炙手可热的女星代言广告有乱伦之嫌的网络帖子,在 2006 年的网络空间中,非常容易引起注意,引发普遍的公众情绪和共同想象。正如网友"左车春梦"的评论所说,"乱伦"二字一出,顿时挑拨了国人敏感的道德底线。这年头,随着信息的畅通,国人在很多方面渐渐不再那么闭目塞听,看待事物的态度不再盲目跟着主旋律走,自我判断能力增强不少……但是,国人的伦理道德观念……却依然坚守着某种不可逾越的底线。一旦有人越过底线,注定会面临着从精神到肉体的毁灭灾难……就拿乱伦这件事来说,一旦某个人真的被认定

① 《百度百科》,http://baike.baidu.com/view/10776.htm,2012 年 6 月 19 日。

② 赵万里、王菲:《网络事件、网络话语与公共领域的重建》,《兰州大学学报》(社会科学版)2009 年第 5 期。

③ 南方都市报:《2006 网络年鉴:十大事件》,站长网,http://www.admin5.com/article/20070109/33774.shtml,2012 年 6 月 19 日。

④ 吴军:《"虚拟"与"现实"的互动——网络公共事件的演变逻辑》,《社会观察》2009 年第 12 期。

为乱伦,估计他(她)即使没被大家强烈鄙视的言语行为杀死,也已经自行了断了。

"乱伦"广告事件的停息,一方面是由于批评方确实证据不足,另一方面则是由于上海家化及时的正面回应和修改创意。正是信息的透明和及时,使得美加净避免了更多非理性的批判和谣言的产生,能够在最短的时间内止息网络中的非理性攻击,避免了对品牌和产品更严重的伤害。

(三)管理体制决定品牌发展

一场广告风波所引发的思考,不能仅停留在广告环境上,还应审视品牌本身。美加净"乱伦"广告事件带来许多教训,最明显的是上海家化失败的品牌管理。不论是被迫选中"嫁"给美国庄臣,还是长达十年的沉默期,美加净都一直受累于其国企体制,无法在中国化妆品市场爆炸式发展的十年中及时回应市场。

回顾这十年的停滞不前,上海家化的董事长葛文耀感慨道:"塑造美加净品牌的失误,我有责任。"上海家化对美加净的品牌发展施行了品牌管理制度,然而,美加净的品牌经理仅在 8 年内就更换 6个,家化副总经理王茁也曾深刻反省过:"品牌要素变来变去,6 个品牌经理的个性都鲜明地体现在产品策略上。每个品牌经理到任都会'挖一口井',6 个品牌经理挖了 6 口井,却没有一口挖深的。不仅品牌要素把握不住,每个品牌经理还要重新换一个广告公司,重新选定不同风格的模特。"[①]

在 12 年的时间里,美加净的品牌经理主要是做产品开发协调

---

① 鲁周煌:《上海家化:复兴老品牌的艰难道路》,《中国知识产权杂志》,http://www.chinaipmagazine.com/journal-show.asp? id=591,2012 年 6 月 18日。

工作,奔波于消费者、科研、采购、生产、销售部门之间,做业务的协调和文书的准备,根本没有精力再投入"战略"上。实际上,消费者需求、竞争态势和营销策略这些"品牌规划"层面的工作,才是品牌经理真正应该做的。①

不适宜的品牌经理制度,不断细分的功能产品,最终导致美加净的品牌定位越来越模糊,品牌价值被稀释,美加净面临着沦为地方性二线品牌的命运。正是在这样的情况下,美加净的复出才显得苍白无力。如果美加净一开始就清晰地定位于 30 岁以上有家庭孩子的女性,坚持其品牌价值主张,其广告创意也不会招致网民如此多的误解。品牌管理的失败,无形中也强迫消费者放弃对品牌的忠诚与好感,当美加净想再度回到公众的视线中时,发现当年的拥趸年事已大,年轻消费者不再像当年那样接受美加净了。

(四)民族品牌的成功之道

美加净遇到的体制冲突,是开放进程中无数企业都要遭遇的。国有品牌并非不能成功经营,上海家化的"六神"和"佰草集",都在竞争激烈的护肤品市场上取得成功。同样,曾被欧莱雅收购的"羽西"②、上海老品牌百雀羚③、杭州老品牌孔凤春④也都在竞争激烈的护肤品市场中站稳脚跟。这意味着,美加净这样的民族品牌有可以借鉴的发展模式:

① 《在上海家化,美加净的品牌经理 8 年内换了 6 个》,火爆网,http://pinpai.5588.tv/xinxi/MAXAM_14694.html,2012 年 6 月 20 日。
② 《羽西 VS 美加净:化妆品两种命运》,中国行业研究网,http://www.chinairn.com/doc/70270/123323.html,2012 年 6 月 20 日。
③ 《百雀羚:涅磐重生实属不易》,博思商学院,http://www.bosshr.com/shownews_33653.html,2012 年 6 月 20 日。
④ 《孔凤春西湖店开业报道》,孔凤春品牌,http://www.mrhzp.cn/pinpai/mb1/look.asp?id=17378&vid=5174,2012 年 7 月 23 日。

(1)继续生产老国货产品,将其独立成为一个产品线,以最低的价格和最高的性价比满足大众消费市场中底层的需要,作为品牌资产不断唤起消费者对该品牌的民族情结。

(2)根据不同的市场层次开发不同的产品线。针对中端市场研发功能诉求为主的产品,针对高端市场研发概念诉求为主的产品。产品设计具有国际化美感,能与国际品牌竞争。产品诉求清晰,定位明确。

(3)经营独立的专卖店或商场品牌专柜,或通过网络销售等途径与国际品牌进行侧面竞争。

这三点,美加净都未能做到。美加净旗下产品虽多,但定位不清晰,没有标志性的概念区别,包装经常更换,没有能延续民族记忆的产品线,产品线之间没有清晰的区隔,产品包装和设计上更无优势。目前美加净产品大多在超市和卖场中销售,未形成独立的专柜或专卖店,只能在低端大众护肤品市场挣扎。

其实,美加净是有深厚品牌资产积累的老品牌,缺的是专业的运作和创新的果断。美加净应下定决心,整改体制,专心经营品牌,才能够摆脱不温不火的营销收入和徘徊的现状,重新焕发光芒。

四、前景展望

自从 2006 年秋天的蒋雯丽"乱伦"广告风波之后,美加净品牌如何发展至今? 民族化妆品市场又经历了怎样的变化? 本节对此问题作出解答,同时从产品与品牌定位的角度,试图对美加净和民族化妆品市场的前景作出展望。

(一)美加净的品牌现状:产品、广告与定位

自"乱伦"广告事件之后,美加净的发展却不如上海家化所宣布的"复兴计划"那么顺利,总体显得平淡,甚至有些迷茫。2006 年,美

加净的营业收入增长只有 1.5％,之后连续三年都维持在 5％,直到 2010 年才达到 10％。

表3 2006—2010 年美加净的营业收入、营业利润表

	2006 年	2007 年	2008 年	2009 年	2010 年
营业收入(百万)	210	220	230	242	266
同比增长率(％)	1.5	5	5	5	10
毛利率(％)	50	50	55	55	55
营业利润(百万)	105	110	127	133	146

数据来源:申万研究:《上海家化 2010 年数据分析报告》,2011 年 3 月 24 日。

广告战略方面,从品牌的传播表现来看,美加净除了在 2006 年低调播了蒋雯丽主演的同系列《关爱母亲 回报亲情》公益广告以外,放弃了护肤霜的广告宣传,将传播重点放到护手霜上。比较突出的作品有 2007 年蒋勤勤代言的美加净护手霜作品,反映初为人母的女性用细腻双手传达母爱的渴望。2008 年,由于各种原因,美加净更换了蒋勤勤,改用蒋雯丽代言美加净护手霜系列产品,最后播出的《丝绸篇》着重回归"女人味"的诉求,用女性私房话的形式传递给受众。

如今,美加净的电视广告依然主要以护手霜系列产品为主打,但护手霜的定位与诉求也一变再变。2007 年的《粉可爱篇》强调年轻白领的活力与多变,之后的一系列制作水准一般的产品介绍广告更是直接进行功能性诉求。2012 年美加净的官网上放出的护手霜广告则主打护手霜的多样选择,而 2012 年的护手霜系列产品不论从设计或产品功能定位上,都完全与之前不同。这样多变的传播策略,令美加净的品牌形象无法具有差异性,而对 2006 年《婆妈妈篇》时的消费者定位的放弃,更令人惋惜。

但更值得琢磨的是,上海家化旗下其他品牌却屡有出色之举。上海家化虽然仍把美加净列为其一线品牌,但六神和佰草集的发展

已经远远超过美加净。2006年,六神的营业收入将近9亿,2010年增长至近13亿,其中2006年的营业收入增长率为21%。目前,六神系列产品的代言人是李冰冰,相比之下,美加净现已无明星代言。佰草集目前已成长为上海家化的第一明星品牌,2006—2010年,每年的营业收入增长率都在46%以上。美加净表现平平,既无精心的品牌建设,也无致命的发展缺陷。

回看美加净"乱伦"广告,其实广告定位中规中矩,没有任何不妥。但消费者就是不喜欢这则广告?除了令人产生联想的对白"娶妈妈"以外,笔者认为更是广告策略,甚至品牌战略的失败。经过改革开放,女性消费者的观念已经改变,成功的护肤品广告应顺应女性关注自我、展现自信、保留青春的趋势。美加净的广告无法以强有力的广告诉求打动这群消费者。此外,美加净也未利用民族品牌资产进行专业化的定位和差异性的策略,如今其产品定位为"新天然主义",无法令人联想到美加净曾经的辉煌历史。相比其他民族品牌,美加净的广告投入实在少之又少,在竞争激烈的护肤品市场上实在难以有所表现。以美加净良好的产品基础和广泛的品牌认知,能加以精准的品牌定位,一定能获得成功。

(二)中国护肤品市场的现状与未来

2010年,中国零售市场日新月异,零售销售额和销售量均获得快速增长。在日化产品中,护肤品品类表现喜人,基础护理品在原有销售规模的基础上仍然保持两位数增长。截至2010年,洁面用品和脸部润肤品的零售总额分别达到50.6亿元和106亿元,增长率分别为16%和21%。

2010年,化妆品在日化行业占据的市场份额逾50%,从化妆品分支来看,护肤品加彩妆的市场比例占据半壁江山。中国化妆品行业在未来拥有广阔的发展空间,现在人均100元的消费额远低于发达国家人均消费100美元的水平,在未来仍有较大的发展潜力,正以平均每年 23.8%～41% 的速度快速增长。

中国的护肤品市场呈现细分态势。爽肤水、即用型面膜、眼部润肤、润唇膏等特殊护理品类异军突起,展示出巨大的市场潜力。其中眼部润肤品增长率高居各品类之首,达到 32%;爽肤水和即用型面膜紧随其后,分别为 30% 和 27%。眼霜类等作为具有特定功能的特殊护理品类增长迅速,这源于日前大众消费者对护理认识的日渐提升。同时,消费者对护理要求的升级必将促使产品品类的进一步细分。①

中草药护肤概念的热门,绿色有机风潮的流行,功能性专业护肤品牌的成功,儿童护肤品和男士护肤品市场的兴起,电子商务平台的迅速发展,这些都成为了中国护肤品市场中的趋势和潮流。据《2011—2012 年度中国护肤品市场调研报告》的数据,2011—2012 年度,全国前十位护肤品牌市场综合占有率总和为 41.89%。玉兰油作为市场份额第一的国外品牌,领导地位难以动摇,欧莱雅、欧珀莱紧随其后。国产品牌中,自然堂、相宜本草成绩不错,但前十名中所有跨国企业品牌总份额超过 30%(31.98%),继续强势压制国产品牌成长。同时,销售额在 5～10 亿的本土品牌呈井喷状态,民族老字号护肤品将面临更激烈的竞争。② 可以说,中国的护肤品市场已经非常成熟,对品牌的行销提出非常高的要求。

随着市场的成熟,中国的护肤品广告竞争势必更加激烈,品牌若想脱颖而出,必须寻找个性化、差异化的广告策略。除了在产品功能定位和诉求上寻找新的细分市场,如男性护肤品、香薰等,还应该在媒体策略上寻找差异。未来的中国护肤品广告,将在电视媒体以外更多地利用户外媒体、新媒体、电子商务平台等,拓展市场空

---

① 《中国化妆品行业现状报告》,《中国商贸》2011 年第 36 期。

② 南方日报《国产护肤品"三强"大换血》,http://epaper.nfdaily.cn/html/2012-11/02/content 7138660.htm,2013 年 9 月 18 日。

间。尤其是对于实力尚弱,不足以进攻大卖场和商场专柜的品牌来说,网络销售、新媒体互动营销将显得更加重要。

上海家化关于"美加净修护系列产品广告争议"的回复声明

近日,有网友对上海家化美加净护肤品在CCTV6新播出的美加净修护系列产品广告,表示了个人的质疑看法,这些看法引起了很多媒体的关注和争论。无论这些争议是否符合美加净护肤品广告的初衷,上海家化对各界的关心和善意的意见均表示由衷的感谢,对各界朋友普遍关心的几个问题,上海家化特作如下申明:

1. 作为民族日化行业的行业代表企业之一,上海家化一直致力于和各界朋友一起改善中国日化行业的广告宣传环境。美加净作为一个历史悠久的民族品牌,长期以来一直贴近消费者的需求,一直宣扬家庭、亲情、温馨的品牌价值,无意借助离奇的广告创意吸引消费者和媒体的关注,因为这显然有违于品牌长期以来坚持的价值主张。

2. 对于该广告引发的争议,我们深感意外。需要说明的是,该广告的创意过程经过了严谨的前期访谈和后期广告测试,调研表明,绝大多数目标消费者对该广告所表达的无忌童言和母子之爱都有正面和美好的感受,该广告也经过了相关专业权威部门的审核。此类创意手法在国际广告界是非常普遍的,我们希望更多的网友以包容、健康、阳光的心态去理解这类广告片。

3. 美加净护肤品与蒋雯丽女士的广告合作,不但是因为她的艺术形象和知名度非常符合美加净护肤品希望传达的价值主张,并且她长期以来一直热衷于公益事业,此次更为美加净护肤品投资的新公益广告加班加点,全情投入,不计报酬。一些不了解真相的人对于蒋雯丽的某些误解,美加净希望大家能公正对待。我们希望对广告片的议论是在观看过以后发出的认真的、非娱乐性的声音，我们希望不同意见不要演变为用词低俗的谩骂宣泄和对演员的人身攻击。我们相信建设性的批评意见会有更多的人倾听。

4. 在该广告的争议出现后，美加净已经开始就该争议对观众的影响进行更大规模的调研，目前，我们依然确信大多数观众的感受符合我们播放前的测评结论，在新的调研结论作出以前，上海家化尚无停播或全面调整美加净修护系列产品广告的计划。

5. 我们感谢迄今为止几乎所有儿童专家、心理学专家、广告专业人士对该广告片的正面解读，感谢媒体朋友对这些信息的传播，我们相信因为你们的努力，中国的创意产业发展和品牌成长会有更加和谐、宽容的环境。

上海家化联合股份有限公司

2006 年 10 月 10 日

"藏秘排油"广告风波始末及
医药广告代言乱象

　　2006 年 4 月上旬，社会上流传郭德纲以"平民偶像"身份，200 万元倾情代言"藏秘排油减肥茶广告"，天价代言费使得传言短时间内吸引社会关注。同月 27 日，嗅觉敏锐的《青年周末》以"郭德纲代言广告涉嫌违法"为名刊发文章，首家披露藏秘排油茶涉嫌违规生产，广告多处涉嫌违法。[①]《青年周末》对此事的报道引起不小的反响，但由于种种原因，社会舆论对此的关注并未持续多长时间。直到 2007 年"3·15"晚会上，"藏秘排油"因改头换面、虚构研制单位等惊人秘密被揭开而再度进入公众视野。随后北京市工商局立案并开展调查，广告代言人郭德纲一时之间成为众人声讨、口诛笔伐的对象。此事过后，因名人代言而引发的风波并未结束。两年后，侯耀华与赵忠祥因代言虚假广告再度引发社会对名人代言医药广告的批评和讨论。医药广告代言中的乱象成为我国当代广告中另一个无法规避的话题，其中的问题虽经多次讨论，至今仍不尽人意。

---

　　① 王进：《郭德纲代言广告涉嫌违法》，《青年周末》，http://www.dooland.com/magazine/article_26182.tml，2012 年 4 月 26 日。

一、藏秘排油广告风波始末

(一)郭德纲的回应与反击

2007 年"3·15"晚会对藏密排油的真实面目进行解密后,郭德纲迅速受到社会舆论的质疑与指责,与此同时,互联网上也展开了激烈的讨论。"3·15"后,搜狐网辩迅速开设议题"郭德纲是否该道歉",短短几日内就有 1 000 多条评论,虽然不乏铁杆"纲丝"力挺,但更多的网友要求郭德纲公开道歉,呼吁有关部门给予适度惩处。①

风声鹤唳,郭德纲坐不住了,"3·15"晚会结束以后的短短两天内,他就在封笔良久的博客里连发四篇博文以示清白。2007 年 3 月 16 日上午 10 时许,郭德纲在新浪的官方博客上发表了一篇颇有文采的声明,②此文迅速引来众人围观,被各博友、网媒迅速转载:

<blockquote>

那一夜,我梦见百万雄兵
关于藏秘排油广告的声明

昨。

315。

央视。

电光闪处,屏幕中。

</blockquote>

---

① 孙玉洁、任嫣、张学军:《央视:我们没有报复郭德纲,晚会针对的不是某人》,中国经济网,http://www.ce.cn/kjwh/ylmb/ylzl/200703/20/t20070320_10752636_2.shtml,2012 年 4 月 19 日。

② http://blog.sina.com.cn/guodegang,但目前郭德纲的新浪博客、网易博客疑似被封杀,信息都被清空或加锁。

藏秘排油,千夫所指,万人切齿。

人在三更梦,祸到大门前,一个声音低声道:毁他……

3月17日下午,他又作诗一首——《闷坐无聊偶感于怀》,言辞中自叹"身逢险地何惧死,前行无路不求还"、"可叹可叹,扯淡扯淡。人活一世,难难难"这样的自怜话语,亦有"斥魍小、吓贪顽","醉里挑灯看贼人犯贱,恶犬狰狰,哪晓西南"这样的犀利段子。

除了正式声明外,郭德纲顺带转发了一些"纲丝"支持自己的呼声。① 郭德纲此番动作无外乎是向社会传达这样一个信息:自己不应当承担什么责任。虽然俗话说"拿人的手短,吃人的嘴软",郭德纲却强调:"人家来找我了,问藏秘排油这个事你能做吗? 挣钱的事儿干吗不干? 不过我确实很谨慎,不仅自己喝了,我周围的朋友,比如我师叔师胜杰先生的夫人,我那婶儿,一直到今天还在喝。"在接受《青年周末》记者访谈的时候,郭德纲说:"哥们儿,你想想,各个部门都不管,我一个说相声的,我闹得清楚吗? 我的任务就是,我看了批件没问题,我喝了也没问题,就行了! 如果广告有问题,那应该由主管部门来审核。现在这广告都播了一年了,就说明允许它存在。产品在市场也销售了一年,为什么现在才停它? 许多部门都难逃其责。这就赖不着我们了。"②

至于对消费者道歉,郭德纲一口咬定三个字——"我没错"。"我道什么歉呐? 藏秘这事到底错在哪儿呢? 批号有问题,还是喝了不管用? 如果说批号不符,去年7月工商局已经查过一次了,查完厂家都改完了,批号手续都补全了。至于央视找来两个老头说喝

---

① 燕帅:《郭德纲谈代言藏秘排油事件:是央视受害者》,人民网·传媒,http://media.people.com.cn/GB/22114/79817/79824/5499839.html,2012年4月19日。

② 笑宇:《郭德纲:"我没错,等别人来道歉"》,《烟台晚报》2007年3月21日。

了不管用,我这儿还有 4 个老太太说喝了管用呢!"①

(二)"藏秘排油"的前世今生

这神秘的"藏秘排油"到底是什么,喝了以后是管用还是不管用?根据曝光的信息,"藏秘排油"的前身是名为"百草减肥茶"的保健食品,由中国食品工业信息咨询中心于 1998 年研制并申请注册,2005 年 5 月转让给北京一家保健品公司,之后北京七彩集团介入,由该公司负责生产,七剑彩虹科技公司负责销售并进行重新包装。

"藏秘排油"的右上角有一个 TM 标识,表示商标正在受理尚未批准。但查询国家商标局网得知,"藏秘排油"实际上是七彩集团于 2005 年年底申请,至今还在受理中的商标,并不是产品的名称。

宣称研制藏秘排油的"亚洲藏茶医学保健研究所"据说是香港的一家公司,但经香港卫生署、香港特别行政区注册处证实,"亚洲藏茶医学保健研究所"并未在所管辖下的范围内进行注册,只有一家香港藏医学技术开发研究中心有限公司曾使用过亚洲藏茶医学保健研究所的名称。该公司于 2006 年 3 月 1 日成立,是一个注册股本只有一万港币、注册地址找不到办公地点的私人公司,董事只有一个人——张锦力,即"藏秘排油"的策划人。

整个广告推广活动大打"西藏"牌,但仔细分析产品包装盒上标明的成分,除绿茶外,就是决明子、制何首乌、制大黄等 7 种中草药。中国中医科学院科学技术委员会委员、中国药典委员会执行委员周超凡表示,这些药均为常用中药,与藏茶实在没什么关系。②

---

① 燕帅:《郭德纲谈代言藏秘排油事件:是央视受害者》,人民网·传媒,http://media.people.com.cn/GB/22114/79817/79824/5499839.html,2012 年 4 月 19 日。

② 黄维:《郭德纲代言藏秘排油广告被央视"3·15"晚会曝光》,人民网·传媒,http://culture.people.com.cn/GB/5477774.html,2012 年 4 月 30 日。

(三)消费者的维权与无奈

按理说,"藏秘排油"根本不可能达到其宣称的那种神乎其神的效果。但甭管有用没用,改头换面的百草减肥茶身价可比以前抬高了不止一点。2007 年 3 月 16—17 日,西城工商分局执法人员深入调查后发现,过去的包装每盒 60 小袋,每小袋大概 1.13 元;藏秘排油则是每盒 29 元,共 10 小袋,每小袋平均 2.9 元,每袋比百草减肥茶高出 1.77 元,而经销商拿货的价格只有 6 元。百草减肥茶被包装以后,在市场上的身价就从 6 元蹦到 29 元。不过是因为多了"藏秘排油"这四个字,每盒就从消费者手里赚到 23 元钱。

也就是说,"百草减肥茶"被穿上"藏秘排油"外衣后,加之名人郭德纲的代言,近一年来,其销售额已经接近一亿元。这个数字一曝光,对曾经购买过"藏秘排油"的消费者而言无异于火上浇油。他们对厂家与郭德纲的鄙薄似乎已经不能平息内心的愤怒,于是,一些人拿起法律武器维护自己的权益。2007 年 4 月 9 日,一位张姓女教师向法院起诉:"由于'藏秘排油茶'广告的诱导,加之对该产品代言人郭德纲的喜爱和信任,她购买了三盒'藏秘排油茶'。但使用了该产品后,不但没有广告中称的'5 大奇妙感受',反而恶心、呕吐、肚子疼痛难忍。后来她通过电视得知,'藏秘排油茶'的广告弄虚作假,名不副实,纯属欺诈,方知受骗。"①

其实,早在 2006 年就已有北京的消费者王立堂将郭德纲及其代言的"藏秘排油"的生产厂家告上法庭,②他也为此消耗了大量的时间和精力。自 2006 年 7 月北京市崇文区法院对其状告郭德纲一

---

① 萧萧:《藏秘排油茶风波不断 郭德纲被女教师推上被告席》,腾讯网新闻,http://news.qq.com/a/20070409/001773.htm,2012 年 4 月 29 日。

② 燕帅:《郭德纲谈代言藏秘排油事件:是央视受害者》,人民网·传媒,http://media.people.com.cn/GB/22114/79817/79824/5499839.html,2012 年 4 月 19 日。

事立案以来,王立堂历经上诉、重审、向工商局提出"履责申请"等程序,但案子被推来推去,弄得他筋疲力尽;而工商局那边"千言不值一杯水,泥牛入海无消息",四个多月过去了,既不见行动,又未给答复。① 因此,王立堂状告郭德纲一案陷入胶着状态,这个代言事件逐渐淡出人们的视野,直至 2007 年的打假盛宴"3·15"晚会。

然而正如王立堂说的"司法路漫长,违法者嚣张"。2007 年 6 月 9 日,身心俱疲的王立堂在与郭德纲两次直接沟通后,达成书面协议,于三日后崇文区法院再次开庭审理时当庭撤诉。② 女教师张敏则比他更早做出相同的决定,2007 年 4 月 28 日便到宣武区法院撤诉,理由只有六个字——"没时间,没精力"。③

随着诉讼程序的终结、产品在超市与药店的下架、工商局对生产和包销公司的进一步查处,郭德纲除了名誉上受到损伤外,并不需要担负特别的责任。郭德纲代言"藏秘排油茶"的风波最终告一段落,但代言医药广告及其虚假宣传等问题从未停止,这个广阔的舞台上从不乏星光闪烁,"你方唱罢我登场",走了一个郭德纲,又来侯耀华与赵忠祥。

(四)侯耀华、赵忠祥重蹈覆辙

郭德纲代言藏秘排油虚假广告风波后,又有两位社会知名人物因代言虚假医药广告被曝光。2009 年 11 月 1 日,中国广告协会法律服务中心的主任李方午在第 16 届中国国际广告节上把矛头对准侯耀华,直指其代言十则虚假广告的行为太严重、太典型,几乎涵盖所有名人代言广告的违法形式。这十个产品分别是天元牌亚克口服

---

① 苑航:《王立堂:状告郭德纲内幕》,《中国质量万里行杂志》2007 年第 5 期。
② 郭志霞:《郭德纲承认违规代言减肥茶,欲做民间守法艺人》,网易娱乐,http://ent.163.com/07/0612/07/3GP5H5A600031H2L.html,2012 年 4 月 29 日。
③ 裴晓兰:《称没时间没精力,女教师撤诉不告郭德纲》,《京华日报》2007 年 4 月 29 日。

液、澳鲨宝胶囊、渭肠益生元、加拿大 V6 胶囊、角燕 G 蛋白胶囊、黄金九号、伯爵胶囊、康大夫茶愈胶囊、方舟凯达降压仪、杜仲降压片（贵阳德昌祥药业有限公司）。① 凭借这些广告，近些年一直寂寂无闻的"余德利"着实大红大紫了一把，被网友戏谑地封为"山寨广告影帝"。②

就在"侯耀华代言门"的风波还在持续之时，各路记者又将话题引到著名节目主持人赵忠祥身上。以赵忠祥现身 2009 年《舞林大会》复赛第五场发布会为契机，有记者敏锐地指出，曾听到过网友爆料赵忠祥也曾出现在类似的广告中。③ 2009 年 11 月 11 日上午，中国商业联合会媒体购物专业委员会首次对外通报违法媒体购物节目广告，证实了赵忠祥代言广告的事实。在众多药品、保健品、减肥、丰胸、非医疗器械等广告中，赵忠祥的高知名度使得其代言的电视购物广告"长城利脑心"和"复方咳喘胶囊"格外引人注目。④ 广告中传出赵忠祥独具穿透力的声音，"早一天服用长城利脑心，就可以早一天和心脏病、中风偏瘫说再见"。媒购委认为，这条广告确系擅自发布的药品短片广告，赵忠祥的"广告语"中也确实含有不科学的表示功效的断言或保证。2009 年 12 月 24 日、2010 年 3 月 26 日，媒购委又接连点名赵忠祥，曝光其"牵手"违法广告"甲乙抗栓（麝香心脑通胶囊）"和"壮骨拔毒贴"。⑤

"3·15"晚会的曝光、广告协会的披露和媒购委的点名批评，的确对发现和制止违法医药广告的刊播起到一定作用，他们每揪出一

---

① 张庆龙：《侯耀华代言虚假广告均被曝光，篡改内容通过审批》，搜狐新闻，http://news. sohu. com/20091103/n267912525. shtml，2012 年 4 月 19 日。

② 宾语：《侯耀华成山寨广告"影帝"只因太缺钱》，《视听界》2009 年 6 月。

③ 刘艳：《网友又揪赵忠祥违规代言　赵忠祥：接广告时会更谨慎》，《广州日报》2009 年 11 月 7 日。

④ 《赵忠祥回应违规代言》，优酷网娱乐资讯，http://v. youku. com/v_show/id_XMTMwMjgyNDQw. html，2012 年 4 月 19 日。

⑤ 廖爱玲：《赵忠祥主持广告再遭通报，80％媒体播违法广告收敛》，《新京报》2009 年 12 月 26 日。

批典型,都会使得各药品、保健品、医疗器械的生产销售企业在舆论的风口浪尖下谨慎行事。但"风头"过去,五花八门的虚假医药广告又死灰复燃,不乏曾被禁播的广告,它们改头换面,摇身一变,重新回到人们的视野中。①

二、医药广告代言乱象之社会背景

(一)医药广告发展的背景

黑龙江中医药大学的孙建飞认为,"医药广告简而言之就是传播医药信息的活动,具体指医药商品经营者或者医药服务提供者承担费用,通过一定媒介和形式直接或者间接地介绍自己所提供的医药服务或者所推销的医药商品的活动"。② 华东政法大学的王锦杰认为,传统的意义上,医药广告是药品广告、医疗广告和医疗器械广告的统称,因为"医药广告能够很好的涵盖以上三者,而且也不会引起人们的歧义"。③ 为了同"医疗广告"相区分,本文的医药广告是包

---

① 例如"藏秘排油"广告,北京市工商局曾于 2006 年 7 月要求停止发布,但 7 月至 10 月仍有大量广告出现在街头巷尾和车身,资料出自《郭德纲谈代言藏秘排油事件:是央视受害者》,新浪财经,http://finance.sina.com.cn/xiaofei/consume/20070322/10093430461.shtml,2012 年 4 月 19 日;赵忠祥代言的"甲乙抗栓"广告在 2010 年的"3·15"晚会上被曝本该停止播出却仍出现在黄金时段,媒购委 2010 年 12 月 7 日曝光赵忠祥代言的"长城利脑心片"改版后继续违规播出,资料出自《赵忠祥王刚再被点名违规代言虚假食药广告》,中新网,http://www.chinanews.com/jk/jk-aqjs/news/2010/03-25/2190452.shtml,2012 年 4 月 20 日。

② 孙建飞:《医药广告规范化管理对策的研究》,黑龙江中医药大学硕士论文 2006 年,第 5 页。

③ 王锦杰:《医药广告的法律规制研究》,华东政法大学硕士论文 2008 年,第 5 页。

括药品广告、保健品广告和医疗器械广告在内的统称。

医药广告古已有之,但大面积传播的虚假医药广告数量却是在近年才陡然上升,转折点是 2004 年。这一年被一些人称为"问题广告年",当年在电视、报纸、广播、网站的违法医药广告层出不穷,引起社会的极大关注和广泛争议。究其原因,除了相关部门对生产企业、经营企业和发布媒体的惩处力度不够外,更应从行业的角度来考虑。单就药品广告来说,制药业迅猛发展,在 2000 年骤然发力,从 1500 条爆增到 26000 条,广告费用更是随之攀升,在 2000 年达到16.21 亿元,2004 年则上升到 204.35 亿元,同比增 60.3%;保健品的销售额在 2003 年突破 300 亿元大关,比上年增长近 50%,2004 年保健品广告数量随销售额继续提升,达到 3 万多条;①医疗器械的销售额从 2001 年到 2004 年几乎翻了一番,接近 300 亿,广告也从几十条上升到数千条。在急剧增长的广告总量中,违法医药广告的数量也随之突飞猛进。②

(二)明星代言医药广告的背景

事实上,1994 年,违法医药广告就初见端倪,只是它主要以张贴街头广告的形式出现,其影响力远不及经过大众传媒辐射后来得大。自从 1989 年李默然为"三九胃泰"代言开创先河以来,③医药广告聘请明星代言的现象层出不穷。受利润的驱使,一些明星开始为虚假药品、保健品和医疗器械大唱赞歌,违法代言也在所不惜。1995 年,央视新闻联播主持人邢质斌顶着"国脸"形象为"使你美"减

<hr>

① 孙建飞:《医药广告规范化管理对策的研究》,黑龙江中医药大学硕士论文 2006 年,第 5 页。

② 《广告审批、查处数据库》,中国食品药品监督管理局,http://www.sda.gov.cn/ws01/CL0001,2012 年 4 月 30 日。

③ 王浩:《杨红灿:要有规范自我保护自我的意识》,《中国工商报》2009 年11 月 3 日。

肥腰带做广告,广告播出三个月后遭到消费者的声讨;①2005 年,陈小艺携子在广告中大赞三精葡萄糖酸钙口服溶液,两个版本的广告因为内容违规在 5 月底均被电视台喊停,②一同被禁播的还有节目主持人仇晓代言的"金驴驴胶补血冲剂"和艺人江珊代言的"钙加锌口服液";2006 年,文清代言的治疗近视的医疗器械"眼保姆"因涉嫌欺骗和误导消费者被投诉,当年 10 月 24 日北京工商局在第三季度广告监测中曝光了这一广告;同年 11 月 9 日,央视《每周质量报告》揭露年初由著名影星石兰代言的"洗斑魔力祛斑液"是一个大骗局,其广告也被国家工商总局列为严重违法广告;③2004 年 11 月 2 日,美国食品与药品管理局(FDA)的曝光让赵本山代言的"蚁力神"备受争议,④直至 2007 年 10 月,赵本山那一脸坏笑说着"谁用谁知道"的广告代言形象终于陆续从各地电视台上消失。⑤

类似的案例数不胜数,就不一一列举。

三、医药广告代言乱象原因再思

(一)虚假医药广告:为何会屡禁不止

虚假医药广告已经成为社会的痼疾,广大消费者深受其害,亦对之深恶痛绝。民间揭发举报者有之,相关部门出手整治者有之,

① 吕莉红:《企业视频模拟邢质斌播新闻,网友认为仿造〈新闻联播〉形式不妥》,《京华时报》2012 年 2 月 2 日。
② 王军光:《陈小艺代言口服液广告被停播》,《北京青年报》2005 年 5 月 30 日。
③ 廖爱玲:《"洗斑"演员脸上从不长斑》,《新京报》2006 年 11 月 20 日。
④ 钱昊、高爽:《蚁力神投资神话》,《新京报》2005 年 1 月 21 日。
⑤ 祖丁远:《赵本山帮"蚁力神"忽悠上百亿资金》,人民网·强国博客,http://blog.people.com.cn/open/articleFine.do? articleId＝1335668285943,2012 年 4 月 20 日。

然而每每风头过后,这些虚假广告又如同烧不尽的野草一般冒出头来。虚假医药广告为何屡禁不止？关于这个问题的讨论,学界、业界一直没有停止过,可以归为以下几点:

1. 经济利益驱使,处罚力度有限

药品销售的业内人士曾说,暴利促成违规广告。由于药品及保健品的成本非常低,违法违规广告的获利空间大,风险成本小,是导致违法药品、保健品广告屡禁不止的重要原因。根据《广告法》规定,利用广告对商品或者服务做虚假宣传的,由广告管理机关责令广告主停止发布,以等额广告费用在相应范围内公开更正、清除影响,并处广告费用 1 倍以上 5 倍以下罚款;情节严重的,依法停止其广告业务。① 广告影响有一定的滞后性,在相当长的一段时间内都将产生影响,因此虚假广告产生的利润可能是罚款的几十倍甚至上百倍,区区 5 倍罚款根本不足以对违规者造成震慑。

2. 医改体制滞后,医患信息失衡

由于我国的医疗保障体制尚未完善,患者医疗经费短缺,医院以药养医,药品价格居高不下,群众看病难,看病贵。许多群众一方面不了解医学知识,认知度不高,一方面又因长期受疾病困扰、求医心切;医药广告中虚假的词汇,夸大的语言也诱使他们上当,这是虚假违法医疗广告生存的空间。

3. 部门交流不畅,广告蔓延虚假

目前,药品、保健品和医疗器械广告由卫生行政部门审批,广告许可证由工商部门监管,各种媒体由宣传部门管理;卫生行政部门拥有审查权、决定处罚权,工商部门拥有处罚执行权,但卫生行政部门发现违法行为时并无执法权,工商部门在接到卫生行政部门的通

---

① 《中华人民共和国广告法》第 37 条,中华人民共和国国家工商行政管理总局, http://www. saic. gov. cn/zcfg/fl/199410/t19941027_45767. html, 2012 年 4 月 30 日。

知之后才能行使处罚执行权。多头管理形成空白地带,违法医药广告利用部门之间信息交流不畅,专业知识有缺陷打"擦边球"。有的广告主提供给卫生、工商审批和提交媒体刊登或播出的广告是不同的版本,致使播出内容和实际大不相同。一直以来,我国对虚假广告的治理只是采用工商行政部门的单一处罚制度,未建立行之有效的监督机制,应加大刑罚的惩治力度,有效制止虚假广告的蔓延。

4. 监管范围受限,查处隔靴搔痒

监管部门检查医药广告时,主观上感觉夸大疗效,但按照相关规定,只能检查从业人员资质,检查开展项目与营业证上批准项目是否相符,无法进行其他作为。媒体也认为,在现行的政策下,政府相关部门监管缺位,媒体很难把好审核关,因为按规定,媒体审查只能审查相关的手续,如药品、保健品和医疗器械名称是否注册过,是否有核发的广告批准文号,如果厂家有意伪造这些手续,媒体就很难察觉。

虽然设了专门的广告监督管理机构,但许多虚假广告仍然无法及时查处。另外,对已经产生社会危害性的虚假广告的处理,一般只限于行政处罚和民事赔偿责任范围,无法真正惩治和遏制。

(二)明星违规代言:是否该承担责任

悉数近年来的违法医药广告,明星代言形式实际上包括 3 种:一是现身说法型,这类代言人不仅自己使用该产品,还进行宣传推荐,这是最明显的代言人身份,应承担的责任也最大;二是介绍推荐型,在广告中不说自用,只说产品效果;三是"形象大使"型,明星以主持人或采访者的身份出现,成为"有名的非记者",看上去似乎和产品没直接关系,但只要出现在广告中,实际上就是对产品的承认,起码表示不反对此类产品。①

---

① 徐英俊:《商业性表达自由的限度——以名人医药广告禁令为例》,西南政法大学硕士论文 2010 年,第 5 页。

在过去很长一段时间内，行政和法律部门并未明确规定医药广告代言人扮演的角色、承担的责任，态度暧昧，加上没有强有力的法律支撑，自然导致明星代言的违法医药广告层出不穷。①

医药产品属性特殊，是用来治病救人的，而不是戕害生命的，明星代言，以自己的公共形象为商品担保，对于急需获得生命或健康保障的消费者来说，他们的形象有特殊的意义。从社会责任的角度来看，明星选择代言虚假的医药广告的行为，毋庸置疑是对良心和公众信任的践踏。

当然，此前郭德纲们也说，明星是凡人，并无更强的鉴别、审查和监督能力。况且，明星代言的产品本身有国家质检机构核发的合格证书，并无质量问题，仅仅参与代言的明星不该为此负责。人们应声讨制药企业和监管者，而不是将责任归咎于明星。②

这样的说法恐怕难以服众，诚然明星拥有的医药专业认知必定是肤浅的。但是作为公众人物，明星的一举一动也必然要考虑更多。明星代言本身就是市场产业链中的一个环节，所谓责权对等，若是免费代言，商品出了问题，连累了明星确乎有些冤；一旦这种代言属于有偿性质，代言人连呼"没有审查能力"显然是推卸责任。

相对于国内明星因为"君子爱财，取之无道"而备受诟病，国外明星在广告代言上相当爱惜自己的毛羽。在美国，明星代言并不如在中国这么受追捧，华盛顿地区演员工会的负责人阿维斯女士指出，比起商业广告，明星们更热衷公益事业。《公益时报》报道，美国的形象代言人广告必须"证言广告"和"明示担保"，明星们必须是其所代言产品的直接受益者和使用者，否则就会被重罚，一位好莱坞

---

① 孙灵犀、卞鹰、王一涛：《我国药品广告监管体系的完善和发展》，《卫生软科学》2006 年 5 月。

② 南都社论：《代言问题药品，明星岂能置身事外》，《南方都市报》，http://gcontent. oeeee. com/1/d9/1d94108e907bb831/Blog/d62/6f1c57. html，2012 年 4 月 29 日。

演员就曾因为假证言被罚 50 万美金。① 在法国,明星代言虚假广告还可能受牢狱之灾,电视节目主持人吉贝尔就因此锒铛入狱。② 韩国、加拿大等国在明星代言方面更是出台多项"紧箍咒",为消费者权益保驾护航。

至此,我们起码可以得出这样几个结论:其一,国外相对成熟的明星代言管理模式确实值得我们借鉴,譬如加拿大"缩小非处方药范畴,让医生、药房等专业机构而非普通患者选择药物",③从源头上把住虚假医药广告的关;其二,国内明星的社会责任感和道德修养有待提高,当然,这一方面取决于明星们自身的反省程度,但此外,还需要整个社会的价值取向转变,当公益行为更受追捧,利他价值观更受肯定时,人们对明星的审视也会更理性,这将迫使明星关注自己对社会的贡献,而非从社会获取经济利益。

(三)消费者维权:如何取得实效

在违法医药广告的数量呈几何倍增长时,稍稍令人感到欣慰的是,消费者们在与侵权行为斗智斗勇的过程中拿起法律武器维权的意识亦逐渐增强。

前述的三个案例发生之前,就有消费者状告医药厂商和代言人的先例存在。2004 年,刘晓庆因代言名为番茄胶囊的保健品而被告上法院;2006 年,濮存昕因为代言盖中盖口服液而不得不和消费者对簿公堂。在"藏秘排油"事件中,郭德纲两度被起诉;侯耀华也因

---

① 腾讯:《国外明星涉及虚假代言的后果》,《渭南日报》,http://szbk.wnrb.net/html/2011-05/27/content_184903.htm,2012 年 4 月 28 日。

② 南都社论:《代言问题药品,明星岂能置身事外》,《南方都市报》,http://gcontent.oeeee.com/1/d9/1d94108e907bb831/Blog/d62/6f1c57.html,2012 年 4 月 29 日。

③ 陶短房:《国外为何没有"明星药品代言"乱局》,http://www.foods1.com/content/1624326/,2012 年 4 月 19 日。

为其代言的角燕 G 蛋白胶囊和黄金九号这两种产品而和厂商一起成为被告;赵忠祥和"甲乙抗栓"的命运也是如此。

但运用法律手段维权的路并不是一帆风顺,上诉是一回事,结果是另一回事。目前,除了"藏秘排油"一案中两位消费者的维权行为得到详细报道———一位选择私了,一位无奈撤诉,市民马先生状告侯耀华和林先生状告赵忠祥都石沉大海。

舆论关注消费者维权行为的发生,却不追踪结果,是觉得没有继续报道的价值,抑或是早已知道不会有善终?

为什么消费者的维权意识已然觉醒,却难以讨回受损的权益,到底是国家机关的不作为,还是强势群体的暗箱操作?

这些,都值得我们思索。

无论如何,有一点可以确定,为了让消费者维权之路少些许坎坷,我们需要"一增一减"———增强维权团体力量,减少维权过程成本。

1. 增强维权团体的力量

我们都知道中国有个"消协",是与侵犯消费者合法权益进行博弈的最好代表,可现实却是,这一最正宗的"代言人"由于其固有的行政化、官僚化弊病,很难真正担当起时时处处为消费者利益代言的职责。[①] 所以说,仅仅一个"消协"是不够的,我们还需要组建对消费者协会起辅助作用的其他各种类型的消费者民间组织。根据世界范围内消费者权益保护发展的新形势,一些国家已经将其他类型的消费者民间组织发展成为一种职业性组织并日渐发挥重要作用———如消费者组织联合会,消费者事务协调处理会。

与民间组织相对应,政府职能层面上的消费者保护组织也应当跟上。在美国,涉及消费者保护的行政机构包括联邦贸易委员会

---

① 国世平:《从国际消费维权角度分析中国消费维权》,《消费经济》2008年1月。

（FTC）、食品药物管理局（FOA）、消费者商品委员会（CPSE）；在英国，商务部下设消费者保护委员会；在法国，政府设有竞争消费局。①

这些都值得我们借鉴，用以建立一套由立法保护、司法保护、行政保护、社会保护、行业保护和消费者自我保护相结合的相对完善的消费维权体系。

2. 减少维权过程的成本

粗略估算，消费者维权起码要支付以下成本：时间成本、金钱成本和精力成本。但细算一下，还有路费、误工费，高昂的检测费、律师费、诉讼费、仲裁费，这并不是每一个试图维权的消费者承担得起的。"追回一只鸡，得杀掉一头牛"，这样的维权让人不得不犹豫。

更何况，维权很多时候是为了赔偿。但就目前来看，我国消费者维权获胜后，目前每案得到的赔偿金平均仅为 700 多元人民币，而美国平均每案消费者获赔 35 万美元，是我们的 3700 多倍。无外乎很多时候官司还没开打，原告就没了信心。②

故而降低过高的维权成本，消费者的维权之路才能畅通。

（四）网络舆论可以成为行业、社会监督的利器

自媒体时代，各门户网站，QQ、MSN 等即时聊天工具，E-mail，博客，微博，论坛 BBS 都为网民意愿的自由表达提供了充分的空间。郭德纲、侯耀华和赵忠祥三人的"代言门"引起网友的密切关注与热烈讨论，从主帖、回帖和投票情况看，大部分网友批评其行为，由此而产生的舆论压力也迫使三位名人迅速采取公关手段作出回应，发表道歉言论。

可以说，网络舆论有助于遏制明星代言虚假医药广告，他们会

① 余晓蕾：《国际消费维权一瞥》，《家电科技》2008 年 6 月。
② 国世平：《从国际消费维权角度分析中国消费维权》，《消费经济》2008年 1 月。

顾忌可能出现的严重后果——众网友口诛笔伐,形象一落千丈。网络舆论虽然凸显了人们的话语权,但其草根性过强而带有许多非理性因素,情绪性与煽动性的言语充斥其中,侮辱谩骂和人身攻击也不少见。我们可以理解网友对于明星,尤其是过去曾信赖过的明星,代言虚假的医药广告的愤怒,但这种愤怒不应该只带来粗鄙的辞藻。向被经济利益蒙蔽了双眼的明星们施压,本身是为了提升整个社会的道德标准,而非践踏。

侯耀华代言十则虚假医药广告在网络上被炒得沸沸扬扬,几乎所有的网友都对其表示鄙夷,作家、文艺评论家姚鲁却发表帖子认为侯耀华可以"不必承担法律责任,可以逍遥"[①],引来新一轮的骂战。这里且不探讨帖子的内容是否严谨、观点是否正确,网络本来就应当成为观点碰撞的平台、思想交汇的聚集地,多元化的声音存在是必须的。在狂热情绪下,从网络公民转变为网络暴民的网友们强制性地压倒不一样的声音,对目标事件的进展而言,是福是祸,需要另做一番推敲了。

四、医药行业及其广告代言的现状与将来

(一)现状:行业扶持政策利好,法律法规开始完善

从总体上来说,我国医药行业市场规模不断扩大,而国家政策的扶持对行业来说无疑是利好的,毋庸置疑,医药行业的利润空间将进一步扩大,而这也意味着医药制造企业必然会将更多的费用投放到广告宣传上。在这种情况下,诚信医药广告市场的前景不容乐观。

好在,我国加大了对医药广告的审批力度。根据中国食品药品

---

① 姚鲁:《侯耀华代言虚假广告会承担法律责任吗》,新浪博客,http://blog. sina. com. cn/s/blog_515b8a7c0100g6yf. html,2012 年 4 月 30 日。

监督管理局公布的年报,2010 年全国共批准药品广告 33 440 件,查
处违法药品广告 73 011 件,向工商行政管理部门移送违法药品广告
73 013 件;撤销药品广告批准文号共 180 件;审批医疗器械广告
1 980 件,查处违法药品广告 4 152 件,向工商行政管理部门移送违
法医疗器械广告 4 152 件;撤销医疗器械广告批准文号共 11 件;审
批保健食品广告 2 370 件,查处违法药品广告 16 409 件,向工商行
政管理部门移送违法保健食品广告 16 409 件;收回保健食品广告批
准文号共 50 件。①

就明星代言医药广告而言,我国开始完善相应的法律法规。
2009 年 2 月,国家广电总局、国家工商总局等五部委发出通知,重申
禁止聘请不具备执业资质的人士担任医疗、健康类节目的嘉宾,严
禁演员和社会名人主持医疗、健康类节目。② 2010 年年底,国家工
商总局方面透露,已上报国务院的《广告法》修改草案,将参与广告
代言、证明、推荐的"广告其他参与者"列为广告主体。③ 该修正案如
果通过,将意味着,明星、名人代言虚假广告,除承担相应的行政责
任、民事责任外,构成犯罪的,还将追究其刑事责任。可以看出,虽
然国家政策对医药行业的倾斜程度较大,但对医药广告的控制也愈
发严格。在医药广告经历了一个乱发展的"井喷期"后,主打"明星
牌"的医药广告将在国家调控下进入"收缩期"。

(二)前瞻:立足"放心品牌",整合营销传播

在整个医药行业内,从宏观政策上加强对消费者医药选择方面的

① 《2011 年度政府信息公开工作报告》,国家食品药品监督管理局,http://www. sda. gov. cn/WS01/CL0633/70300. html,2012 年 4 月 30 日。
② 《中国广告协会法律服务中心主任李方午》,新浪财经,http://finance. sina. com. cn/hy/20091104/13546922467. shtml,2012 年 4 月 29 日。
③ 朱慧卿:《名人虚假广告何时了》,《南方日报》,http://epaper. nfdaily. cn/html/2010-12/14/content_6905372. tm,2012 年 4 月 19 日。

指引，可能会成为趋势。有专业医药知识的消费者毕竟是少数，将选择医药产品的权利完全交到消费者手中，处于盲目状态的他们依然会凭借对明星的喜好和信任来选择产品。明星们整体素养的提高更是虚无缥缈，天价酬劳仍然会使他们中的许多人对虚假医药广告的代言趋之若鹜。中国的明星们很难像欧美明星一样，从公益事业中寻找到体现自身价值的方式。按照比较短视的思维方式，公益活动带来的社会效益很难迅速转化成经济效益，所以在长江后浪推前浪的生存压力下，明星们很容易在金钱与良心的天平上发生倾斜，为利所诱，与社会责任渐行渐远。有关部门对明星代言活动作出规定以后，还应在消费者引导方面下工夫。可以模仿加拿大，将处方药的选择权给医师。

在广告形式方面，虽然医药广告的明星代言渐渐式微，这毕竟需要比较长的时间。在整个医药行业矫正价值观并调整广告战略的摸索期，明星代言仍然是个别医药企业在市场混战中左突右进的法宝。随着国家调控的实施和行业规则的重新制定，医药广告市场亦将逐渐走向成熟，使用明星进行虚假代言不可能成为企业提升销量和品牌的侥幸助力，只能是信任体系崩塌、企业走向末路的幕后推手。

随着传统广告"明星代言"走向没落，广告主们必定千方百计寻求其他能提高曝光率、吸引消费者眼球的推广途径。近年来，"非品牌广告"这种形式在美国的药品促销网站上盛行，它只字不提药品及其副作用，以绕开 FDA 的审查，但它使用的极具创意的标题却能吸引大量用户点击，比如赛诺菲-安万特的经典案例"让你的公鸡安静下来"①。在成熟度远低于美国的中国医药广告市场上，这种擦边球广告很可能成为广告主们在互联网上进行投放的大热门。此外，影视剧植入的形式也可能成为未来医药广告投放的亮点，国外已有许多尝试，国内虽然尚无人尝试医药广告植入，但汽车、电子产品、

---

① 齐嘉：《国外"非品牌广告"盛行，打广告不提药名》，中国医药网，http://news.pharmnet.com.cn/news/2008/10/10/239270.html，2012 年 4 月 20 日。

名酒等在此领域做得可圈可点,故而医药产品"借影问路"并非不可能。

中国医药行业内,"大鱼吃小鱼、小鱼吃虾米"的规模之战仍将持续,各企业打造"放心品牌"的路途任重而道远。从长远来看,医药企业应将自身做大做强。一方面,继续在整合、并购的道路上稳步推进,另一方面,打造顺应时代潮流的品牌营销策略。在这个安全隐患长期存在的领域,企业将品质作为品牌的核心诉求将成为其赢得消费者青睐、增强消费者忠诚度的必由之路。未来,企业整合应用多种媒体平台是必然的趋势,短期内,电视、报纸、杂志仍是广告主们习惯性专注的传播渠道,但影视剧、门户网站、微博、畅销书等更多营销推广渠道会日益凸显出价值。驾驭多种媒介传播一个声音,打造一个有实力有诚信的品牌形象,将是高瞻远瞩的医药企业必须认真解答的课题。

恒源祥十二生肖广告事件

恒源祥是我国著名的老字号,由沈莱舟于 1927 年创立于上海。2006 年 11 月,与上海其他 267 个品牌同时入选中华人民共和国商务部的首批"中华老字号"榜单。恒源祥最令人印象深刻的广告是上世纪 90 年代投放在中央电视台的"恒源祥,羊羊羊"广告,其简短可爱的童声成为我国最早重复广告的亮点,也获得广泛好评。此后,恒源祥鲜有新闻话题,然而 2008 年春节的两个礼拜内,恒源祥却因一则广受争议的重复广告成为社会舆论焦点,甚至遭致大量批评之声,这成为我国当代广告史上著名的广告事件。

一、事件始末

恒源祥 2008 年十二生肖广告事件缘于其在春节期间投放的一则高度重复的电视广告。整个事件按时间上来说,总共分为 3 个阶段:第一阶段为广告投放,第二阶段为网络舆论对广告的批判以及社会舆论的普遍关注和讨论,第三阶段则是事件后的广告投放状况。

(一)恒源祥十二生肖广告引波澜

2008 年 2 月 6 日(鼠年除夕),一则让众多观众第一反应是"电视机坏了!"的广告出现在东方卫视、安徽卫视、湖南卫视等六家地方电视台的荧幕上。这则广告是老字号恒源祥为了庆祝其获得北京奥运会赞助商资格而投放的鼠年贺岁版广告,用传统的十二生肖卡通形象向全国观众拜年。

此则广告最大的特点就是画面的持续静止与画外音的多次单调重复。广告一改以往电视广告直观性强与画面感强的特点,将海报式的宣传标语搬上电视屏幕。在这则持续时间长达 1 分钟零 9 秒的广告中,点缀着恒源祥商标、北京奥运会会徽以及"北京奥运会赞助商"几个字的主体画面静止不动,只有在画外音依次念到 12 生肖的时候,才有与之对应的 12 个卡通生肖图案依次跃出。此外,画外音的处理也十分生硬,广告将"恒—源—祥+北京奥运会赞助商+鼠,鼠,鼠!"这个广告语句式分别用三种声音语调重复 12 遍。因此,观众在观看几乎静止的画面时还听到如下内容:"恒源祥,北京奥运会赞助商! 鼠,鼠,鼠! 恒源祥,北京奥运会赞助商! 牛,牛,牛! 恒源祥,北京奥运会赞助商! 虎,虎,虎……"正因如此,有网友笑称看到这则广告时都怀疑家中电视出了问题。

图 1　恒源祥 2008 重复电视广告截图

(二)网络舆论最早予以关注和批评

由于此则广告的高度重复性以及播出时间的特殊性(鼠年春

节),使得其在短时间内就吸引了许多观众的眼球。

对天涯社区帖子标题中提到"恒源祥"三字的帖子进行搜索,结果显示,2008 年 2 月 6 日(广告播出当天)之后,相关帖子量在一周(2008 年 2 月 6 日至 2 月 13 日)内多达 79 篇,而 2007 年一整年,天涯社区仅有 3 篇帖子的标题提到恒源祥。然而,大关注量背后是嘲讽与骂声。

2 月 6 日当天晚 8 点,网友在天涯社区发帖子讽刺恒源祥,该贴收到 446 个回复,回复的绝大多数网友都认为恒源祥此则广告"雷人""可笑"。不仅如此,一些观众还在网络上表达了对该广告的不满,认为它侮辱了观众的智商,污染了观众的视觉和听觉环境,有些网友甚至发誓这辈子不再买恒源祥。

(三)广告投放第二波攻势

2 月 13 日(正月初七),恒源祥停播该则广告。观众和媒体都猜测,此次停播是因为舆论压力太大,观众不满而使广告遭到广电总局的禁播。但恒源祥在 2 月 17 日召开的针对该广告的研讨会上明确表示,停播是之前就计划好的,原计划就是 2 月 6—13 日在六大地方卫视滚动播出一礼拜,这是鼠年春节广告投放的第一阶段。2 月 21 日,元宵节当天,还将进行恒源祥鼠年春节广告的第二阶段集中轰炸。

根据 MSN2 月 20 日进行的共有 1 117 位网友参与的网上调查,其中只有 4.92% 的网友认为恒源祥"贺岁广告""挺有意思",几乎一半人表示"非常不舒服,赶快换台",近三成网友断定"恒源祥的形象就这么毁了"。与此同时,上海新民网部分网友甚至发出"抵制购买恒源祥商品"的帖子。①

---

① 凤凰网:《恒源祥企业概况》,http://finance.ifeng.com/company/data/detail/3110.shtml,2013 年 6 月 13 日。

果然,2 月 21 日(正月十五)这一天,观众们从早上 7 点打开电视起,几乎每隔半个小时就能看到一次这条 60 秒的广告,这一波"攻势"持续到 22 日凌晨 1 点。这则广告以日播 41 次的高频度在东方卫视滚动播出,用恒源祥品牌中心总监李巍的话来说:"到那时,第一波轰炸就算结束了!"①

(四)各方态度的呈现

广告播出后,恒源祥、网友、官方机构以及专家从各自的角度对事件发表了看法。

1. 恒源祥胸有成竹

2 月 17 日,学界业界的广告、营销专家应恒源祥之邀来到北京新闻大厦,对该则广告进行解读。品牌战略专家李光斗认为,恶俗广告也许会热卖,但并非长久之计,只是权宜之计。有专家表示,恒源祥这则广告让大家记住"恒源祥,北京奥运会赞助商",这说明广告是成功的。

第二天,恒源祥(集团)有限公司品牌中心总监李巍在接受《北京青年报》记者采访时表示:"那些认为这个广告会降低产品美誉度的理论,尤其是一些专家说的,仅仅只是理论而已。"他说,自己并非对网络上的骂声视而不见,"相反觉得有些人说得很有道理,也很有意思",然而,他对网友的责骂并不感到意外,这样的效果是计划好的。他认为,对企业来说,被媒体关注肯定是一件好事情,"只要不是因为对社会有危害、对消费者有伤害的事情被媒体关注就行了"。在被问及是否担心恒源祥的品牌美誉度与产品销量会因为这则广告的极端重复而受到损害时,李巍说:"我们在播广告之前做过风险方面的预判,最后得出的结论是,这个广告不会让恒源祥的顾客不

---

① 张骏斓:《恒源祥恶俗广告将在元宵节"集中轰炸 41 次"》,http://biz.xinmin. cn/chanjing/2008/02/18/1055198. html,2008 年 2 月 18 日。

买恒源祥，那就够了。"李巍称，这则广告在舆论上引起的波澜，不出三个月就会平息了，之后大家想起这个广告，只会一笑置之，并且，在现在这个信息高度膨胀的社会，不用一些"开先例的手段"，很难被观众注意，因此，李巍力挺恒源祥此次广告，认为这则广告达到了预期的效果。① 在面对"这则广告已经挑战了观众心理极限"这个观点时，恒源祥集团副总经理陈忠伟在接受《第一财经日报》记者采访时表达了相反的观点："这个广告的创意时间虽不长，但却是理性和科学的，我们是和中国科技大学有项目合作，内容之一就是脑电波对信息的记忆程度，这个广告的制作是在正常人心理承受范围之内的。"②

恒源祥集团总裁刘瑞旗在接受媒体访问时这样表示："完全没有必要担心美誉度下降这个问题，只是广告的形式观众不喜欢，但是恒源祥企业也好，恒源祥品牌也好，从其诞生之日起就没做过坏事情。"③

2. 网友口诛笔伐

与恒源祥自身的胸有成竹形成鲜明对比的是网友们的情绪，这些情绪大多是负面的以及对抗性的。尽管如此，有一点需要注意，这些通过网络平台对恒源祥这则广告表示抗议的网民大多为年轻人，在网络上呼吁大家抵制恒源祥的网民大多不是恒源祥的主要目标消费群，因此，网友的"炮轰"确实可能如恒源祥认为的一样，不会对其销量产生大的影响。2009 年 6 月 10 日，《中国工业报》刊登了一则名为"恒源祥羊毛衫 2008 年市场销量第一"的报道。从这篇报道可以看出，虽然网友在各大网络媒介上对恒源祥进行口诛笔伐，

---

① 张骏斓：《恒源祥恶俗广告将在元宵节"集中轰炸 41 次"》，http://biz. xinmin. cn/chanjing/2008/02/18/1055198. html，2008 年 2 月 18 日。

② 网易财经频道：《恒源祥："尴尬"的营销》，http://money. 163. com/08/0222/04/459E63UA002524SC. html，2008 年 2 月 22 日。

③ 恒源祥官网：《让品牌注入文化力量》，http://www. a8888. com/liu/Liufocus/201204/liu_20120417142007. html，2012 年 4 月 17 日。

但 2008 年恒源祥销量不减这一事实可以从侧面看出这些口诛笔伐的"泡沫化"。

3. 北京奥组委的"事不关己"

北京奥组委方面对此事采取了中立态度,其市场开发部(主管北京奥运会赞助商招募的部门)部长袁斌在 2 月 20 日接受采访时表示,只要符合国家的法律法规,在广告创意上如何表现则是见仁见智的事情。①

4. 学界业界各抒己见

与李光斗的观点不同,中国传媒大学副教授袁方认为:"广告不是艺术,广告投放是为产品销售服务的。"袁方表示,广告的目的不是唯美,只是为了传达企业营销宣传的内容。只要促进产品销售,就是达到目的了。

还有一些业内人士认为,恒源祥此次广告是一起精心策划的网络营销事件。恒源祥是一家上海企业,这则广告大约主要投放四五家电视台,其中以东方卫视效果最好,而引爆网络争议的文章最主要也是东方卫视和特定媒体提供的,网络批判文章中的一幅电视广告截图,被网络反复转载,因此推测认为从种种迹象看,对恒源祥广告的网络争议更像是一起营销策划。

北京大学新闻传播学院广告系的刘国基教授认为,要求所有的广告都兼具唯美与效果未免强人所难,因为毕竟也有一些广告由于太过唯美而使消费者对其广告诉求十分迷惑。因此,针对这一点,企业弄清自身的定位就十分有必要,"企业在投放广告时应该首先检讨自己,究竟想要在消费者心中树立何种企业形象。一个真正对自己品牌有期待的大企业,不会在广告策划上选择急功近利的道路。尽管短期效果达到了,但是这样的恶俗叫卖广告对于品牌形

---

① 《奥组委回应奥运赞助商争议广告:创意见仁见智》,http://www.chinanews.com/ty/kong/news/2008/02-20/1168728.shtml,2008 年 2 月 20 日。

象、企业的价值和内涵的增长都没有好处"。①

二、恒源祥十二生肖广告事件背景及原因剖析

恒源祥广告的轰炸于 2 月 22 日凌晨 1 点结束，然而，它的影响并未随之消失。观众的不满与恒源祥官方的胸有成竹形成鲜明的对比，其广告形式的单调重复也与同时期各大品牌多姿多彩的广告诉求形成强烈反差。

恒源祥为何会在 2008 年投放这则广告呢？这与 2008 年 8 月即将开幕，受万众瞩目的北京奥运会有着密不可分的联系。

（一）"北京奥运会赞助商"与广告卖点

四年一度的奥运会不仅仅是体育界的盛会，其背后蕴藏的巨大商机早已让精明的商家为抢夺赞助商的名号争夺得头破血流。1985 年，国际奥委会每四年更换一次"奥林匹克赞助计划"（TOP 计划），数家公司已经从中尝到甜头，比如，在 1996 年亚特兰大奥运会期间，作为全球赞助商的可口可乐公司在当年第三季度盈利就增加 21%，达到 9.67 亿美元，同期，其最大的竞争对手——百事可乐的利润却下降 77%。

由于利润可观，2008 年北京奥运会的 5 个等级的赞助商（国际奥委会全球合作伙伴、北京奥运会合作伙伴、北京奥运会赞助商、北京奥运会独家供应商、北京奥运会供应商）共达到 65 家，其中，恒源祥是国内首个也是唯一的羊毛产品企业。

然而，赞助奥运也有巨大风险。美国芝加哥的一家体育咨询公司负责人杰姆·安德鲁斯曾表示，赞助奥运会是世界上最昂贵的赞助，

---

① 张骏斓：《恒源祥恶俗广告将在元宵节"集中轰炸 41 次"》，http://biz. xinmin.cn/chanjing/2008/02/18/1055198.html，2008 年 2 月 18 日。

无视自身现实参与,很可能使商业赞助成为得不偿失的"烧钱运动"。在过去的 22 年里,美联航都是奥运赞助商,然而其最近的调查显示,76％的乘客对此竟然一无所知。高风险、高回报,使得成为奥运赞助商的企业越来越考虑怎样从奥运赞助中获得更多,使其投入最大化。①

2008 年年初,获得赞助商资格的各大品牌已在电视上投放各种主题的广告。作为国内的老字号品牌,恒源祥当然希望充分利用"北京奥运会赞助商"的身份实现广告效果的最大化,因此十二生肖的重复广告中,重复率最高的就是"北京奥运会赞助商"这个卖点。

(二)恒源祥昔日重复广告的成功

恒源祥可谓我国重复广告的"始祖",它在 2008 年春节选择用一则重复广告为其赚取吸引力的做法并非灵光一现,而是有其历史渊源。

早在 1991 年,上海电视台播放过一则广告语为"恒源祥,绒线羊毛衫"的广告,恒源祥当时资金很紧张,只能制作这条 5 秒时长的广告,但当时要求广告每条不短于 15 秒,因此恒源祥让 5 秒广告连续重复 3 次来凑够时长,我国首条电视荧幕上的重复广告就诞生了。

同年,中国大陆引进 18 集台湾电视剧《婉君》,受到广大电视观众的喜爱。该剧每天播出两集,两集中间有两分钟广告时间。恒源祥决定利用《婉君》的热播,从地方电视台转战中央电视台,用 1.8 万元做整个电视剧放映期间共计 9 天的广告。当时的老总刘瑞旗决定不请明星,不用大制作,自己找来几块纸板,剪出代表"恒源祥"形象的小囡头和"恒源祥,羊羊羊"六个字,制作成简单的动画,每 5 秒读两遍"恒源祥,羊羊羊",一部电视剧播出下来就重复 6 遍。恒源祥选择当天第一集电视剧结束时、插播广告 1 分钟时及第二集电

① 刘立丰:《奥运赞助商北京奥运会赞助营销效果实证研究》,《广告大观理论版》2009 年 4 月。

视剧开始前这三个时间点上投放恒源祥广告。《婉君》的观众多为主妇,也是恒源祥产品的目标消费者,此次广告投放效应很明显,通过这次广告,人们很快记住了恒源祥。

此后,恒源祥尝试找到最合适的广告口号,因此其广告语一直变化,早期有"恒源祥、羊发财",后来换为"恒源祥,发羊财",口号通过了上海电视台的审查并播放,却被央视驳回。央视认为,越来越多的企业模仿恒源祥广告,以5秒为片段炮轰消费者的耳膜。没有退路的情况下,刘瑞旗把"恒源祥,发羊财"改为"恒源祥,发发发"、"恒源祥,羊羊羊"和"恒源祥,财财财"三部分。但是被拦截的命运并未更改,最后刘瑞旗灵机一动,干脆将广告语删改成后来家喻户晓的"恒源祥,羊羊羊"。

1992年10月,恒源祥开始在央视新闻联播之后的黄金时段投放广告。"恒源祥,羊羊羊"广告将恒源祥打造成我国电视广告中独特的重复广告。恒源祥广告的成功、恒源祥产品的好品质以及恒源祥铺货渠道的畅通,这三者一起,使得恒源祥在1996年成为国内毛线产业的第一品牌。

2002年,刘瑞旗整合恒源祥旗下的绒线、家纺、袜业、服饰、日化等7家子公司,成立恒源祥(集团)有限公司。2005年年底,恒源祥成为北京2008年奥运会赞助商,恒源祥利用在央视购买的5秒黄金时段,播放恒源祥的新广告,其广告口号为"恒源祥,牛牛牛"。①

综上所述,恒源祥选择在2008年的春节用十二生肖重复广告是现实与历史的双重因素造就的。北京奥运会赞助商之间的广告

---

① 该部分综合来源于《恒源祥模式:刘瑞旗造壳买断恒源祥》,http://info. texnet. com. cn/content/2007-10-12/133803. html,2007年10月12日。《让品牌注入文化力量》,http://www. a8888. com/liu/Liufocus/201204/liu_20120417142007. html,2012年4月17日。王山而《绒线大王刘瑞旗:多品牌发展战略》,http://finance. sina. com. cn/chanjing/b/20081124/18065546125. shtml,2008年11月24日。

大战让恒源祥踌躇满志,过去重复广告的成功让恒源祥尝尽甜头,
割舍不下。恒源祥重复广告就在这样的大背景下出炉了。

三、恒源祥 2008 十二生肖广告事件反思

(一)恒源祥 2008 重复广告效果探讨

尽管这则高度重复的十二生肖广告一播出就引发争议和社会舆
论的关注,但恒源祥自始至终坚持认为该广告的创意没有问题,也未
对该广告给观众造成的冒犯表示过任何道歉。恒源祥后来还以销量未
减且依然保持行业销售第一为理由,作为对该广告效果的证明。

但销售的稳定是否可以作为判断广告效果和消费者认同与否的
唯一尺度呢?销售量的稳定,只能说明消费者行为的稳定,这种稳定
可能是认知和态度的稳定造成的,也可能是行为上的惯性导致的,组
织行为学中,认知、态度、行为是三个相互影响、相互作用的因素。恒
源祥 2008 年销售量的稳定究竟是前者还是后者,还有待推敲。

1. 认知层面,恒源祥广告有效

广告有无效果,前提是必须引起注意。无论网友对这则广告褒
贬如何,从网络上的关于此则广告的讨论以及评论数量就可以得知
恒源祥确实让观众记住了广告,将"恒源祥,北京奥运会赞助商"这
句话印在观众"深深的脑海里"。中国传媒大学广告系副教授袁方
表示,经过估算,恒源祥广告在 2008 年春节期间投放总量不到 300
次,广告花费 1000 万。① 这在众多奥运会赞助商中间实在属于较低
的广告投放量与花销,然而,它却以这种程度的付出获得近 700 万
次的新闻量与广泛的网络讨论,因此,恒源祥确实在认知层面打了

① 张骏斓:《恒源祥恶俗广告将在元宵节"集中轰炸 41 次"》,http://biz.
xinmin. cn/chanjing/2008/02/18/1055198. html,2008 年 2 月 18 日。

一场漂亮的胜仗。

2. 态度层面，恒源祥广告无效甚至有损美誉度

商家必须站在消费者的角度看待问题并且解决问题，这已经是营销界的定论。然而，面对网友的各种"炮轰"时，恒源祥自身的淡定言论以及毫无危机感的态度，让人不寒而栗。如果商家都以这样的态度面对消费者，制作广告与播放广告时全然不顾消费者的感情与喜好，在消费者表达愤怒之后不道歉也不改进，反而变本加厉，抛弃对消费者最起码的尊重，那实在是不敢想象今后消费者与商家之间还有任何信任与依赖。这样的公司，竟然拥有"老字号"牌子，还试图进入国际市场，确实令人匪夷所思。

3. 行为层面，效果不得而知

虽然说恒源祥当年销量未减，但由于从吸引注意力到产生好感，进而产生实际购买行为的过程中还需要广告的品质以及其他营销手段以及各方面因素的配合，因此不能武断地认为这则广告促进了销售。这一类广告一段时间内造成品牌美誉度下降已是不争的事实，销量的提高很有可能是由于消费者一直积累了几十年的品牌忠诚度及产品品质决定，如若这则广告的播放时间更长，结果很可能不同。

综上所述，重复广告在吸引消费者的注意力这一点上确实是成功的，但是对品牌的美誉度造成较为恶劣的影响，其对销量的影响至今不得而知。总体上来说，这种手法并不值得提倡，好的广告、有品质的广告应该在照顾观众情绪的同时让观众喜爱自己的品牌和产品，注重沟通和互动，简单、蛮横并且态度嚣张地去告知品牌相关信息的广告已经不适应当今这个买卖双方互相尊重的商品市场了。事件发生之后，恒源祥对消费者反馈的漠视不仅使其美誉度大打折扣，也与其一贯的"品牌化"经营道路背道而驰。针对这一点，恒源祥应该有所反思，加以改进。

（二）商业广告中的伦理问题

恒源祥这则广告触及广告伦理这个话题，广告采取的单调、高度重复的形式已对许多普通观众的感官和心里耐受力造成冒犯是毋庸讳言的事实。

广告伦理道德需要企业明晰三点：

（1）诚信。消费者对事实感兴趣，需要广告者给他们提供全部的真实信息。经营者通过广告弄虚作假或许能暂时蒙蔽消费者，给企业带来暂时的利益，但假象一旦被揭穿，企业便马上信誉扫地，从根本上丧失市场。

（2）内容健康，形式优美。广告从内容到形式，必须有益于社会主义精神文明建设，必须体现社会伦理要求和中华民族的传统美德，具有富于积极意义的文化精神；必须承担起应尽的社会责任与义务，把高尚的社会风尚和美好的道德追求同正当的物质利益追求有机地结合起来。

（3）尊重消费者。恒源祥十二生肖广告挑战了普通人的耐受力，对受众没有给予应有的尊重，不顾他人感受强行推销的粗暴方式令人反感。大众媒体有其社会责任，广告主也是如此，因此即便广告主购买了某一段的广告时间，也不意味着可以在这个时段内任意而行。在大众媒体上传播的广告内容理所应当对社会大众和收视者有基本的尊重。

（三）老字号品牌文化内涵挖掘问题

我国的老字号品牌大多经历过历史的浮沉和时间的检验，因此品质可以让消费者较为放心，多年来依靠地域性人际传播积累的口碑也是这些老字号品牌的制胜法宝。可是，恒源祥这样的老字号面临一个重要的问题——忠实客户群已经逐渐老化，如何用自己的"老"去吸引现在求新求快的年轻一代？

品牌故事和品牌一直以来的独特文化内涵将是这些老字号获得新发展的有力武器。可口可乐虽然一直以"年轻、活力、快乐"的形象出现在消费者眼前，但它已经是存在近 140 年的老字号，之所以让人觉得它一点也不老，就是因为它以"年轻、活力、快乐"作为其品牌一直以来的独特文化加以大肆传播，不停地获得年轻消费者的喜爱，进而培养一代又一代人的品牌忠诚。

对于恒源祥这样的老字号品牌来说，这则广告引发的事件也体现了它已经不能适应现代社会的"新"，将上个世纪有效的"重复广告"不加任何改进地投放在现在这个广告以品质和叙事取胜的时代已经十分"Out"了。短时间内单调且高度重复的广告形式不仅不能如上个世纪 90 年代的"恒源祥，羊羊羊"重复广告那样让人感到耳目一新，反而让观众觉得弱智、没文化、粗鲁。

作为老字号，恒源祥可以利用历史积淀，提炼出仅属于自己的品牌文化内涵并传播。恒源祥两任掌舵者分别出身学徒和普通售货员，这样两种身份缔造了恒源祥的商业寡头地位本身就是传奇；恒源祥从最初的两间小店面发展成为如今品牌价值超过 20 亿，拥有 40000 多名员工的大企业，这个过程中难道没有值得其他企业和品牌学习的优秀品质吗？

四、恒源祥现状及羊毛产业前景展望

此次事件过后，恒源祥从行动上开始尊重消费者及观众的意见，改进自身广告，在新的奥运周期积极参与环保事业、坚持做奥运品牌，使其美誉度有所回升。

（一）事件之后的恒源祥

经过了 2008 年的重复广告风波，恒源祥当时"嘴硬"，坚持不道歉，可在 2008 年 12 月恒源祥却在全国范围内公开征集 2009 年即将在春节期间投放的广告创意。① 这表明了恒源祥更加注重与消费者的沟通。2009年春节,恒源祥投放的广告,形式依然是重复广告,但形式更加活跃,画面形象和声音也更为生动。

图2　恒源祥2009年贺岁电视广告截图

　　时隔四年,2012年的伦敦奥运会,恒源祥以优良的品质赢得为伦敦奥运会的中国代表团设计出场礼服的资格。除此之外,恒源祥还发布了奖金为10万元的"寻回令"——寻回第一套2008年奥运纪念版产品。这一活动不仅受到恒源祥忠实粉丝的欢迎,也吸引了许多年轻的新用户。为了迎接2012伦敦奥运会,恒源祥还向社会征集2012伦敦奥运纪念版产品设计作品,让每一个对服装设计、对奥运精神怀有梦想的人都能亲手参与奥运,体验创造的快乐。②

---

　　① 姚润丰:《恒源祥启动09版12生肖贺岁广告创意征集》,http://news.xinhuanet. com/newscenter/2008-12/12/content_10493355. htm,2008年12月2日。

　　② 编辑部:《恒源祥的奥运情缘》,《广告主(市场观察)》2012年第9期。

也是在 2012 年,恒源祥举行了国际羊毛嘉年华活动,旨在通过活动中的终端——羊毛体验馆,在消费者心里建立起羊毛体验。恒源祥副总经理奚锡介绍说:"我们做羊毛体验,不止于为恒源祥品牌本身,更是切实地想让消费者体验到羊毛给予人们带去的健康、舒适、人文、艺术的感觉。"在恒源祥"羊毛体验馆",消费者能学到关于羊毛的知识、亲自感受高级羊毛的触感并且通过这些,感知到真正的羊与羊毛文化。①

此外,恒源祥还致力于树立其在环保领域的稳固地位。2012 年 11 月,恒源祥制作的纪录片《天乡》登陆央视等多个电视频道。这部纪录片以草原与羊为主题,旨在倡导人与自然和谐相处的氛围,传递绿色环保的生活理念。全片用 6 个篇章讲述羊群 400 年来在潘帕斯草原繁衍生息的历程。②

(二)羊毛产业发展前景展望

作为国内羊毛产业的领头企业,恒源祥一直致力于稳固地打造其"羊与羊毛"的产业链条,在此基础上不断做强做大的恒源祥也赋予羊毛产业——人们印象中的"夕阳产业",新的活力。

现阶段,国际羊毛产业普遍面临羊毛产量低,劳动力成本不断上升,高位徘徊的羊毛原料价格带来的较高的原料成本,较高的融资成本等压力,企业赢利能力减弱,经济效益下滑。2012 年,我国毛纺织行业上半年规模以上 1 123 户企业实现利润总额 41.83 亿元,同比提高 2.2%。企业两级分化更加严重,亏损面达到 24.13%,亏

① 《恒源祥集团副总经理奚锡:打造品牌新体验》,http://info.china.alibaba.com/detail/1074198791.html,2012 年 11 月 30 日。
② 孙莹莹:《恒源祥打造"羊行天下"系列》,http://news.ifeng.com/gundong/detail_2012_11/02/18759514_0.shtml,2012 年 11 月 2 日。

损企业亏损额增长高达 92.33％。①

　　然而,国际毛纺组织经济学家 ChrisWilcox 认为,消费者收入的增长,人口数量的增加,都将刺激市场对羊毛和纤维的需求。② 这几点与现阶段我国的市场环境相符,随着恒源祥这样的羊毛寡头企业在全国范围内大力推广"羊与羊毛"文化,消费者的需求将会进一步被激发,我国的羊毛行业还将进一步发展。

---

　　① 《羊毛行业应以合作赢未来》,http://paper.ctn1986.com/fzb/html/2012-09/18/content_373613.htm,2012 年 9 月 18 日。

　　② 胡敏:《产量低阻碍羊毛行业发展》,http://info.texnet.com.cn/content/2012-11-05/418698.html,2012 年 11 月 5 日。

"丈母娘房产广告风波"
与房地产争议广告

中国有句俗话："丈母娘看女婿，越看越顺眼。"随着时代的发展，顺不顺眼的标准也发生了巨大的变化，其中一条非常重要的标准就是有没有房。这样的社会现象自然也引起房地产商的注意，乃至借此做起了广告，"丈母娘房产广告"风波就发生在这样的大背景下。此外，随着近年来我国房地产经济的迅猛发展，房地产领域的争议广告也引起舆论的关注和讨论。房地产是与人们生活关系最密切的领域之一，这些引发争议的广告也反映出高房价压力下部分社会心态。

一、"丈母娘房产广告"激起千层浪

"你可以不买房，除非你摆平丈母娘"，2010 年 7 月，浙江杭州金隅·观澜时代珑庭的楼盘广告横空出世，其不同于往常的广告语引起社会各界的关注，惊世骇俗的大实话让不少人跌破眼镜。

（一）舆论关注

7 月 13 日，《青年时报》的记者就此随机走访了三位"丈母娘"——许妈妈、肖妈妈和顾妈妈。对于广告标语"你可以不买房，除非你摆平丈母娘"，许妈妈听后笑了："作为妈妈，只是希望女儿幸

图 1　观澜时代珑庭的丈母娘广告

来源：网易：http://news.163.com/11/0111/05/6Q3G4TJI00014AED.html。

福，女儿的幸福是父母一生最在乎的事，只要女儿幸福，就算女婿摆平我们了。"另外两位妈妈的态度却截然不同：肖妈妈坚决主张"婚房必须购买"，但可以接受双方一起按揭；顾妈妈态度坚决，表示"没房没车就不允许结婚，按揭也不可以"。①

　　这个广告也引起中央电视台的关注，央视新闻频道很快专门报导观澜时代·珑庭的丈母娘广告。7月16日，在该频道《共同关注》栏目中，央视借用观澜时代广告语"不想买房，摆平丈母娘"为题，分析了80后急需买房结婚的现实问题，评论该广告语是"语不惊人死不休"，更笑言顾云昌应该向珑庭索要版权费。原来，丈母娘的诉求点并不是这则广告的首创，早在2009年，中国著名的教授级高级城市规划师、现任中国房地产及住宅研究会副会长的顾云昌就曾说过："房价上涨，是因为'丈母娘需求'。"他在当年9月3日在成都参

---

　　① 《你可以不买房，除非你摆平丈母娘》，《青年时报》，http://news.dichan.sina.com.cn/cs/2010/07/13/184117.html，2012年11月8日。

加"中国地产金融年会 2009 区域巡回峰会"时分析房价上涨原因时说了这个话。① 时隔一年,观澜时代·珑庭借用顾先生的观点打出这则广告,不知是巧合,还是真如央视所言——有侵权嫌疑。

央视新闻频道对丈母娘广告议题的讨论,推动了人们对这则广告的关注。截至 7 月 17 日,google 搜索引擎上关于观澜时代·珑庭"搞定丈母娘"的广告搜索结果已经突破 60 万。这则广告激发各方争鸣,可谓一石激起千层浪。业内人士认为,该广告语虽然出位,但很有创意;部分网友觉得它既好记又很符合社会现实,颇有趣味。部分网友持肯定看法,认为这则广告风趣幽默且契合当下的社会现实,是一则优秀的创意广告;一些人则持否定态度,他们认为这是开发商为了卖房子而危言耸听,不顾社会道德风尚。有网友不无调侃地说:"都上央视了,别的不说,这广告太值了,有央视帮忙免费推广,太合算了。"

(二)事件进展及结果

面对众多质疑,广告主金隅(杭州)房地产开发有限公司总经理郭东升在接受专访时表示:"这句广告语只是在网络上针对年轻时尚客户群的心理展开的定向诉求,并不代表我们将以此替代整个观澜时代已经形成的品牌形象,我们在之后的推广中还将一如既往地坚持我们原有的风格。"②资料显示,该公司在这则争议广告前后所做的广告整体平平淡淡、波澜不惊,没有任何出格的地方。

如此看来,"丈母娘广告"更像是开发商的"灵光一现",它借社会现实打了一个擦边球,从广告效果上来讲,非常显著,不仅引起媒体和网友的关注,也直接促进该楼盘的销售。据悉,2010 年 8 月 21

---

① 付学忠:《顾云昌"丈母娘"理论是扯淡》,http://www. chinavalue. net/General/Blog/2009-9-9/201502. aspx,2012 年 5 月 8 日。

② 搜房有约:《专访金隅郭东升视频(上篇)》,http://news. hz. soufun. com/2010-07-19/3569277. htm,2012 年 5 月 8 日。

日,观澜时代·珑庭火热开盘,刚需购房者爆棚,成功预订 280 余套房。杭州本地的陈小姐表示,自己和男朋友都是工薪一族,就想拥有自己的家,此次购买的甜蜜婚房,由于单价、总价都在可以承受的范围内,又可享受到杭州人对江景的独特感情,于是毅然下手,成为观澜时代的业主,同时"摆平丈母娘"。①

广告引发的关注热度稍减后,大多数媒体对该广告及其影响给出较为冷静的评价。有媒体认为,此类广告引发大众探讨婚姻与房产热,但开发商一味追求眼球效应,不顾及社会综合评判标准,这样的广告并不值得推崇。

值得注意的是,在对事件的密集关注过后,仍然有许多人对这则广告念念不忘,时至今日,依然有开发商照搬该广告语,论坛里也不时能看见网友"旧事重提"。从社会效果上说,这则广告并非仅限于一时,有比较长远的影响。②

二、与"丈母娘广告"类似的房地产争议广告案例

在当下中国,涉及伦理问题而引发争议的房地产广告不仅是丈母娘广告。2010 年 3 月初,网上曾流传一张万家华庭城市公寓的广告图片(图 2)。3 月 6 日,《新京报》就此刊登文章《"二奶楼"广告热传网络遭质疑》,称:网上流传一张房产广告图片,上面写着"如果你不能给她一个名分,那就送她一套房子",而浙江台州确有一个名为"万家华庭"的楼盘。此文一出,网上到处转载,"二奶楼"、"小三楼"字眼充斥网络。不少网友表示,房产商用这种方式进行炒作宣传,实在太过分。但该事件的扑朔之处在于,开发商拒不承认做过这样

---

① 搜房网:《观澜时代珑庭火热开盘刚需爆棚已预定 280 余套》,http://newhouse. hz. soufun. com/2010-08-21/3696799. htm,2012 年 11 月 8 日。

② 沈菲:《房地产广告的伦理失范》,《青年记者》2009 年第 34 期。

的广告。3月7日,浙江台州万家房产有限公司谢总经理说:"公司从未做过此类广告,怀疑图片是网友 PS 出来的。"他们开发的楼盘名叫"万家华庭",而不是"万家华庭城市公寓",几字之差,但完全不是一码事,"万家华庭"楼盘没有公寓,"万家华庭城市公寓"广告语和他们公司无关。① 事到如今,此事件仍然真假莫辨,但不管其真实性如何,不容否认,"二奶"伦理产生各种不良影响,公开支持不得不说是社会道德集体沦丧的表现。

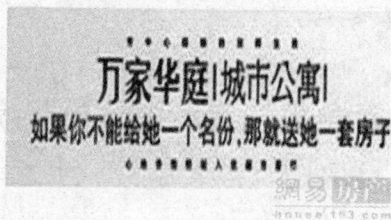

图 2　网上流传的万家华庭广告图片

来源:网易:http://news.163.com/11/0111/05/6Q3G4TJI00014AED.html。

　　"二奶楼"广告尚不能确定真假,以下这几则房产广告却实实在在存在。2010 年 2 月,南京一楼盘的户外广告说"连价格都不能承受,还谈什么生活享受"②(图 3),该广告被称为"最直白房产广告",很多人在网上拍砖,称开发商说话太赤裸裸。③ 2010 年 2 月,长沙 i 尚国际在做了一系列带有性意味的广告后,推出新的楼盘广告"两万,干不干"(图 4),被人评为最没有道德底线的色情广告。2010 年 7 月,北京上品小区的小户型广告"这次,真的搞大了"(图 5)同样游

① 新浪网:《如果不能给名分就给她一套房子？台州"万家华庭"称没做过》,http://news.sina.com.cn/c/2010-03-08/004917180010s.shtml,2012 年 5 月 9 日。

② 该广告由于内容不全,所以不能确定是哪家开发商所为。

③ 《价格都不能承受,还谈什么生活享受》,《现代快报》,http://www.cqcb.com/cbnews/gngjnews/2010-02-10/16023.html,2012 年 11 月 23 日。

走于色情广告的边缘,画面上是一副怀孕男性照片,让人无法理解。问题房产广告没有最雷,只有更雷,看准中国社会中不健康的伦理狂轰滥炸,形成令人痛心且无奈的不堪图景,时时刺激着国人脆弱不堪的神经。

有媒体评论说:这种广告只有特定的时间、特定的条件下才会产生。相信这种广告应该不会在广告法规和营销规则健全的西方国家出现。多年以后,中国的营销能发展到一个高级的阶段,但无可辩驳,这些广告会作为颇具灰色意味的广告成为一代广告人集体的记忆。[①]

三、房地产争议广告产生背景与原因探析

"丈母娘房产广告"风波发生在 2010 年,类似的案例也多发生在 2008—2010 年这三年,因此,有必要了解中国房地产市场这三年的特点及近年来我国房地产广告的概况。

(一)2008—2010 年中国房地产市场的特点

2008 年以降,我国房地产市场的走势和特点可以用"疯狂"来形容,房地产乱象其实是我国经济脆弱的表现。早在 2007 年,上一次流动性泛滥使得房地产价格飙升,随之而来的是信贷紧缩、打击囤地等调控政策出台,全国大中城市的房价在疯狂上涨后终于出现缓和趋势,一些城市的房价出现较大幅度的回调。但这次调控由于金融危机的突发又戛然而止,就像高举的皮鞭缓缓落下,市场也像猜透父母心理的孩子一样肆无忌惮,房价时过不久再次飙涨。[②]

---

① 路胜贞:《如果你不能给她一个名分,那就送她一套房子——蜗居下的广告倒退性冲刺》,http://expert.brandcn.com/hypl/201003/228546.html,2012 年 5 月 10 日。
② 曹瀚月:《2010 年中国房地产走势分析》,《中国证券期货》2010 年 5 月。

图 3　最直白房产广告——"连价格都不能承受,还谈什么生活享受"
来源:住在杭州网:http://zzhz.zjol.com.cn/05zzhz/system/2010/02/11/016318976.shtml。

2009 年是中国房地产发展的转折年。为了应对金融危机的冲击,政府对房地产行业采取宽松的促进政策。2008 年积压的刚性消费释放,继而投资和投机性需求的上涨,使得 2009 年的房地产市场形成一个巨大的 V 形反弹。① 房价和土地价格的暴涨令社会产生强烈不满,12 月,政府不得不出台转向政策。2010 年伊始,政府连续颁布房地产调控政策。1 月 7 日,国务院办公厅下发《关于促进房地产市场平稳健康发展的通知》(国十一条);2010 年 4 月 15 日,颁布《国十条》。这一轮的调控针对性比较强,先是 78 家非房地产主业的央企被要求退出,接着是第二套和第三套房的贷款政策调整。在这种调控下,市场销售大幅下降,房价上涨得到一定程度上的控制。

---

① 邓念、王宝刚:《政策与房地产市场》,天津大学出版社 2010 年版,第 54 页。

图 4:最没有底线的色情房产广告——"两万,干不干"
来源:铁血网:http://bbs. tiexue. net/post2_5922943_1. html。

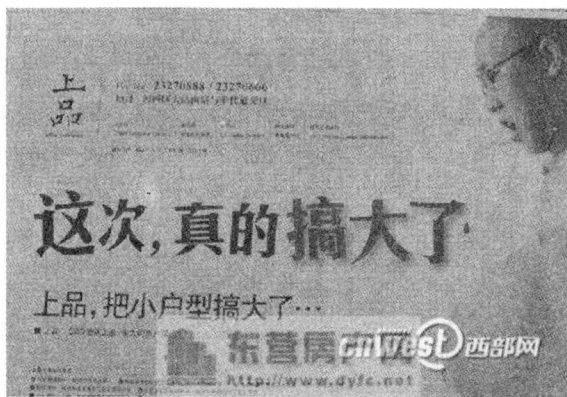

图 5 让人摸不着头脑的雷人房产广告——"这次,真的搞大了"
来源:东营房产网:http://news. dyfc. net/news/show. asp? id=146656。

(二)中国房地产广告的基本情况

房地产业的发展和房产商的宣传需求刺激了房地产广告的发展,房产广告在广告行业中逐渐取得举足轻重的地位。据国家工商行政管理总局的统计数据,2006 年中国广告营业额达到 1573 亿元,房地产行业的广告投放额居首位,为 160 亿元。对比 2005 年行业广告投放额排名变化,房地产行业从第三位跃居到第一位。2006 年,房地产行业广告投放额占广告市场经营总额的 10.2%。房地产在消费领域中的占比越来越大,居民消费的刚性需求不断升温,在房地产销售过程中,广告占有十分重要的作用。房地产广告时间性强,要求立竿见影,以强吸引力、说服力和记忆点为广告诉求风格,以最打动人心的方式把产品的信息量和生活理念传达给消费者。①

中国房地产广告发端于 90 年代初期,当时行业竞争程度有限,房地产广告的作用尚未引起重视。1992 年 6 月 6 日,《中华工商时报》上出现第一个房地产广告——北辰集团的汇园公寓,标题为"汇园公寓欢迎您",这则广告只有豆腐块大小,没有图片,没有效果图,没有华丽的辞藻,看起来更像一则通知。② 90 年代末,中国房地产广告逐渐进入成熟竞争阶段,2000 年后,整个行业竞争日趋成熟化、规范化和市场化,成为整个广告产业中不可或缺的部分。

中国房地产广告的诉求总结起来大致分为八个——自然、地段、建筑本身、生活理念、概念炒作、推崇炫富、情感追寻、优惠手段(图 6)。

在受众传播策略方面,中国房地产广告也有两个明显的特点,

---

① 刘湘萍:《欲望居住——房地产广告的区隔诉求与和谐社会研究》,东南大学出版社 2008 年版,第 37 页。

② 王倩:《当代中国房地产广告研究》,山东大学硕士论文 2010 年,第 5 页。

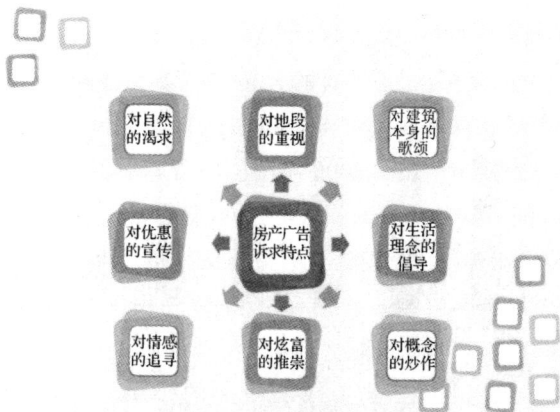

图6 中国房地产广告的八大诉求特点

第一是影响建构受众的价值观,让消费者产生对房子这一商品的强烈需求和渴望,进而吸引其做出相应的购买举动;第二是对目标消费群体进行社会分层,对不同的收入群体进行明确的区分,运用不同的诉求和策略进行传播。

广告媒介的选择也是房地产广告的重要内容,投放策略决定广告的特点,甚至决定广告的成败。2002—2007 年,中国房地产广告的投放量呈现明显的上升趋势(图7)。在媒介的分配比例方面,平面媒体的投放量最大,尤其是报纸,房产广告专刊成为报业集团的重要经济支柱;户外媒体的广告投放受房产商的青睐;互联网投放也占据重要部分并呈现上升趋势;电视媒体虽然占了 20% 左右的比例,但由于房产广告的区域性特点,更多集中于县市一级地方电视台,在中央台和省台则并不多见,未形成规模效应(图8)。

(三)我国争议房产广告产生的原因

梳理清楚背景之后,不难找出这些争议房产广告产生的原因。

首先是市场原因。2008 年以来疯狂、曲折、不健康、竞争白热化的房产市场以及巨大的利益驱动,催生开发商的"昏招迭出",试图

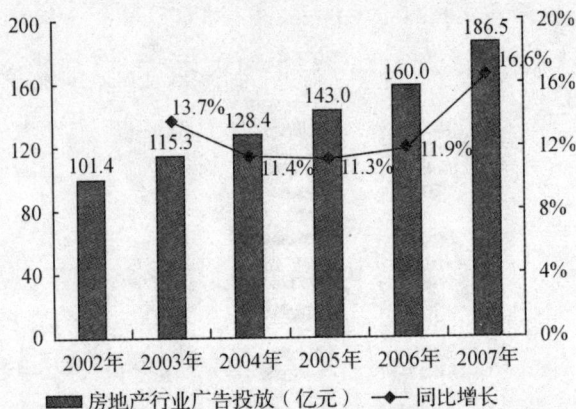

图 7　2002—2007 年房地产行业全媒体广告投放情况
来源：易观网，www. analysys. com. cn。

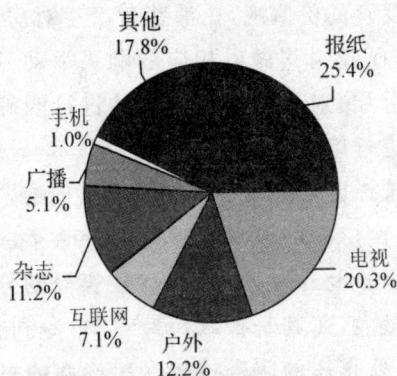

图 8　中国房地产行业广告投放媒介分配比例
来源：易观网，www. analysys. com. cn。

以搏出位的方式吸引眼球，引发争议和讨论，进而获得市场份额。

　　其次是社会原因。中国人特殊的房子情结使得房产行业和广告自然容易受到关注，中国人对伦理问题又十分敏感，这一点被开发商们利用；随着中国社会的发展，出现房奴、丈母娘经济、二奶、炫富等社会现象，这些不健康或不道德的现象还日渐得到人们的默认，成为社会现实，致使房地产开发商们不顾社会责任而进行"大胆直白的不当诉求"。

最后是监管原因。行政不作为、利益诱惑使得监管部门失效，为了讨好开发商，拉动地方经济而罔顾自身职责，部分指涉伦理道德的三俗地产广告得以在市场上堂而皇之出现。无怪乎网友会大发感慨："这样的广告语竟能发布，难道没有人反对，这样的广告符合广告法吗?"①

三、我国房地产广告诉求中的反思与借鉴

无论是丈母娘广告，还是其他伦理失范的房产广告，总有消逝和被淡忘的一天，然而这些活生生的真实案例摆在眼前，使我们不得不思考。

（一）大陆房地产广告诉求反思

当下的中国，经济高速腾飞，社会问题层出不穷，其中不乏丑恶。这是转型期必然经历的阵痛，但应进行恰当诉求。

首先，房地产广告是特殊商品广告，其生命线应该是"巧传真实"。房地产广告的广告语应深具吸引力、说服力及记忆点，以最震撼人心的方式把产品中与消费者最相关的部分巧妙传递给消费者。当前，许多房产商和广告代理商认识到好的广告语的作用，瞄准消费者的真实需求，创作出优秀的文案。下面是耀江·文欣苑/文翠苑的广告文案《知识改变命运》。

> 知识，在这个时代显示了他无穷的魅力
> 拥有知识
> 意味着您将拥有朋友和财富
> 预示着一种自由幸福生活的可能

---

① 新民网：《不能给她名份，就送她一套房》，http://sh.xinmin.cn/min-sheng/2010/03/10/3952358.html，2012 年 11 月 8 日。

> 他以无形的力量改变生活
>
> 学院两苑儒雅宅院
>
> 青春易逝，时间轻易地改变了容颜
>
> 在岁月里不变甚至更醇厚的是人的素养和气质
>
> 知识沉淀了优雅、博大、执着……
>
> 选择耀江·学院两苑
>
> 给您和您的家人一个儒雅宅院

这则广告以知识为主要诉求，创意上并无新奇之处，但用优美而通俗的语句勾勒了靠近学院两苑的楼盘形象，格调比较高，受到知识分子或是为孩子未来考虑的购房者的青睐。

其次，在真实的基础上，还应谦虚、务实、不哗众取宠。消费者有自己的判断，他们对那些自吹自擂、无中生有、堆砌辞藻的房地产广告不会照单全收，会产生厌恶之情。

再次，应该重视房地产广告的视觉力量，把广告做得赏心悦目。在浩瀚的信息流中，仅引起受众的注意显然是不足。房产广告更看中由注意力带来的后发效应，即从销售势能到动能的转化。在注意力先行或者说眼球经济的年代，广告只有从"被看"变主动"吸引人看"，才不至于被无情地淹没。因此，优秀而新颖的视觉设计将产生极大的助推力。如万科·西山庭院的这则平面广告（图9）。

最后，房产广告可以使用人文关怀。浮躁的年代，也是利益最大化的残酷年代，在这样的生存背景下，每个人都渴望被关怀，被理解。如果房地产广告能倾注进真实的情感，在感动别人之前感动自己，加一些体恤，加一些关心，而不是成天高高在上宣传"连价格都不能承受，还谈什么生活享受"。

综上所述，中国需要的房地产广告总结起来就是：真实、新颖、实用、方便、关怀。

图 9　万科·西山庭院的平面广告《新八大山人系列》之"书东坡"
来源：http://www.wzsky.net/html/60/33676_3.html。

（二）台湾成功房地产广告诉求借鉴

众所周知，广告是与生活非常贴近的商业和艺术的结合体，大部分广告创意源自日常生活，我们经常看到各种描述伦理关系和社会现实的广告。很显然，本文分析的几个案例是此类广告的反面教材，但合理而巧妙利用伦理和现实的诉求可以做出优秀的广告。

台湾的房地产广告有许多值得我们学习和借鉴的地方，台湾的房产广告非常注重传统历史的传承，张扬仁爱、内敛的传统美德。[①]在台湾的房地产广告中，"艺文风"盛行，善以温情路线感染消费者。"艺文风"指避免生硬说教，以情感为切入点，注重拉近与消费者的距离，推崇文雅之风。[②]在使用伦理关系时，其广告多诉求于亲情和家庭。如台湾地产界知名企业远雄集团推出的"二代宅"项目，以

---

①　广告大观编辑部：《中国大陆、台湾房地产广告形态素描》，《广告大观》（综合版）2009 年 9 月。

②　王兴业：《台湾地区房地产广告特点浅议》，《新视觉艺术》2011 年第 2 期。

"家能为你做什么"为主要诉求,将"家"拟人化,融入亲情,渲染对家的期待与牵挂。远雄集团的 TVC 广告中,温馨的音乐配上感性的口吻,旁白缓缓道来:"为什么回家要找钥匙? 为什么担心孩子走出家门? 却又担心父母留在家里?"将浓浓的亲情巧妙融入广告,让消费者产生心灵上的认同。在诉求婚姻的房产广告中也同样避免俗套而走温情路线,如信义房产的一则 TVC 广告,男女主角在经历了恋爱的过程后站在信义房产的店面外,旁白深情款款地道来:"如果他带你来这里,那,恭喜你,他想把一辈子幸福都给你。"结合这些正反案例,可以推断出好的伦理现实广告应该具备以下几个特征:

第一,善打亲情牌。亲情是人世间最为珍贵的感情,国人将亲情伦理看得比什么都重要。这样的广告比比皆是,如纳爱斯的洗衣粉广告《懂事篇》,几乎打动每一个中国人。[1]

第二,善于使用幽默。广告毕竟是一种艺术,应该还原生活而高于生活。社会现实并不都是美好的,一些社会现实还会令人反感和无奈。如果广告一定要表现这种现实,适度运用幽默诉求,将尴尬的现实变成人们的莞尔一笑,也是不错的选择。

第三,商业广告的目的是促进销售,广告中过多表现丑恶的东西,可能导致销售下降或名誉受损,这样的广告还可能影响社会风气,引起不必要的麻烦。所以,积极、正面的诉求是基本要求。

四、现状及前瞻——立足当下,眺望长远

(一)中国房地产广告现状

2012 年,中国房地产市场的基本情况是:总体的规模比较大,但增长速度放缓慢。由于房价调控和其他政策的存在,投资性需求较

---

[1] 王昆:《亲情广告让人刻骨铭心》,《现代营销》2005 年第 11 期。

之前几年明显减弱,刚性需求所占比例大。① 2012年中国房地产开发企业500强榜单显示,行业排名前五位的企业分别为万科企业股份有限公司、恒大地产集团、大连万达集团股份有限公司、中国海外发展有限公司、绿地控股集团有限公司。②

2012年广告投放方面,房地产广告在广告行业中的占比依然很大,但由于国家宏观调控的实施以及对地产业采取不放松的调控政策,房地产行业广告市场持续低迷,较之2011年下降。报告显示,2012年一季度,中国广告市场整体投放同比增幅仅1.7%,低于中国GDP8.1%的增速,为近年来最低增幅。2012年第一季度,报纸广告呈现负增长,是所有媒体中最低的。商业及服务性行业、房地产和交通行业依然是报纸广告的主要收入来源,但投放额大幅度缩减;由于宏观政策还会坚持控制房地产过热现象,老百姓的持币待购现象还在继续,恒大、万达、万科和绿地等品牌开发商纷纷缩紧广告投放,与2011年同期相比,下降幅度都在40%左右。③

表1 2011年3月—2012年3月房地产广告花费总数

排名	广告主名称	广告数量	媒体使用数量	广告总面积	估计刊例价值
1	恒大地产集团	297	66	174 847.33	3 047.58
2	武汉福星惠誉房地产有限公司	40	5	42 083.56	896.78
3	新世界中国地产有限公司	48	16	44 565.36	813.15
4	贵州宏立城房地产开发有限公司	38	1	37 017.83	791.81
5	武汉凯乐宏图房地产有限公司	34	7	36 227.26	745.99

① 王斌:《关于对我国房地产市场运行特点和未来走势的分析》,《财经界》(学术版)2010年4月。

② 大众:《2012中国房地产开发企业500》,高楼迷论坛,http://www.gaoloumi.com/viewthread.php? tid=391872,2012年5月11日。

③ 中国广告网:《昌荣传播发布2012年第一季广告市场研究报告》,http://tech.qq.com/a/20120517/000288.htm,2012年5月17日。

续表

排名	广告主名称	广告数量	媒体使用数量	广告总面积	估计刊例价值
6	中天城投集团股份有限公司	35	1	34 289.26	733.44
7	蓝光地产	28	4	34 023.78	581.03
8	万达集团	27	8	32 308.88	579.04
9	绿地集团	28	14	27 365.55	572.39
10	中海地产	27	19	28 941.88	552.71

来源:http://roll.sohu.com/20120418/n340938449.shtml。

　　然而,在总广告投放下降的同时,网络广告的投放量却十分可观,成为新的增长点。2012 年第一季度中国新房网络广告市场中,新浪乐居、搜房网和搜狐焦点保持前三位置不变。在受长期市场调控的影响下,房地产市场在逐渐洗牌,导致房地产开发商加大对广告投放效果的关注,从传统媒体转战新媒体即是一大表现。①

　　目前,房地产广告正逐渐由产品宣传为主转向品牌、产品、促销活动并重。该产业处于成长期,市场需求量大,产品求大于供,广告的主

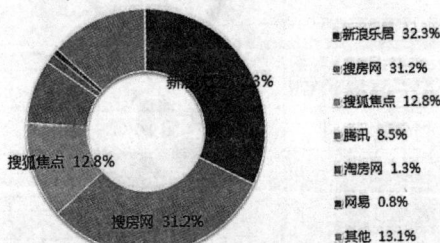

说明:房地产行业品牌网络广告市场规模,是指以房地产开发商在网络营销上的实际投入为计算额度,包括网络媒体和代理商的收入。自2010年第1季度易观国际针对上市公司财报对房地产网络营销规模进行了校正,上文中所有过往季度数据均进行了修正。

图 10　2012 年第一季度中国房地产行业新房网络广告投放媒介分布
来源:易观国际·易观智库,www.eguan.cn。

───────────

　　①　任沁沁、倪元锦、魏宗凯、刘刚:《2012 年,中国房地产市场将如何发展》,《决策探索》(上半月)2012 年 2 月。

要作用是信息发布,告知受众产品的存在。而产业成熟以后,市场供需基本平衡,消费者可供选择的产品很多,消费也趋于理性化,广告告知无法促成购买行为,于是,产品的品牌、促销、文化附加价值开始发挥作用。与此同时,广告导向也由以广告客户为导向转变为以目标受众为导向,增加了对消费者需求、心理及行为的针对性,更加重视精准营销。① 广告诉求及风格仍以上述八大诉求为主,中国文化和元素的运用增多,务实的理性诉求广告居多,其中也不乏好的广告。虚假、抄袭、低俗的房地产广告依然活跃,②大开发商也会制作投放争议性很强的广告,万科的《胸衣篇》广告(图11)就有低俗和刻意之嫌。

图11　万科《胸衣篇》平面广告

来源:新浪网:http://ah.sina.com.cn/news/today/2012—03—15/6124.html.

---

① 佗卫涛:《房地产广告行业的现状、发展趋势及存在问题》,《时代报告》2011年第8期下。

② 马瀛洲:《中国房地产广告的现存问题分析》,《现代商业》2008年11月。

（二）中国房地产广告前瞻

首先,应注重市场调查,尊重消费者需求,量体裁衣、脚踏实地地做广告。在买方市场时代,消费者的需求已被视为最值得研究和调查的东西,不尊重消费者需求会使商家陷于完全的被动。房地产方面更是如此,对各个阶层的买房者进行全方位的调研,建立有效的数据库,必定可以给优秀的广告打下坚实的基础。然而,尽管不同层次的消费者会对房子的需求不同,但归根结蒂,房子的根本用途还是很简单——居住。不管买房的初衷是什么,都无法改变房子的本质属性。虽然目前的确存在投资性的需求,但绝大多数消费者买房是为了居住。因此,除了充分尊重消费者表面的需求,进行量体裁衣式的广告创作之外,房产商们更应把握这个看似简单的问题——满足消费者们对居住的终极要求,让他们对即将购买的房子感到放心?

其次,应回归理性,不盲目搏出位,不哗众取宠,不自损形象。中国社会正处于关键的转型期,问题层出不穷,人们为了眼前的利益趋之若鹜,欲望战胜理性。房地产广告是一面镜子,映照出社会夸大、虚假、山寨、低俗等一个个图景。应依靠社会本身的自净作用,使房地产广告逐步回归理性,帮助房地产企业认识到,哗众取宠、博一时眼球绝非长久之道。

再次,创意时不滥用社会现实进行创意,不污染社会道德风尚,注重人文关怀和公益性。不污染社会道德风尚应该是企业对自己最起码的要求,但中国的房地产企业在百姓眼中的形象并不令人满意,房子问题一直像幽灵一样缠绕在所有中国人的心中,想在短期内解决这个困扰并不容易。人文关怀和公益性不是喊一喊就会有,落实到广告创意中需要技巧,更需要真情实感。消费者有自己的判断力,哪些是假意逢迎,哪些是真心关怀,并不难分辨。因此,好的房地产广告应该由内而外散发出优雅、温暖气息,这也许需要时间的累积和沉淀。

最后,还应重视新媒体的作用,摸索新的广告形式。广告的内在气质不是一朝一夕练成的,广告形式方面则没有那么困难。报纸和杂志等纸质媒体一直是房地产商最青睐的广告媒介,但随着新媒体的爆炸式发展,目前已经出现广告阵地转移的情况,未来的中国房地产广告会更加重视新媒体。[①] 除了网络,智能手机和平板电脑这些最新的媒介载体和形式也都应重视,新的房地产广告形式会不断出现,使得其表现更加丰富多彩。

---

① 侯亮:《中国房地产广告走向何方》,《中国广告》2011 年 3 月。

赶驴网广告风波

2011年年初,一头毛驴搅乱了IT圈原本安静的一池春水。这场"赶驴网"风波引起国内IT圈的广泛关注。不仅各大网络媒体纷纷报道,业内人士也对此进行了广泛讨论,包括李开复在内的诸多名人都在微博上提及此事,使得社会大众也开始注意。

在引发广泛关注的同时,"赶驴网"风波把长期以来相对低调的分类信息行业推到舆论的风口浪尖。初闻"赶驴网"风波的人可能感叹行业竞争的白热化,但了解该行业的人士却知道,"赶驴网"风波只是行业内诸多问题的冰山一角,有更多更严重的问题亟待解决。

一头毛驴为何有如此大的能量?这场风波为何会发生?这真的又只是一场风波而已吗?这场风波的背后又隐藏着什么问题呢?

一、赶驴网风波始末

(一)一头毛驴引发的风波

2011年春节期间,赶集网在全国进行了大规模的广告投放,该广告由国内著名的策划大师叶茂中策划,陆续出现在包括央视在内的电视媒体、公交车载电视、地铁电视屏、楼宇电视屏以及门户和视频网站等诸多媒介上。在童谣《小毛驴》的伴奏下,姚晨骑着一头毛驴去赶集,用活泼的语调迅速说明了赶集网的主要业务:"找房子,找工作,找装修,找保姆,找宠物,找搬家,买卖二手货。"喊出"赶集网,啥都有"的口号,广告只有 15 秒,却给观众留下深刻的印象。

然而就在此刻发生了一个插曲。2 月 14 日,赶集网在分类信息网站行业的竞争对手百姓网注册了"赶驴网"的域名(ganlvwang.com),放上针锋相对的口号"赶驴网,啥没有?"并马上用百姓网的数据做了一个"赶驴网"的页面。该"赶驴网"的商标以及网站 Logo 都明显模仿赶集网。之后,百姓网在百度上购买"赶驴网"关键词,进行 SEO 和大规模的论坛、博客和 SNS 推广。

图 1   "赶驴网"山寨商标

之后,百姓网运用公关手段,在业内 Techweb 等网站上发布枪手文章,称赶集网该广告存在重大漏洞,广告播出后有一些观众在脑海中留下姚晨赶着小毛驴这个情节,把赶集网记成赶驴网。百姓网在百度知道等网站和论坛上人为制造话题,假冒网友发问:姚晨做的那个赶驴网网址是多少,怎么没见呢?

自此,"赶驴网"成为业内人士的热门话题,赶集网面临广告战术失误的指责,处在舆论的风口浪尖。

受资本方和业内舆论的压力,2 月 20 日,更是发生了戏剧性的一幕,赶集网被迫购买"赶驴网"这个百度推广关键词,加价超过百姓网,赶集网被迫承认"赶驴网"这个称号。

但"赶驴网"并未风光多久,事实证明,观众并未被百姓网的手法所误导,网民争相搜索"赶驴网"是百姓网公关出来的假象。百姓网抢注"赶驴网"域名后通过公关手段发布大量媒体稿件,刻意散布"赶集网成全了赶驴网"的虚假消息。赶集网的广告 2 月初就刊发了,网民对"赶驴网"的搜索量一直不多。直至当月 19 日网上出现关于赶驴网的文章时,搜索量才增长迅速了一点。在这个公关事件被炒到最热时,"赶驴网"在百度的用户关注度曾破万,但未保持下来,3 月 18 日已降至不到 2 000。随着炒作的回落,赶驴网逐渐不被关注,百姓网流量并未大增。赶集网塞翁失马,对赶集网来说,赶驴网的公关行为一定程度上助推了赶集网的话题性。用户和媒体关注度不降反升,搜索量指数反而大幅提升。

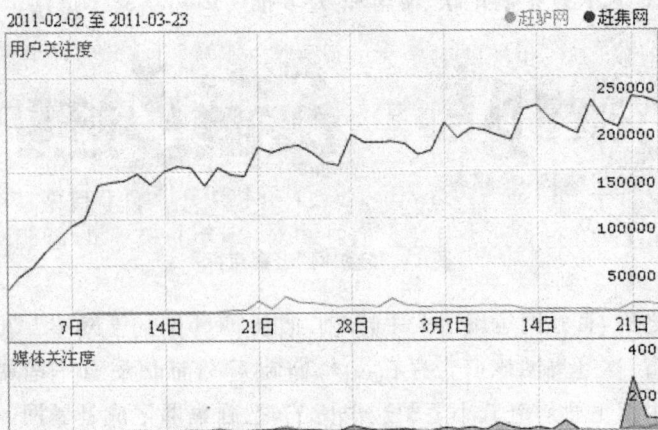

图 2 "赶驴网""赶集网"从 2011 年 2 月 2 日—3 月 23 日的百度指数趋势图

(二)各方观点

赶驴风波迅速演变成了一场关于行业无序竞争的大讨论,赶集网 CEO 杨浩涌在其微博上表示,同行没必要如此竞争:"作为企业,更多应该关注产品用户体验和公司长期发展战略,而不是一些小技巧,带来了几百个用户,同时伤害了品牌。"[①]百姓网 CEO 王建硕则

① 杨浩涌的微博,http://weibo.com/1136109967/5en0Vyib2w3,2013 年 5 月 30 日。

表示,不便深谈此事。

"对手搬起驴砸自己的脚,我们收获了千万级的流量",杨浩涌如此总结。根据百度指数,赶驴网由于产品体验缺失,没有粘性,指数已经迅速下降过半。赶集却因为多数媒体的持续跟进报道,流量暴增千万级,此前高出百姓网两倍,经过"驴之役",现在两者差距已达到三倍。①

叶茂中对这件事却看得很淡:"百姓网在春节期间就注册赶驴网这件事情本身就说明了赶集网有多火。当你的对手模仿你,向你看的时候,其实也能映射出你的成功。"3月15日,叶茂中在微博中表示:"因为赶集网广告片《小毛驴篇》大获成功,赶集网投资人今日资本总裁徐新今天送我一台最新款'苹果'庆贺。"②

4月11日,百姓网官方的一篇博文为该事件划下句号。该博客称,百姓网在过去几个月建立的赶驴网,今天正式关闭,赶驴网域名将自动跳转到百姓网。③

据该博文内容,去年,赶集网在百姓网赞助的活动上派出副总裁砸场子,递挑衅名片,该副总在百姓网展台面前喊"就你们做那么烂还招人啊"。百姓网称:"虽然我们可以理解这么点烂事派个副总裁来做确实很尊重我们,但是这做法让人不爽。因此在看到对手的广告后,我们决定回敬一记,派头驴去表达一下百姓网的心意。"

百姓网在博文中警告:"别总拿钱砸人。互联网是个玩智慧的行业,钱多人傻是玩不转的。恶心别人就得小心被别人恶心。以前我们不恶心人,是因为没人恶心我们。但是不意味着我们会被人恶

① 新浪科技,《赶驴网宣布关闭:警告竞争对手"别总拿钱砸人"》,http://tech.sina.com.cn/i/2011-04-11/10585390374.shtml,2013年5月30日。

② 叶茂中的微博,http://weibo.com/1232040020/wr4kljwtZG,2013年5月30日。

③ 百姓网官方博客,http://blog.baixing.com/?p=1015,2013年5月30日。

心时候不反抗。在你恶心人的时候,请记住你随时会被人反恶心。"

谈到该事件的花费,百姓网写道:"200 块钱的域名注册费。百度上不小心投放了几天,花了 2000 多块钱,Techweb 的兄弟很帮忙发了几篇稿子。其他的都是自发传播了,比如开复的微博,后来大量的媒体报道,都是大家觉得这题目有意思,百姓网没为这个花过一分钱。如果有朋友觉得是百姓网花了很多钱给媒体发稿,那就真错了,百姓网没那么多钱。"

对于未来,百姓网表示:"赶驴网就是个小幽默,娱乐一下大众,传达一下百姓网的想法,我们从来没在意过赶驴网。现在我们的目的已经达到了,我们正式关闭赶驴网做个了结,从媒体方面,从今天开始除非我们尊敬的竞争对手还在怀念它,否则这会是百姓网对赶驴网的最后总结发言。"

"如果没有赶驴网的'毛驴'横插一腿,赶集网的百度关注指数将保持高位,直至 3 月初。然后随着广告影响力的下降,关注指数下降。"一位业内人士分析说,但"赶驴网的'山寨'让更多的人知道赶集网,将其品牌进行了二次放大"。①

"就赶驴网而言,这算是一次不错的公关炒作。"网络公关专家赵勇评论说:"赶集网的广告投放后,立刻引起百姓网的关注。百姓网没有足够的资金展开正面竞争,便想出了赶驴网的策略并在网上发布软文进行公关。"②

二、赶驴网风波发生的背景

(一)赶集网发展历程

赶集网于 2005 年 3 月正式上线,创办人是从硅谷归国创业的杨

---

①②　孙雨:《一头毛驴引发的公关风波:赶集网三高管离职》,http://news. xinhuanet. com/newmedia/2011-03/21/c_121211747. htm,2013 年 5 月 30 日。

浩涌。赶集网主要复制分类信息网站鼻祖 Craigslist 及其商业模式,用户可以在网站上发帖买卖二手货、交友、租房子等。

赶集网上线后仅仅几个月,分类信息网站便以山呼海啸之势发展起来。到 2005 年 6 月,网站数量就暴增至 2 000 多家,其中不乏新浪、搜狐等名门势力。面对同行竞争,赶集网把主要业务集中在北京,将精力专注在租房、二手货和交友三方面。①

2006 年 1 月,赶集网成为谷歌在亚太地区的首家战略合作伙伴,与其合资设立北京谷翔信息技术有限公司联合运营 Google.cn。赶集网可以从中分得一部分收益,不仅能维持赶集网的运营,还有余力进行推广。很快地,2006 年年底,赶集网开始在北京地区之外开疆拓土,将业务拓展至上海、广州、深圳三大一线城市。此时,赶集网与 58 同城等其他分类信息网站开始短兵相接。

2010 年,经过几年的大浪淘沙,分类信息网站从 2005 年的千站混战发展为 58 同城网、赶集网与百姓网三大巨头的寡头战役。赶集网也于 2010 年 1 月并购 263 在线,整合了 263 分类信息业务。

同年 5 月,赶集网获得诺基亚成长伙伴基金与蓝驰创投 2 000 万美元联合投资。杨浩涌盯准竞争对手 58 同城网的攻击手段,开展了最大规模的三大反击:一为市场拓展,开始与 58 同城网争夺城市数量,大量开设城市分站;二是重视渠道建设,开拓渠道收入,以收购、合作方式迅速扩张;三是开展区域合作,与各城优势媒体资源互补合作,包括千龙网、北方网、丁丁网等具有本地影响力的网站。

在产品移动端方面,赶集网一直走在业内前端。为了迎合互联网移动化的趋势,2009 年 5 月,赶集网推出 wap 站点(ganji.cn)。2010 年 9 月,赶集网在分类信息网站中率先推出覆盖全平台的手机客户端,置入 LBS(基于位置的服务)功能,实现了与诺基亚等品牌的深度内置合作。

---

① 彭亚君:《同城赶集决战前夜》,《商界》2011 年第 9 期。

2011年春节,由姚晨代言的赶集网广告以迅雷不及掩耳之势迅速扫遍国内的电视、公交、楼宇广告屏、门户、视频网站等媒体。

在市场推广上,赶集网采用大规模广告投放的方式还是第一次。在姚晨代言的广告之后,赶集网又推出了一个买卖二手物品的广告。① 广告中居委会大妈抓住了贴卖二手货小广告的人,善意提醒:"卖二手货啊,上赶集网!"广告末尾也出现了姚晨代言广告中的小毛驴。不过,这支广告并没有像上支广告一样进行大规模投放,从制作上来看也只是小成本。

(二)分类信息网站行业背景

在分类信息网站领域,赶集网从来就不缺少竞争者,从一开始的新浪、搜狐等门户网站,到现在的58同城、百姓网等专业网站。竞争一直不和谐,不正当竞争行为比比皆是,"赶驴网"事件只是之一。2011年前,赶集网和其他网站就发生过多次纠纷,下面列举两个典型案例。

1. 百姓网上线活动,58先抄,赶集后抄

2011年1月21日,赶集网推出的"赶集春节送大礼"的营销活动被指抄袭老对手百姓网"梦想成真"的营销创意,双方在百姓网官方博客上引发舌战。

> 赶集网"春节送大礼"的营销创意,被认为无论从参与方式,邀请方式,乃至抽奖方式等方面,都与已火热进行一个多月的百姓网"梦想成真"抽奖活动创意"极其相似",而此前58同城也上线了类似的"0元团你回家梦",这使得百姓网在其官方博客调侃:"赶集现在的动作真慢啊,比58慢太多了,你咋才来呢?"

> 根据百姓网博客的资料显示,赶集网的相关页面甚至没有将百姓网"梦想成真活动的认证"等说明作相应修改。

---

① 优酷网:《卖二手货啊,上赶集网!》,http://v.youku.com/v_show/id_XMjc5NDYxMjQ4.html,2012年11月29日。

与此同时,一个疑似为赶集网技术副总裁罗剑的实名 id 在该博客留言评论道:"赶集动作慢,是指抄得慢吗?那或许我们在忙其他事情呢?"

该阶段分类信息网站之间的竞争已经达到白热化的阶段,且主要集中在 58 同城、百姓网、赶集网等主要分类信息网站。据业内专业人士分析,此次分类信息网站的"抽奖"营销大战,显示出随着业内竞争加剧,分类信息网站在拓展基础服务功能同时,如何更有创意地进行市场推广并以此来吸引网民关注也成为其主要竞争手段。

百姓网博客上的相关图片显示,赶集网此次活动的确抄袭了百姓网活动的创意的流程。这种直接复制粘贴的抄袭行为性质恶劣,不仅达不到活动想要的效果,反而损失口碑,得不偿失。从中也可以看出,分类信息网站行业的竞争已经白热化,紧盯竞争对手,一味模仿对方,行业的同质化现象非常严重。①

2. 赶集网发送律师函欲告 58 同城"短信骚扰"

2007 年 12 月 19 日,Google 战略合作伙伴赶集网被媒体报道已向分类信息网站 58 同城发送律师函,欲起诉 58 同城对赶集网用户进行短信骚扰。

据赶集网 CEO 杨浩涌介绍,分类信息这一市场刚处在幼儿期,需要大家共同爱护培养,不希望看见恶性竞争的情况。58 同城近段时间大面积转载赶集网用户发布的信息,并通过手机短信等形式,向赶集网用户发送骚扰信息,称用户在赶集网发布的信息已被 58 同城收录,请用户登录 58 同城网站管理该信息,并提供用户名和登录密码。为此,赶集网曾在一天之内接

---

① Techweb:《百姓网官博曝赶集网抄袭营销创意》,http://www.techweb.com.cn/internet/2011-01-21/781447.shtml,2012 年 6 月 5 日。

图3　赶集网活动抄袭百姓网活动截图

到了几十起用户投诉电话,有些用户在赶集网上发布了求助贴。

但58同城网尚未对此做出回应。

分类信息网站行业内互相挖取对方用户信息早已不是新鲜事,逐渐成为业内的潜规则,由于信息发布者的联络信息是公开的,容易被竞争对手抓取并骗取用户到自己的网站上来。这样虽然可以暂时促使流量上涨,但长此以往,用户的体验会变差,网站的声誉也会受到影响。①

①　林林:《赶集网发送律师函欲告58同城"短信骚扰"》,http://www.enet.com.cn/article/2007/1220/A20071220959862.shtml,2013年6月3日。

这是另一张截图,这个所谓的推广员大军已经接近十万了,就算平均每个推广员发二十个信息吧,我们每天的帖子总共才几十万,可以算算每个用户平均会被骚扰多少次了,这是个全行业的危机!

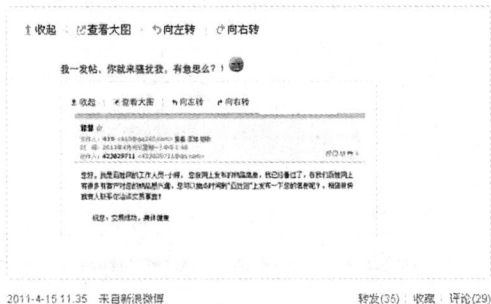

2011-4-15 11:35 来自新浪微博　　　　　　　　　　　　　　转发(35)：收藏：评论(29)

图 4　赶集网 CEO 杨浩涌在微博发布百姓网
营销人员骚扰其用户的邮件截图

盗取竞争对手用户信息的不正当竞争行为已经成为影响整个行业健康发展的毒刺,亟待解决。

三、事件背后的思考

"赶驴网"事件不是个案,而是分类信息网站行业恶性竞争的集中爆发。这已经成为影响行业健康发展的痼疾,严重影响了用户对该行业的印象和观感。

不管是"赶驴网"的横空出世,还是互相盗取对方的用户资源,业内的竞争始终停留在低级、恶性竞争上,各大网站都希望吸引眼球,刺激访问量增长,提高网站的排行,证明自己在行业内的领先地位。这其实是一种短视。

网站的访问量可以凭借广告效应、盗取对手网站用户等手段短时间内大幅增长。如果用户体验不好,用户的需求得不到满足,访问量只能虚高,长此以往,访问量下降是必然的。如果用户的确能方便、快捷地解决日常生活中的问题,必然会再次访问,也会正面传播,网站访问量自然而然会增加。

要想获得长远发展,要修炼好内功,专注于改善用户的使用体验。令人遗憾的是,分类信息网站正斗得如火如荼,但恶性竞争并未改善实际情况。自行业发展开端就存在的问题如今依然存在,且愈演愈烈。

(一)网站出现低俗信息

2009年2月,互联网违法和不良信息举报中心公布称,根据公众举报核查,"赶集网"论坛上的"美女贴图"版块、"娱乐八卦"版块存在大量低俗图片,违背社会公德,损害青少年身心健康。[①]

低俗信息频现凸显赶集网信息监管不严,在海量信息面前,网站监管人员心有余而力不足,幸而此类信息可以借助关键词屏蔽等技术手段阻截。与低俗信息相比,欺诈信息则是"披羊皮的狼",更难以识别,危害更大,也更难以监管。

(二)欺诈信息难以防范

据《新闻晚报》报道,2011年8月9日,读者王先生反映了在求职过程中遭遇欺诈。王先生与二十多人分别通过58同城网和赶集网上的招聘信息,在8月1日去"慧科投资管理公司"应聘。公司地址位于徐汇区斜土路2601号嘉汇广场T3栋19D。经过当天的面试,公司与王先生他们签订了合同,同时向他们每人收取1000元的押金,并表示"在工作一段时间后会将押金退还"。王先生工作的第一天即发现工作不对,但当时押金已经交过,于是要求公司退还押金,该公司一开始表示8月10日就把钱退给我们,可是后来又拖到

---

① 《〈整治互联网低俗〉第八批曝光网站名单　赶集网上榜》,http://news. southcn. com/china/zgkx/content/2009-02/16/content_4914880. htm,2012年6月5日。

15 日,不断拖延时间。王先生意识到被骗,才向媒体寻求帮助。①

关于分类信息网站信息真实性的问题,媒体已经有过多次相关事件的报道。欺诈现象不仅仅存在于招聘领域,在二手货买卖方面,用户上当受骗的现象也经常见诸报端。②

由此带来的一个问题是,谁应该为上当受骗的用户进行赔偿?在 58 同城《使用协议》中的免责条款这样写道:"由于网站大多数的内容系用户自主、免费发布,本公司不保证这些信息和用户联络方式的准确性及其所提供内容的质量、安全性或合法性。"

如此冠冕堂皇推卸责任的条款几乎成为业内所有网站用户协议的必备条款,开放性平台、人手不够、海量信息等也都成为各大网站推卸责任的借口。但《网络商品交易及有关服务行为管理暂行办法》规定,网站运营商对虚假信息和假冒伪劣商品不及时排查屏蔽造成消费者上当受骗造成损失的,应当承担监管不善相应赔偿责任。消费者可以对网站提出诉讼要求赔偿损失。不过,在现实操作中,维权成本高和维权时间长往往导致违法行为得不到制裁,消费者维权并不积极。

只有保证信息质量,分类信息网站才能够扩大用户基础,获得用户信任,逐步强化品牌影响力。单凭广告效果营造出品牌效应,只能是一厢情愿。

各大分类信息网站都心浮气躁,无法静下心来做好产品,改善用户体验,反而一味抢风头,这是一个值得警惕的现象。解决这一问题可以考虑以下几个途径:首先,政府相关部门应该颁布管理条例,处罚违法的不正当竞争行为;其次,行业内部也应该成立行业组

---

① 中国电子商务研究中心:《分类信息网站杂乱:网络招聘欺诈消费者》,http://b2b.toocle.com/detail—6027546.html,2012 年 6 月 5 日。

② 谢丽莎、罗宇凡:《超低价门票做诱饵网上诈骗频现信息分类网站》,http://tech.ifeng.com/internet/detail_2012_06/01/14978777_0.shtml,2012 年 6 月 5 日。

织,公布行业守则,使行业良性竞争、良性发展;最后,各网站应该在信息核实与监管层面下工夫,进一步严谨信息发布流程,或者借助技术手段,减少网站上的虚假信息、欺诈信息。

（三）盈利模式不清晰

目前,各大网站还没有找到前景光明的盈利模式,坐拥令人眼红的流量,却不能变现。

经过几年的发展,赶集网的盈利模式大体可分为以下几种:一是借助自身 IT 开发能力,快速部署分类信息站,比如赶集网专门为中小企业推出的"赶集帮帮"①,让企业选择模版自助建站并享有搜索前置等特权;二是通过开发首页、特定位置与普通发布页界面分离的系统,免费发布广告和收费信息,但在特定位置要付费,比如显示到首页或者帖子置顶,主要针对房产、服务类和招聘三个领域的用户,用户可以自助充值并选择位置;三是电话商机营销 PPC(Pay per call),赶集网提供对外号码给出资人,出资人需要向账户内充钱,当用户拨打号码后,赶集网系统会进行呼叫转移。

但赶集网现有的盈利模式所产生的利润并不足以维持网站的运营,几乎所有业内的网站现在仍然依靠风投资金维持,与此同时,媒体不断传出各大分类信息网站资金干涸、运转困难的新闻。2012年年初,58 同城与赶集网纷纷爆出"社保门"、"倒闭门"、"资金链断裂"、"离职门"等负面消息。② 虽然 CEO 们纷纷出面否认,但这些新闻反映出业内对于分类信息网站信心不足,前景并不看好。分类信息网站的无序扩张和暴发户似的烧钱行为早已引起外界关注。在过去的七年里,分类信息网站不断扩张,以流量为王,看似繁荣的景

---

① 赶集网:《什么是赶集帮帮》,http://www.ganji.com/bangbang/zhaoshang.htm,2012 年 6 月 10 日。

② 肖昕:《58 同城们遭遇上市鸿沟:年营收 1 亿美元》,http://tech.qq.com/a/20120406/000033.htm,2012 年 6 月 10 日。

象背后却潜藏着危机,无法将流量变现使其陷入尴尬局面。

四、行业发展现状以及前景预测

(一)分类信息行业发展现状

从风波爆发到现在,又过去了一年多的时间。而这一年多的时间里,分类信息网站行业内并不平静,发生了许多影响行业发展进程的事件。

出于对现金流的需求,2011年3月,赶集网与中粮旗下我买网合作,进入团购领域,直接对抗58同城的团购业务。不过好景不长,仅仅过了一年,2012年4月,赶集网就将团购业务外包给窝窝团。目前,赶集网团购的域名已经直接跳转至窝窝团域名下的双方联合运营页面。

继姚晨的广告之后,不到两个月的时间,58同城开始广告反击战役,邀请"穿越女王"杨幂上演"咆哮体":"这是一个神奇的网站——58同城!"与赶集网姚晨的赶毛驴广告针锋相对。58同城的这条咆哮体广告播放频度之高,波及之广,被网友戏称为"后脑白金广告"。

在资金方面,赶集网于2011年5月对外宣布获得今日资本和红杉投资的7 000万美元投资,创下了国内分类信息网站领域的新高。由此,赶集网展开了大规模的业务扩张,不再局限于传统的分类信息业务。事实上,据杨浩涌称,这轮融资于2011年年底就已经完成,但未对外公布。可见,姚晨赶驴网广告也得益于这轮融资得到的资金。

在新业务中,CEO杨浩涌最看重的是蚂蚁短租。11月,蚂蚁短租正式上线,力图打造高性价比的短期租房平台。杨浩涌将蚂蚁短租看作赶集网的第二个创业项目,投入大量资金进行前期运作。据悉,蚂蚁短租投入 2 000 万美元,其中 1 000 万美元用于补贴租户和房东。

纵观分类信息网站行业这一年的发展,赶集网又获得丰厚现金投入,大张旗鼓发展新业务;58 同城则不甘示弱,大手笔进行广告投入,意图成为行业霸主。行业竞争已经逐渐明朗化,两大巨头成为行业领跑者。

在盈利方面,从现今情况来看,单纯依靠传统的分类信息服务无法获得足够的利润。各大网站剑走偏锋,寻找新的盈利渠道。

由于进入市场较晚,赶集网的团购业务发展并不理想,目前把主要精力放在蚂蚁短租上,希望打造短租市场的盈利平台;58 同城则继续发展团购业务,深度整合团购业务与分类信息增值业务,一站式满足企业需求;百姓网则成为分类信息网站传统业务坚守者,百姓网 CEO 王建硕认为,二手分类信息网站最终落脚点是个人,而非商家。[①]

（二）分类信息行业前景预测

纵观国内互联网行业,发展成熟的领域都只有一家企业占据主导地位,搜索领域的百度,即时通讯领域的腾讯,电商领域的阿里巴巴,都是如此。

分类信息企业可以从以下方面入手尝试抢占先机,进行转型。

1. 发挥数据的力量

近几年,互联网行业进入大数据时代,数据在网站的运营中起的作用越来越大。以亚马逊为例,每一个访问亚马逊网站的消费者数据都被记录下来,据此进行商品推荐,发放邮件广告。不仅如此,亚马逊还根据消费者搜索、购买等数据进行商品采购,大大降低了

---

① 周静:《分类信息网站狂打差异牌用户体验成决胜砝码》,http://www.p5w.net/news/cjxw/201204/t4186261.htm,2012 年 6 月 12 日。

商品的库存率。亚马逊网站一天进行几百次试验,使用不同的算法来推荐商品,或改变购物车在屏幕上出现的位置。进行这些试验的成本很低。这些试验结果得来的数据,可以帮助网站优化 UI 设计,为顾客提供更好的购物体验。[①]

数据挖掘不仅能够了解消费者需求,改善用户体验,还能降低人工操作的成本和不确定性。据悉,58 同城拥有 7 000 名雇员,支付千万薪水,年盈利 4 000 万元,而支出却达到 1.1 亿元[②]。由此可见,如果分类信息网站充分利用数据,可以省下一大笔人力成本,提高盈利水平。

2. 让移动客户端成为新的业务增长点

移动互联网的迅猛发展已经毋需赘言,考虑到手机与生活信息类服务联系更紧密,手机端的分类信息市场前景应该更广阔。目前,赶集网和 58 同城都推出移动端的手机应用,但其提供的信息查找、支付方式等服务却不尽如人意,需要针对手机用户的使用情境进行改善。

3. 借助淘宝等电商平台发力

在 2012 年"双 11"电商促销中,淘宝网和天猫商城合计砍下 191 亿的销售额。如此巨大的数字不得不让人感叹阿里系网站的威力。其他垂直类电商——当当、1 号店、库巴网——纷纷以独立电商的身份进入淘宝,这也反映出垂直类电商经营不易,背靠淘宝这棵大树则好乘凉。

赶集网、58 同城应该及时转变思路,分类信息网站获取流量的成本高企,获得新用户的成本也越来越高,但用户的忠诚度却极低。淘宝可以提供巨大的流量,为企业降低营销成本和运营成本。分类

---

① 李岷:《解读亚马逊成功三法则:改善用户和数据》,http://it. sohu.com/20110402/n280112410. shtml,2012 年 11 月 29 日。

② 刘娜:《国内分类信息网站的衰落之谜》,http://www. ebrun. com/20121015/58507_2. shtml,2012 年 11 月 29 日。

信息网站完全可以把适合进入淘宝的业务分离开来,譬如赶集网的蚂蚁短租业务、58 同城的团购业务。或者思路更大胆一些,把二手物品交易业务复制到淘宝,这些都是降低营销成本可以尝试的手段。

对于分类信息领域来说,几家网站谁先能找到适合自己的盈利模式,使得营收达到海外上市门槛,谁就能抢得发展的先机,甩开竞争对手做到一家独大。恶搞"赶驴"只是噱头,花大钱请姚晨、杨幂来做广告也只是停留在战术层面,想要从战略高度取得领先,必须深入挖掘用户需求,以改善用户体验为目标改进服务,在为用户提供优质服务的流程中找到盈利模式,使流量变现,最终实现自身的飞跃。